赵琛 著

基于加标理论的
汉语语法研究

本书为教育部人文社会科学研究青年基金项目
（编号：22YJC740104）成果
「重叠现象的语言类型学研究」

WUHAN UNIVERSITY PRESS
武汉大学出版社

图书在版编目(CIP)数据

基于加标理论的汉语语法研究／赵琛著．-- 武汉 ：武汉大学出版社，2024. 10(2025.5 重印). -- ISBN 978-7-307-24466-5

Ⅰ. H146

中国国家版本馆 CIP 数据核字第 2024SV3817 号

责任编辑:邓　喆　　　责任校对:鄢春梅　　　版式设计:马　佳

出版发行: **武汉大学出版社**　（430072　武昌　珞珈山）

（电子邮箱: cbs22@ whu.edu.cn　网址: www.wdp. com.cn）

印刷:武汉邮科印务有限公司

开本:720×1000　　1/16　　印张:19.25　　字数:276 千字　　插页:1

版次:2024 年 10 月第 1 版　　　2025 年 5 月第 2 次印刷

ISBN 978-7-307-24466-5　　　定价:99. 00 元

版权所有,不得翻印;凡购我社的图书,如有质量问题,请与当地图书销售部门联系调换。

目　　录

第1章 绪　言

　　"加标"（Labeling）是生成语法中的一个术语。所谓"加标"指的是为句法成分加上语法标记的过程，例如，动词"吃"和名词短语"一块巧克力"合并之后形成的短语一般会被标记为 VP，这个 VP 就被称作语法标记，而通过某种句法运算推导出该短语为 VP 的过程即"加标"。加标理论是探讨加标算法的理论。此时，读者可能会问，为什么需要加标理论？短语的句法标记不是显而易见吗？诚然，从生成语法创立之初一直到 20 世纪 90 年代，加标都不构成一个理论问题，短语标记只是句法理论的内部构件，是句法得以运转的零件。在标准理论和扩展标准理论阶段（20 世纪 50 年代到 70 年代），短语结构的转写规则和转换规则都是通过短语标记来描写的，无人会过问短语标记本身是如何得到的。到了 X-阶标理论和管约论阶段，短语结构的生成方式发生了变化，转写规则被投射原则所取代。从此短语标记不再是给定的，而是通过中心语投射得到的，但由于投射原则是规定好的，由后者得到的短语标记也就成了理论预设，不会有任何改变和例外。因此，加标只是投射的副产品，依然隶属于句法本身。加标的理论地位直到最简方案阶段才真正有了转变。学者们开始意识到只有手持奥卡姆剃刀，不断给理论"瘦身"，才有可能接近语言的生物本质。在最简主义的驱使下，以往提出的各种理论和假设都被置于审视之下，生成语法从表征式（representational）语法变成了严格意义上的推衍式（derivational）语法：X-阶标理论被光杆短语结构（Bare Phrase Structure）取代，合并（Merge）成为句法的核心运算，短语标记的理论地位变得岌岌可危。不断有学者指出句法本身并不需要短语标记，我们完全可以通过其他的基础句法运算将其推导出来。然而，直到 Chomsky（2013），加标理论才真正成熟，与合并运算、一致运算、特征继承假说等并驾齐驱，成为最简方案的核心理论。

那么，如何运用加标理论来简化语法体系，解释各种语法现象呢？本书即对此问题的一个具体回应。我们将会发现加标理论不但能为汉语的语法"瘦身"，还能为以往理论中无法处理的理论难题提供新的解释方案，揭示汉语特殊现象背后的共性问题。不过，在进入主题之前有必要先对最简方案的核心理论和假设进行一番简短的介绍，使读者能够更好地了解加标理论的来龙去脉和研究意义。

1.1　最简方案

1.1.1　语言的生物本质与强式最简假说

在前最简方案阶段，生成语法的研究主要围绕两个问题：

问题一：人类语言的内在特征是什么？

问题二：如何解释这些特征？

随着研究的不断深入，生成语法学派在人类语言能力的描述充分性（descriptive adequacy）和解释充分性（explanatory adequacy）两方面日臻完善，取得了令人瞩目的成就，建立了包括 X-阶标理论、约束理论、格理论、移位理论在内的一整套逻辑缜密的理论体系。

到了 20 世纪 90 年代初期，以 Chomsky 1993 年的文章为标志，生成语法进入了一个全新的阶段，逐渐开始超越解释上的充分性，探索语言的生物本质。该阶段的研究主要围绕下面两个问题展开：

问题一：语言是什么？

问题二：语言为什么会有我们所发现的这些内在特征？

这两个问题究其本质是紧密相连的，如果我们知道第一个问题的答案，那么第二个问题也就迎刃而解了。但由于现阶段，我们还无法从纯科学的角度对第一个问题给出确切的答案，因此语言学家只能通过探索第二个问题的答案来逐渐揭开语言的神秘面纱。针对第二个问题，Chomsky 提出了强式最简假说（Strong Minimilist Thesis，SMT）：

（1）强式最简假说

　　语言是语言官能满足界面条件的最优解。

这里的"语言"并不是我们通常所说的汉语、英语等具体的语言，而是一种内在语言（I-Language），即生成人类语言的运算系统。由运算系统生成的表达式需要分别递交到运动感知界面（Sensorimotor Interface，以下简称 SM 界面）和概念意向界面（Conceptual-Intensional Interface，以下简称 C-I 界面），从而得到音与义的结合。因此，强式最简假说的意思是：我们所观察到的所有的语言内在特征都是为了满足 SM 界面和 C-I 界面的界面条件。那么什么是界面条件呢？这也就引出了最简方案（Minimalist Program，MP）下的另一个重要的原则，即完全解释原则（Principle of Full Interpretation）：

（2）完全解释原则

　　语音和语义层内所有的特征或特征的组合必须能够在运动感知和
　　概念意向界面获得相应的解读。

同时，强式最简假说还要求连接形和义的系统（即语言，或称句法）必须是一个最优的系统。怎样才算最优呢？一个方法论上的解答就是，句法系统必须满足奥卡姆剃刀原则（Ockham's Razor），即在成效相同的情况下，少的优于多的，简单的优于复杂的。假如我们重新审视生成语法在不同发展阶段所建立的理论和原则，不难发现其中有很多理论和原则是基于内部假设，不满足强式最简主义。例如，生成语法的奠基理论——X-阶标理论（X-Bar Theory）就不满足强式最简主义，因为它包含了中间投射层（X'）以及词类标签等诸多理论内部假设。因此，到了生成语法最简方案阶段，X-阶标理论便被光杆短语结构（Bare Phrase Structure，BPS）取而代之，后者摒弃了所有未包含在词项里的句法元素，并规定所有的句法对象（Syntactic

Object，SO）都是由最简单的句法运算——合并运算构成的。至此，我们可引出最简方案下的又一重要原则，即包容性原则（Inclusiveness Condition）：

（3）包容性原则

　　语言的运算系统不能在推衍过程中加入任何新的特征①。

总而言之，在最简方案阶段，生成语法研究的主要任务是重新审视生成语法学派内部的各种理论和原则，将其简化，使其满足极简主义的要求。为什么要这么做呢？因为只有越简单的理论才会越接近语言的生物性，触及语言的本质。

1.1.2　光杆短语结构

在管约论时期，短语结构的生成是通过 X-阶标理论来实现的。跟早期的短语结构规则（Phrase Structure Rules）相比，X-阶标理论提出了两个重要的主张：其一，短语可以包含一个由中心语 X 投射而成的中间层 X'；其二，这种基于投射的短语结构可适用于任何一种词类。换言之，根据 X-阶标理论，所有短语都可通过（4）的生成图式推衍出来：

（4）

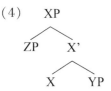

图（4）中，X 是中心语，X 跟短语 YP 合并之后，通过投射，形成了关于 X 的一个短语 X'，X' 继续与另一个短语 ZP 合并，通过二次投射，最终得到短语 XP。其中 YP 被称为 X 的补语（Complement），ZP 被称为 X 的指示语（Specifier）。

根据 X-阶标理论，例（5a）的句法结构如例（5b）所示：

（5）a. 他能解决这个问题。

_____

① 这里"新的特征"指词项中没有的特征。

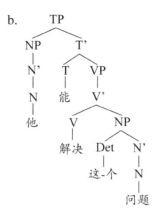

作为生成语法最经典的理论之一，X-阶标理论的理论优势非常明显。首先，通过投射规则和中间层 X' 的设定，X-阶标理论对早期的短语结构规则进行了限制，有效避免了"过度生成"的问题。其次，X-阶标理论采用一套普遍的生成图式来生成所有词类的短语，可有效克服短语结构规则的冗余问题。再次，X-阶标理论体现了人类语言的层级性、不对称性以及递归性等特征。

然而，X-阶标理论中有很大部分内容并不满足最简假说，比如中间层 X'，不分叉节点（non-branching nodes），终端节点和非终端节点的对立，对指示语数量的限制等。所有这些理论内部假设都不反映语言事实。因此，X-阶标理论最终被光杆短语结构（Bare Phrase Structure，BPS）取代。

光杆短语结构摒弃了 X-阶标理论中所有不直接反映语言事实的理论假设，规定窄义句法（Narrow Syntax）由读数（Numeration）和运算系统（Computational System）两大部分组成，而运算系统操作的对象只能是读数中的词项（Lexical Item）。短语的具体生成过程如下：合并（Merge）运算从读数中选择两个句法元素 α 和 β，将其合并，形成无序结合 K，记作 K=｛α，β｝，重复使用合并运算，便可推导出语言的递归性。比如，我们可以使 K 继续与句法元素 δ 合并，得到一个更复杂的无序结合 M，记作 M=｛δ，K｝。然而，合并运算得出的结果是一个无序集合，无法体现语言的不对称性。毕竟一个名词性的短语和一个动词性的短语在 LF 上获得的语义是不一样的。因此，我们需要再给合并运算得到的无序集合添加一个标签以示集合的性质，这便是"加标"的来由。若我们为 K 集合增加一个标签 γ，记作 K={γ，{α，β}}，那么 K 的性质由标签 γ 确定。

根据光杆短语结构，例(5a)的句法结构如(6)所示①：

(6)

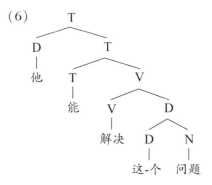

比较图(5b)和图(6)，我们不难发现，光杆短语结构去掉了中心语的中间投射层 X'，无论是中心语还是短语，其标签都由词汇自身所包含的词类特征(或词汇本身)来充当。② 最大投射、中间投射、最小投射、补语、指示语都变成了相对概念，比如集合{这个，问题}在集合{解决{这个，问题}}中不再投射(标签是 V 而不是 D)，因此{这个，问题}是一个最大投射；而集合{能{解决{这个，问题}}}在集合{他{能{解决{这个，问题}}}}中继续投射(后者的标签是 T 而不是 D)，因此集合{能{解决{这个，问题}}}是一个中间投射；又由于{他}与中间投射是姐妹关系，{他}是 T 的指示语。需要注意的是主语"他"在这个句法推衍中有双重身份，它既是一个词项，即最小投射，又是一个最大投射(因为它在集合{他{能{解决{这个，问题}}}}不投射)。另外，句法关系的相对性还体现在句法性质的"流动性"上。比如，支配{能{解决{这个，问题}}}集合的 T 是一个最

① 这里的树形图只是示意图，句法成分之间的关系其实是集合关系。另外，树形图中的节点 T、V、D、N 并不是预先设定好的标签，而是句法元素自身包含的词类特征。这里用词类特征来作为短语标记只是为了表述方便，我们完全可以用词汇本身来充当短语标记，例如，"解决"和"这个问题"合并后得到的集合的标签是"解决"。

② 关于如何确定集合的标签，我们将在 1.2 节中专门探讨。

大投射,直到它与词项"他"合并后,才变成了一个中间投射。除此之外,在光杆短语结构的理论框架下,指示语的数量不再有任何限制,因为"指示语"不再是投射规则给定的一个句法位置,而是变成了一种句法关系。换句话说,"指示语"不再具有独立的句法地位,而仅仅被看作投射复杂词项(projecting complex lexical item)的姊妹节成分。

在生成语法最简方案早期,合并和移位被视作两个独立的句法运算。移位严格意义上来说是由拷贝(Copy)和合并(Merge)组成的一个复杂句法运算。因此,在很长一段时间内,句法学界普遍认可"合并优先于移位"(Merge over Move)的假设,将移位看作"最后手段"(Last Resort)。Chomsky(2004)拓展了合并运算的外延,将合并分成外合并(External Merge)和内合并(Internal Merge)。外合并是指与 β 进行合并的 α 是直接从读数里选出的新词项,尚未与 β 合并;"外"的意思是 α 在 β 外,不包含于 β。内合并是指与 β 合并的 α,不是直接从读数里选出的,它已经与 β 合并过,包含于 β,此时相当于"再次合并";"内"的意思是 α 在 β 内,包含于 β。将移位看作合并的一种,意味着移位不再是代价更高的句法运算,它本质上与外合并一样,都是构建短语的基本运算,可随时操作,无须被"驱动"。

最后来谈谈指示语和附加语。在 X-阶标理论中,由于有中间层 X',指示语和附加语的区别是很明显的:指示语是 X' 的姊妹节,XP 的子节,而附加语则是 X' 的姊妹节,另一个 X' 的子节。换句话说,在指示语和附加语同时出现时,指示语的位置高于附加语,且指示语只能有一个,但附加语的数量是不限的。然而,在光杆短语结构框架下,我们无法区分指示语和附加语,因为两者均被定义为投射复杂词项的姊妹节。针对这个问题,Chomsky 主张指示语和附加语的区别并不在于合并后得到的结构,而在于合并的方式:指示语是通过集合合并(Set Merge)得到的,而附加语是通过配对合并(Pair Merge)得到的。具体而言,如果 α 与 β 通过集合合并的方式合并,得到的便是一个无序集合 {α, β};如果 α 与 β 通过配对合并的方式合并,得到的是一个有序集合,记作 <α, β>。一般而言,除了附加语以外,其他的句法成分都是集合合并。

1.1.3　不可诠释特征和一致运算

一般来说，词项包含三类特征：音系特征、语义特征和形式特征（即句法特征）。就像电脑程序只能识别某种特定格式的文件一样，在语言里，音系特征只能在语音层被解读，语义特征则只能在逻辑层被解读，因此为了得到合法的句法推导式，音系特征必须在递交（Transfer）（也称"拼出"（Spell-Out））时被剥离，单独进入语音层（PF），获得相应的解读。形式特征对于语音层来说也是不可解读特征，因此也必须删除。但由于语音层内的形态学运算需要依赖形式特征，因此词项的形式特征要等到形态学运算结束后才会被删除。

形式特征在逻辑层（LF）的可读性（Legibility）则比较复杂。观察 DP 内的配合以及主谓之间的配合：

（7）法语：

    a. la　　　　　　fille　　　　　　brilliante

      the. **FEM. SG**　girl. **FEM. SG**　　brilliant. **FEM. SG**

      优秀的女孩

    b. le　　　　　　garçon　　　　brilliant

      the. **MASC. SG**　boy. **MASC. SG**　brilliant. **MASC. SG**

      优秀的男孩

    c. les　　　　　　filles　　　　　brilliantes

      the. **FEM. PL**　girl. **FEM. PL**　　brilliant. **FEM. PL**

      优秀的女孩们

（8）法语：

    nous chantons

    1. PL　　sing. **1.** PL

    我们唱

很显然（7）和（8）中的形式特征［MASC/FEM］、［SG/PL］、［1. PL］都是有语义诠释的，分别表示阴性、阳性，单数、复数以及第一人称复数，但是这些语义信息似乎并不需要重复表达，比如(7c)并不表示"女孩"是三倍的女性、三倍的复数；(8)也不表示"我们"是两倍的第一人称和两倍的复数。另外，有证据表明，LF 会在解读省略(Ellipsis)句的过程中忽略配合(Agreement)语素。如在例(9)中，阳性复数的 bonitos '漂亮'可以允准阴性单数的 bonita '漂亮'，这说明形容词上的配合语素并没有获得语义解读。

(9)葡萄牙语：

Os	gatos	são	bonitos	e
the.**MASC**.**PL**	cat.**MASC**.**PL**	are[3.**PL**]	beautiful.**MASC**.**PL**	and
a	gata	também	é.	
the.**FEM**.**SG**	cat.**FEM**.**SG**	also	is[3.**SG**]	

The tomcats are beautiful and so is the cat. / 公猫很漂亮，母猫也是。

不难看出(7)—(9)中的性、数、人称特征(统称 φ 特征)只有在名词上才能被解读，限定词、形容词、动词上的 φ 特征是没有语义解读的。由此，我们可以推测只有参与语义运算的形式特征才能被 LF 解读，而其他的配合特征仅仅是语音上的呈现，在 LF 上是无法获得解读的。我们将有语义解读的形式特征称作"可诠释特征"(Interpretable Feature)，没有语义解读的形式特征称作"不可诠释特征"(Uninterpretable Feature)。语言中不同词类的可诠释特征和不可诠释特征大致归纳如下①：

(10)

	i-F	u-F
N	[i-φ], [i-N]	[u-Case]
v	[i-V]	[u-φ], ([u-EPP])
T	[i-tense]	[u-φ], [u-EPP]
C	[i-force]	([u-EPP])

① i-F 表示可诠释特征(Interpretable Feature)，u-F 表示不可诠释特征(Uninterpretable Feature)；φ 是性、数、人称特征的统称，Case 表示格特征，tense 是[Past]、[Pres]等时态特征的总称，force 是[+Q]、[-Q]等示意言外之力(Illucutionary Force)特征的总称。

　　根据完全解读原则，不可诠释特征必须在 LF 之前被删除。一致运算
（Operation of Agree）的根本目的就是删除词项所包含的不可诠释特征。

　　下面我们详细介绍一致运算的操作原理（参见 Chomsky，2000，20001，
2004）。在一致（Agree）的理论框架下，词项里只有可诠释特征是带有完整
的特征值的，而不可诠释特征的特征值则是缺失的，需要通过一致运算才
能获得。带有不可诠释特征的词项是探针，会在其统制（C-command）范围
内寻找最近①的带有相应的可诠释特征的词项，后者被称作标靶（见
（11a））。当探针和标靶建立了特征匹配关系后，一致运算会根据标靶的特
征值为探针上的不可诠释特征赋值，同时删除掉探针上的不可诠释特征
（见（11b）），赋值出于形态上原因而删除则是出于 LF 界面的界面要求。
需要说明的是，一致运算并不会使不可诠释特征变成可诠释特征，因此探
针中的不可诠释特征一经赋值，必须删除，否则将会违反完全解读原则
（FI）；但这里所说的"删除"并不是指从句法推导中抹除，而是使不可诠
释特征不再活跃，无法参与其他的一致运算，对 LF 界面也不再可见，
但它们对形态运算依然是可见的，也有可能引起最小化效应（Minimality
Effects）。

　　（11）a.

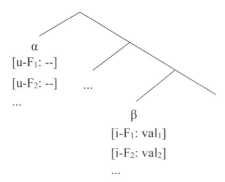

---

　　①　所谓"最近"指的是没有别的带有相关可诠释特征的词项介于探针和所选的标
靶之间，也就是说标靶的搜索必须满足相对最小化（Relativized Minimality）原则。

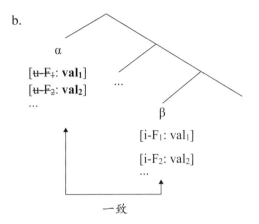

b.

一致

除了探针—标靶之间的特征匹配，一致运算还需满足另一个先决条件——激活原则（Activity Condition），即标靶必须带有一个未赋值的不可诠释原则。名词上的[u-Case]特征就是为了让名词保持活跃，能够与其他词类进行一致运算。一旦名词的格特征被赋值，该名词将不能再参与之后的句法运算。另外，由于格位只会在"被赋格"一方有形态实现，因此一般认为只有名词上才会有格特征，而"赋格"一方是没有相应的格特征的。因此，格特征的赋值被看作名词上的可诠释特征[i-φ]和赋格方的不可诠释特征[u-φ]之间一致关系的反映，换言之，名词上格特征的赋值附属于其φ特征的一致关系。比如，一个名词如果与轻动词 v 进行 φ 特征一致，该名词的格特征将会被指定为宾格；如果与限定性的 T（Finite T）进行 φ 特征一致，该名词的格特征会被指定为主格。

下面我们通过实例对一致的相关概念做进一步阐释。以(9)的句法推导为例，经过连续的合并运算，可得到(13a)。轻动词 v 带有未赋值的不可诠释特征[u-φ]，是探针。经过最小搜索，探针 v 在代词 him 中找到了相应的可诠释特征[i-φ]，由于 him 带有未赋值的不可诠释特征[u-Case]，又没有其他带有相应特征的词项介于 v 和 him 之间，因此探针 v 和标靶 him 可以进行一致运算：探针 v 上的 φ 特征通过标靶 him 上的 φ 特征得到特征值，并被删除；同时 him 上的格特征在 φ 特征的一致后被指定为宾格，并被删除（见(13b)）。

（12）She loves him.

（13）a. $[_{vP} v_{\{P:?;\,N:?\}}[_{VP} \text{love him}_{\{P:3;\,N:SG;\,G:MASC;\,CASE:?\}}]]$

　　　b. $[_{vP} v_{\{\text{P:3; N:SG}\}}[_{VP} \text{love him}_{\{P:3;\,N:SG;\,G:MASC;\,\text{CASE:ACC}\}}]]$

　　紧接着 vP 又先后与主语 she 和 T 进行合并，得到（14a）。带有不可诠释特征的 T，作为探针，需在其统制范域内寻找合适的标靶。此时已赋值的宾语 him 已经不再活跃，也不是离 T 最近的词项，因此无法成为 T 的标靶。但刚合并的主语 she 带有为赋值的格特征，又离 T 最近，可以成为 T 的标靶，与 T 进行一致运算，为 T 上的 φ 特征赋值，并将其删除。同时，T 和 she 之间的一致运算又为 she 上的格特征赋值，将后者标记为主格，并将其删除。

（14）a. $[_{TP} T_{\{P:?;\,N:?;\,\text{u-EPP}\}}[_{vP} \text{she}_{\{P:3;\,N:SG;\,G:FEM;\,CASE:?\}}[_{vP} v_{\{\text{P:3,N,SG}\}}[_{VP}$
　　　　$\text{love him}_{\{P:3;\,N:SG;\,G:MASC;\,CASE:?\}}]]]]$

　　　b. $[_{TP} T_{\{\text{P:3,N,SG}; \text{u-EPP}\}}[_{vP} \text{she}_{\{P:3;\,N:SG;\,G:FEM;\,\text{CASE:NOM}\}}[_{vP} v_{\{\text{P:3,N,SG}\}}$
　　　　$[_{VP} \text{love him}_{\{P:3;\,N:SG;\,G:MASC;\,CASE:?\}}]]]]$

　　T 上的 EPP 特征该如何删除呢？EPP 特征本质上是一个不可诠释的 D（或 N）特征，因此需要通过核查而非赋值来删除。要想核查 EPP 特征有两个方法：要么与一个名词性的赘词（expletive）进行外合并，要么通过移位（或称内合并）。由于与（12）中不包含赘词，所以只能通过移动最近的名词，即代词 she，来核查并删除 EPP 特征（见（15））。至此所有的不可诠释特征都已删除，句法推导结束。

（15）$[_{TP} \text{she}_{\{P:3;N:SG;G:FEM;\text{CASE:NOM}\}} T_{\{P:3;N:SG;\text{u-EPP}\}}[_{vP} \text{she}_{\{P:3;\,N:SG;\,G:FEM;\,\text{CASE:NOM}\}}$
　　　$[_{vP} v_{\{\text{P:3,N,SG}\}}[_{VP} \text{love him}_{\{P:3;\,N:SG;\,G:MASC;\,CASE:?\}}]]]]$

1.1.4　移位的拷贝理论和 PF 上的拷贝拼读

　　在管约论阶段，移位理论规定句法元素移位后会在原先的句法位置上留下一个语迹（Trace）。然而，读数是不包含语迹的，语迹是在句法推导过程中产生的，这显然违反了最简方案的包容性原则。要想满足包容性原则，只能用拷贝理论（Copy Theory）代替语迹理论（Trace Theory）。拷贝理论规定当 XP 与 α 进行内合并时，XP_1 是移位后的 XP(即 XP_2)的拷贝，且 XP_1 和 XP_2 是 XP 的两个无差别(Non-distinct)出现频次(Occurrences)：

(16) $\{_\beta\ XP_2...\{_\alpha\ XP_1,\ YP\}\}$

拷贝理论能够很自然地解释移位的重构效应(Reconstruction Effects)，不需要额外的 LF 运算，比如通过沉默移位(Silent Movement)，将移位元素(Displaced Element)重新移回到它的语迹位置，以获得正确的语义解读，因为根据该理论，所有拷贝都会和移位元素一样被递交到 LF 层，获得相应的语义解读。

然而，拷贝理论虽在移位的语义解读上有优势，但会引起 PF 上的拷贝拼读问题。根据管约论，语迹是零形式的句法实体。因此，当移位元素及其语迹一起进入 PF 时，发音的永远是移位元素，因为只有移位元素才对 PF 可见。拷贝理论的情况显然不一样，以(17a)为例，其推导过程如下：

(17) a. 张三来了。

      b. [$_{TP}$张三 [$_{TP}$ T [$_{VP}$来-了 张三]]]

"来"是一个非宾格动词，因此名词"张三"首先与动词"来"合并，形成 VP，由于非宾格动词没有 v 层，"张三"无法获得格位。为了删除[u-Case]特征，"张三"必须移到 Spec.TP 位置，得到(17b)。当(17b)进入 PF 后，由于两个"张三"并无差别，理论上我们会有三种拼读方式：1)将两个"张三"都拼读出来；2)只拼读下面的拷贝；3)只拼读上面的拷贝。

(18) a. <张三来了张三>

      b. <~~张三~~来了张三>

      c. <张三来了~~张三~~>

我们知道只有(15c)中的拼读才是合法的。但是为什么呢？为了回答这个问题，我们可以采纳 Nunes(2004)的观点，即一个语链①只能保留一个拷贝是为了满足线性化(或线性对应原则 LCA)的要求。如果我们保留两

---

① 语链(Chain)是一个句法元素在移位过程中所形成的所有拷贝的集合。

个拷贝((18a)),由于两个拷贝是无差别的,"张三"会被认为是同时先于和后于"来了",违反 LCA 的不对称性条件;同时,"张三"还会先于和后于它自己,违反 LCA 的非反射条件。

那么为什么是上面的拷贝被拼读呢? Chomsky(1995)提出了一个 PF 上作用于形态模块之后的形式特征删除运算:

(19) 形式特征删除(Formal Feature Elimination,FF-Elimination)

在一个成对序列 σ 中($\sigma=<(F,P)_1,(F,P)_2,\ldots,(F,P)_n>$),$\sigma$ 是线性化的输出,F 是形式特征的集合,P 是音系特征的集合,删除每个集合里最小数量的形式特征,使得 σ 满足 PF 上的完全解读原则。

基于(19),Nunes(2004)提出拼读最高拷贝的倾向是由经济原则驱使的。具体而言,高层拷贝参与了更多的一致运算,因此包含的形式特征会少于低层拷贝。如果我们删除高层拷贝,拼读低层拷贝,那删除运算不仅需要删除可诠释形式特征,还需删除未赋值的不可诠释特征。但如果我们删除低层拷贝,拼读高层拷贝,那删除运算就只需要删除可诠释的形式特征。因此,拼读高层拷贝比拼读低层拷贝更符合经济原则。

利用经济原则来解释拼读高层拷贝的倾向性有其理念上的优势。因为它保留了拼读低层拷贝的可能性。当删除高层拷贝会导致 PF 运算失败(比如违反音系规则)时,运算系统会退而选择一个非最优化、不经济的方式进行运算,即拼读低层拷贝。

那么我们又如何解释语言中的多拷贝拼读现象呢? 关于多拷贝拼读,最典型的例子是德语 wen 引导疑问句(语料摘自 Corver & Nunes,2007,下同):

(20) **Wen** denkst du **wen** sie meint **wen** Harald liebt?
who think you who she believes who Herald loves
你认为她觉得 Herald 喜欢谁?

根据 Nunes 的理论,(20)这样的推导式显然不合法,因为 wen 的多拷贝拼读显然违反了 LCA 原则,但(20)却被判定为合法,这是为什么呢?

针对这一问题，Nunes 提出了形态融合假设，即拷贝 wen 与中间各层的中心语 C 进行了形态融合，使得这些拷贝对 LCA 不可见，因此可顺利拼读出来。这一假设是有实证支持的：如果我们用一个 wh-短语取代 wh-单词 wen，多拷贝拼读就不再可能了（见(21)），因为只有两个简单元素才能进行形态融合。

（21）　*Wessen Buch glaubst du 　 wessen Buch Hans liest？

　　　　 whose 　book think 　 you 　 whose book Hans reads？

　　　　 Whose book do you think（that）Hans reads？／你认为 Hans 读谁的书？

有意思的是，汉语中也存在多拷贝拼读现象（见(22)）。这些现象能否用 Nunes 的形态融合假设来解释呢？我们将在本书后面的章节中详细探讨。

（22）a. 他<u>看</u>书<u>看</u>得很认真。

　　　b. <u>滑雪</u>，他从来没<u>滑</u>过。

　　　c. 他连<u>看</u>都没<u>看</u>一眼就走了。

　　　d. <u>学</u>要<u>学</u>好，<u>玩</u>要<u>玩</u>爽。

我们再来谈谈拷贝的性质。在移位的拷贝理论中，拷贝与拷贝之间是无差别的、相互独立的。换言之，语链链首的拷贝和语链中间以及链尾的拷贝在句法地位上是完全对等的。然而 Chomsky（2013）在谈加标问题的时候，对拷贝的性质发表了不同看法。他指出句法元素（或称句法对象，即 Syntactic Object，缩写为 SO）在移位后变成了一个非连续统（Discontinuous Element），对加标运算不可见，且必须承认拷贝之间存在依存关系，只有链首的拷贝才能被看作一个完整的句法实体。引用 Chomsky 自己的论述就是："只有当 α 所有的出现频次都包含在 D 的范域内时，我们才能说 α 包含于 D。"那么，Chomsky（2013）提出的这种有别于拷贝理论的论述会不会对线性化造成影响？如果采纳 Chomsky（2013）的观点，那么拷贝和语迹是否还有本质的区别？Chomsky（2013）针对拷贝的观点是否满足强式最简假说？针对这些问题，我们还无法给出确切的答案，只能采取一个相对中立的态度，即在承认低层拷贝和高层拷贝之间存在依存关系的同时，也承认低层拷贝在 PF 上的独立性。换言之，Nunes（2014）关于拷贝拼读的理论依然成立。

1.1.5　语段理论

最简方案中针对语言系统的循环性（Cyclicity）和局域性的理论叫作语段理论。语段理论认为读数（Numeration）并不是由一个完整的词汇序列（Lexical Array）组成的，而是分为很多子序列（Subarrays），在语句的构建过程中，选取（Select）操作仅限于当前的词汇子序列（Lexical Subarrays），在这个子序列的词项穷尽前，无权限进入别的词汇子序列；同时语段理论还规定了在一个语段内哪些句法成分是停留在人脑的工作记忆中、可进行后续的句法运算的，哪些必须递交到语音层和逻辑层、无法进行后续的句法运算。

根据 Chomsky（2000），能够定义语段的句法对象必须是命题性的（Propositional），即要么是所有题元角色接受指派的动词区域，要么是一个带时态和示意语力的完整命题。按照这个界定标准，CP 和 vP 应当是定义语段最合适的两个语类，我们将 CP 和 vP 称为语段，C 和 v 称为语段中心语。

语段理论最核心的部分是语段不可渗透原则（Phase Impenetrability Condition，PIC），具体表述如下：

（23）语段不可渗透原则

　　在语段 HP 中（H 是语段中心语），H 域内的句法成分对 HP 外的运算不可及，只有 H 及其边缘对 HP 外的运算可及。

根据 PIC，语段形成后，只有 H 和 HP 的姊妹节成分（即 H 的指示语）是对外面的句法运算（比如一致、移位、最小搜索等）可及的，而 H 的补足语及补足语内的各成分由于已经递交到界面，因此是这些运算的禁区。如果 H 域内的某元素想要进行后续的句法运算，则必须在被递交到界面前，移动到 H 的指示语位置。举例来说，例（24）中的疑问词短语 which book，要想不被过早递交到界面，必须先逃离补语位置，移至 Spec.vP 位置，才有机会进行后续移动。

（24）$\left[_{CP}\right.$ *which book* did $\left[_{TP}\right.$ John$_j$ T $\left[_{vP}\right.$ *<which book>* $\left[_{vP}\right.$ t$_j$ $\left[_{vP}\right.$ v-read $\left[_{VP}\right.$ V-<read> *<which book>*$]]]]]$

然而，随着对 PIC 的实证研究，学者们逐渐意识到（23）中关于 PIC 的定义似乎过于严苛。观察下面的冰岛语语料（相关语料来自 Rouveret，2015）：

（25）Henni　$\left[_T\right.$ höfðu$]$　　$\left[_{v*P}\right.$ likað þeir$]$①

　　　3SG-DAT　　have-T-3PL　　　liked 3PL-NOM

　　　她喜欢他们。

在例（25）中，位于 T 位置的助动词 *höfðu* 并没有与主语位置的 Henni 进行一致运算，而是和宾语位置的 þeir 进行了远距离一致。这显然违反了（23）所定义的 PIC 原则，因为该一致运算跨越了语段 vP，与 v 域内的句法元素 þeir 建立了依存关系。然而例（25）却是合法的，这说明（23）中的表述有可能不够准确。

为了能顾及与例（25）类似的语法现象，Chomsky（2001）提出了一个更宽松的 PIC 版本，规定语段中心语的辖域直到下个语段形成前都是可及的，也就是说针对域内成分的一致、移动等句法操作在下个语段形成前都可以正常进行，而上个语段的递交操作要等到下个语段形成时才会进行。新版本 PIC 的具体表述如下：

（26）语段不可渗透原则（第二版）

　　　在结构$\left[_{ZP}\right.$ Z...$\left[_{HP}\right.$ α $\left[$H YP$]]]$中，H 和 Z 是语段中心语，H 的辖域对 ZP 层的运算不可及，只有 H 和它的边缘 α 才对相关运算可及。

本书的研究主要集中于汉语的动词结构，因此语段原理涉及得不多，但其基本理念还是有所体现的。比如，本书的分析默认所有 v 内的成分要

---

① v 上面的星号标记"＊"是语段标记，表示 v 是语段中心语。

移出都必须经过 vP 的外指示语位置。另外需要说明的是，由于汉语的动词不会上移至 T，也没有类似冰岛语的长距离一致现象，因此我们会采纳第一个版本（即(23)）中对 PIC 的表述。

1.2　加标理论及其应用

1.2.1　加标理论的发展脉络

管约论下的 X-阶标理论是不存在加标问题的，句法标签(Label)已经规定好了：根据该理论的规定，当 X^0 选择一个复杂元素 YP 作补语，那么 X^0 会投射，得到的新短语会直接被标记为 X'；当 X' 继续选择一个复杂元素 ZP 作指示语，那么 X' 会再次投射，得到的新短语会被标记为 X''（或XP）；随着指示语的并入，X^0 的投射结束，X''（或 XP）将作为补语与另一个中心语合并，如此循环往复。由此可见，在 X-阶标理论下，加标并不是一个独立的概念，它是由投射规则决定的。

直到光杆短语结构(BPS)出现，加标问题才成为一个真正的研究对象。我们在上节提过，BPS 摒弃了短语结构的中间层 X' 以及不分叉节点，且不再区分终端节点和非终端节点，因为这些概念都不符合最简假说。BPS 规定，短语的构成只需要一个简单的运算——合并。合并运算将句法元素 α 和 β 组合在一起，形成一个无序集合 {α，β}。但这个无序集合所提供的信息并不完整，它无法体现 α 和 β 之间的非对称关系，而句法标签存在的目的即是呈现这一关系。如何确定句法标签（即加标问题）则成为最简方案阶段的一个重要研究课题。

将集合 {α，β} 的标签记作 γ，那么 γ 可能的形式是什么呢？包容性原则规定在句法推导过程中不能加入任何新元素，也就是说 γ 只能来自 α 和（或）β。据此，Chomsky (1995) 列出了以下三种逻辑可能性：

(27) a. α ∩ β（α 和 β 的交集）

　　　b. α ∪ β（α 和 β 的并集）

  c. α 或 β

我们立刻可以排除前两种情况。假设 α 是一个带有[-N, +V]特征的元素(即动词),β 是一个带有[+N, -V]特征的元素(即名词),那么 α 和 β 的交集将是空集,而一个标签不可能是空集,因此排除。同样的假设,如果我们将 α 和 β 取并集,得到的集合是{+N, -N, +V, -V},而一个标签不可能由互相矛盾的特征组成,因此也应排除。这样一来,只剩下第三种情况,即 γ 要么是 α(或 α 的标签),要么是 β(或 β 的标签),即一个句法成分只保留其中一个集合成员的特征。这显然也最符合语言事实,比如当一个动词和一个名词词组合并后,所得的短语只会继承动词的词类特征。

确定了 γ 的形式,就需要知道 α 和 β 哪个是集合的标签。解决这个问题的运算就是我们所说的加标运算。Chomsky(1995,2000)提出的加标运算如下:

(28) a. 在带有选择关系的结构中,由选择者充当标签。

   b. 移位结构中,由移位的目标词类进行投射。

由(28)的表述不难看出,两个集合的句法关系直接决定了标签的选择:在合并的情况下,集合成员之间的关系主要是选择关系,因此由选择者充当标签;在移动的情况下,集合成员之间的关系则是探针—标靶关系,因此由探针(也就是移动的目标词类)充当标签。需要指出的是,在这个时期,加标虽然有自己的算法,但仍隶属于合并运算,是合并运算的子运算。另外,这个时期的加标运算明显保留了 X-阶标理论中的投射、替代等概念。

加标的概念在 Chomsky(2008)中有了明显的改变。标签的确定不再需要借助集合成员之间的选择关系或探针—标靶关系。同时,加标不再被看作合并运算的一部分,而是成为一个彻底独立的句法运算。它跟一致和内合并一样,都在句法推导到达语段层后才开始运算,从而确保相关的句法对象能够在逻辑层获得解读。加标概念这些变化背后的动因是发现了在一些情况下,移位后得到的结构并不是由移位的目标词类来充当标签的,而是由移位元素的词类来充当标签。英语的自由关系字句就是一个典型的例子：

(29) a. $[_\alpha$ what$_i$ $[_{CP}$ C $[$ you wrote ___$_i$ $]]]$

　　　b. I wonder what you wrote.

　　　c. I read what you wrote.

根据(28b)，疑问词 what 从动词 wrote 的补语位置移至 Spec. CP 位置后，α 的标签由目标词类 C 提供，从而推导出(29b)。然而，(29c)中的自由关系从句却无法通过(28)中的加标运算推导出来。为了解决这个问题，Chomsky(2008)对(28)进行了修改，具体表述如下：

(30) 加标运算(Chomsky, 2008)：

　　　a. 在集合{H, α}中，如果 H 是一个词项，那么 H 则是集合的标签。

　　　b. 如果 α 与 β 通过内合并得到集合{α, β}，那么 β 的标签就是集合{α, β}的标签。

(30a)既适用于外合并又适用于内合并，而(30b)则仅适用于内合并。根据这一规定，若 α 与 β 进行内合并，且 α 是一个词项，那么合并后的集合{α, β}会出现加标歧义问题，(29a)即恰好属于这种情况。根据(30a)，集合{what, CP}的标签由词项 what 来提供，得到(29c)中的自由关系从句，因为在该句中，动词 read 选择的是一个 DP 而非 CP。根据(30b)，{what, CP}的标签由内合并的目标词类 CP 提供，得到(29b)中的间接疑问句，因为在该句中，动词 wonder 选择的是一个 CP 而非 DP。由此可见，Chomsky (2008)的加标运算要优于之前的版本，因为它通过加标歧义解释了更多的语言事实。

尽管如此，正如 Cecchetto 和 Donati (2010)所说，(30b)本质上还是继承了 X-阶标理论中的替换概念，属于理论内部规定，因此不符合最简假说。Chomsky (2013)提出的加标运算在很大程度上就是对这个反对的回应。在这个最新版本的加标运算中，Chomsky 去掉了(30)中的 b 说明，将加标运算简化成对词项的最小搜索：

(31) 加标运算(Chomsky, 2013)：

　　　在集合{H, α}中，如果 H 是一个词项，那么 H 则是集合的标签。

很显然,(31)仅适用于一个词项(简单元素)和一个短语(复杂元素)合并的情况。那么当两个短语合并时(即｛XP,YP｝结构),如何加标呢?对此,Chomsky 提出了两种解决策略,具体表述如下:

(32) a. 修改对称结构,使其只有一个中心语对加标运算可见。

b. 若 X 和 Y 在某些相关方面是对等的,那么用 X 和 Y 共享的特征作为对称结构的标签。

下面我们对(32)进行更全面的解析。(32a)中提到的"修改对称结构"实际上指的是移位,也就是说,要想为｛XP,YP｝加标,必须移动 XP 或 YP。如果移动 XP,XP 将会变成一个非连续统,底层的 XP 拷贝将对加标运算不可见(只有顶层的 XP,即语链的链首,才对加标运算可见),因此｛XP,YP｝的标签将由 YP 的标签来提供。同理,如果移动 YP,那么｛XP,YP｝的标签将由唯一对加标运算可见的 XP 来提供。(32b)提出的是另一种加标策略,即共享特征(或称一致特征)加标法。具体来说,如果 X 和 Y 共享[φ]特征,那么｛XP,YP｝的标签则是[φ],记作<φ,φ>。显然(32b)与一致运算有着紧密的联系:假设 K 上有未赋值、不可诠释特征 F([u-F]),而 M 上有与之对应的已赋值特征、可诠释特征 F([i-F]),在 K 和 M 进行了一致运算后,K 和 M 将共享特征 F。(31b)中所谓的"某些相关方面"指的就是[φ]、[Q]等形式特征。因此,根据(32b)的表述,当 α(α 为复杂元素)和 β 进行内合并后,不再由移位的目标词类 β 来充当｛α,β｝的标签,而是由 α 和 β 的共享特征来充当标签。需要说明的是,想要(32b)成立,必须假定用于加标的未赋值、不可诠释特征在一致运算后并没有被删除,而是被一直保留到 LF 层。

(32a)和(32b)虽然是两种完全不同的加标策略,但在句法推导中,两者却是紧密相连的。假设我们有两个复杂元素 XP、YP,XP 和 YP 进行外合并,得到对称结构｛$_\alpha$ XP,YP｝。为了给 α 加标,必须移动其中一个元素,若移动的是 XP,α 将获得标签 Y。然而,XP 的移位又会在更高的位置上形成一个新的对称结构｛$_\beta$ XP,ZP｝:

(33) [$_\beta$ XP [$_{ZP}$ Z...[$_{\alpha=YP}$ XP YP]]]

21

根据(32b)，如果 Z 和 X 有共享特征 F，那么 β 将被标记为 F。如果两者之间没有共享特征，那么(32a)介入，XP 将继续上移，直到可以运用(32b)为止。由此可知，(32a)告诉我们移位何时被触发，而(32b)则告诉我们移位何时停止。

在 Chomsky 提出上述加标运算的同时，Collins（2002），Adger（2003），Boeckx（2008），Donati 和 Cechetto（2011），Cecchetto 和 Donati（2015）等提出了基于探针概念的加标运算。下文将重点阐释 Donati 和 Cechetto（2011），Cecchetto 和 Donati（2015）（以下简称 D&C）的观点。D&C 采纳了 Adger（2003），Pesetsky 和 Torrego（2006），Boeckx（2008）等的观点，将探针的概念拓展到了外合并的情况，也就是说将选择者—被选择者的关系看作一种探针—标靶关系，并正式提出了标签的定义以及相关的加标运算：

(34) α 和 β 合并后，α 或 β 的特征的子集会成为句法对象{α，β}的标签。标签

    a. 可以触发后续的句法运算，

    b. 对句法对象{α，β}外的句法成分可见。

(35) 探针算法（Cecchetto & Donati，2015）：

    句法对象{α，β}的标签是 α 与 β 合并过程中充当探针的那个或那些特征。

从(34)中的定义可知，与 Chomksy（2013）的词项加标法不同，D&C 的探针加标法是严格的句法操作，只在窄义句法层面起作用，保证句法运算的顺利进行。另外，D&C 认为标签的意义主要是在句法层面上的，语义层面上的意义微乎其微，因为很早之前学者们就发现句法范畴和语义范畴并不是一一对应的关系：DP 在语义上可以表示某个个体，某个量化成分亦可表示某种特征；反过来，一个语义命题既可由 CP 表示又可由 DP 表示；一个语义谓语可以是 VP、NP、AP 或 PP。总而言之，对于 D&C 来说，句法运算依赖于句法对象之间的不对称性。这一想法与 Kayne（1994）的想法很相近，后者认为句法的不对称性（或称反对称性）是由 PF 层的线性化要求

决定的；只是 D&C 认为这种不对称性是窄义句法自身的特点，与界面条件无关。

Chomsky 的词项加标法和 D&C 的探针加标法的主要差别在于加标运算的操作时点不同。Chomsky 的加标法是在语段阶段才开始操作的，因此 Chomsky 的加标法是允许对称结构进入句法的，只要在表达式递交到界面之前获得标签即可；而 D&C 的加标法在每次合并后都要操作，因此对于 D&C 来说，每个句法对象都必须是不对称的，否则无法进行后续的句法运算。

虽然 D&C 的加标运算也很有研究价值，但在本书中，我们将主要采纳 Chomsky（2013）的加标理论，运用该理论来解释汉语的诸多语法现象。

1.2.2 Chomsky（2013）加标理论的应用

这一节我们将着重探讨 Chomsky（2013）加标理论在语言事实中的应用。

Chomsky（2013）提出加标理论可以推导出 T 上的 EPP 特征。为了论证这一观点，他首先以 Moro（2000）讨论的系动词结构为例：

(36) a. Lightening is the cause of the fire. ／ The cause of the fire is lightening.

　　 b. [is [lightening, the cause of the fire]]

根据 Moro 的分析，系动词 is 选择一个小句（small clause）作补语，lightening 和 the cause of the fire 分别是小句的两个组成部分（参见（36b））；然而，小句本质上是一个对称结构，无法在 PF 层线性化，因此需要将其中的一个组成部分移至 Spec. TP 位置，由此得出（36a）中的两个句子，这就是 Moro 动态反对称性理论的核心观点。Chomsky 运用加标理论对该理论进行了重新诠释：小句本质上是一个 {XP, YP} 的对称结构，无法通过（31）中的加标运算进行加标，因此，为了使其获得标签，必须通过移位修改这一对称结构，从而得到（36a）中的两个句子。换言之，T 上的 EPP 特征可通过小句的加标困境推导出来。

紧接着，Chomsky 又以及物动词的一般结构为例进行了进一步的论证：

(37) T $[_\alpha$ EA $[v^*[V IA]]]$ (Chomsky, 2013)

Alexiadou 和 Anagnostopoulou (2001) 曾提出这样一条通则，即外论元 EA 和内论元 IA 不能同时留在 VP 内，其中一个论元一定要移出。Chomsky 认为该通则亦可通过加标理论推导出来：外论元 EA 和 v^*P 的合并会得到一个无法加标的对称结构 α；为了使 α 获得标签，我们有两种选择，要么移动外论元 EA，要么移动内论元 IA；如果移动 EA，EA 会变成一个非连续体，EA 的底层拷贝(即 α 内的 EA)将对加标运算不可见，α 会由唯一对加标运算可见的集合成员 v^*P 来加标；如果移动 IA，VP 内的 IA 将对加标运算不可见，使得 VP 成为一个仅有 V 组成的简单元素，后者与 v^* 合并后的集合将被加标为 v^*，EA 和 v^* 合并后得到的集合 α 将直接得到标签 v^*(或 v^*P)。由此可见，Alexiadou 和 Anagnostopoulou (2001) 总结的通则可归因于 α 的加标困境，因此及物动词结构中 T 的 EPP 特征也可由加标理论推导出来。

另外，Chomsky 指出加标理论也可用来解释循环移位问题。他以英语中的 *wh* 移位为例进行了详细的阐述：

(38) a. *they thought $[_\alpha$ in which Texas city $[_\beta$ C [JFK was assassinated]]]

　　b. $[_{\gamma=<Q, Q>}$ In which Texas city $[_{CP}$ did they think $[_{\alpha=CP}$ <in which Texas city> $[_\beta$ C [JFK was assassinated]]]]]

(39) They wondered $[_\alpha$ in which Texas city $[_\beta$ C [JFK was assassinated]]]

例(38a)中，α 是由 *wh* 短语 *in which Texas city* 和 β(CP)组成的一个 $\{$XP, YP$\}$ 型对称结构，由于动词 thought 选择的补语从句 β 不带 [Q] 特征，因此 α 无法通过共享特征加标法来获得标签，(38a)不合法。但如果继续移动疑问短语，α 内的 *wh* 短语将对加标运算不可见，α 可由集合中唯一对加标运算可见的成分 CP 来加标，α 的加标问题得以解决。主句的 C 是带有 [Q] 特征的，因此当 *wh* 短语移到主句 CP 的姊妹节位置后，γ 可通过共享加标法获得标签<Q，Q>，所以(38b)合法。再看(39)，动词 *wonder* 选择一个带有[Q]特征的补语从句，因此即使 *wh* 短语不移位，α 也可通过疑问短语 *in which Texas city* 和 β 的共享特征[Q]来加标，因此(39)合法。由此可见，加标理论可以解释循环移位时 *wh* 短语的移位动机问题。

Ott (2011)论证了德语中的话题分裂句也可以由加标理论来解释，观察下例：

(40) Nagetiere hat Peter nur zwei   Eichhörnchen gesehen

   rodents   has Peter only two   squirrels   seen

   啮齿动物，彼得只看到了两只松鼠。

根据 Ott 的分析，*zwei Eichhörnchen*'两只松鼠'和 *Nagetiere*'啮齿动物'在底层结构中同属一个小句｛zwei Eichhörnchen, Nagetiere｝(｛DP，NP｝)，名词短语 *Nagetiere* 的上移是为了给对称小句加标。当 *Nagetiere* 移至 C 的边缘位置后，小句中的 *Nagetiere* 变成了一个不连续体，对加标运算不可见，因此小句将由唯一对加标运算可见的 DP *zwei Eichhörnchen* 的标签来加标。

Bošković(2015)提出了一个与 Chomsky(2013)加标理论略有不同的假设，即加标的时点(Timing of Labeling，TOL)会根据合并项的具体情况发生变化。如果是一个中心语(简单词项)和一个复杂词项进行合并，那么加标运算会在合并后立即进行，也就是说加标的时点位于窄义句法中。如果是两个复杂词项相合并，那么它在窄义句法上将保持无标签状态，直到语段阶段才能通过(32a)或(32b)加标。而在 Chomsky (2013)中，加标运算在这两种情况下的操作时点均在语段阶段。Bošković 另外一个重要的假设是说移位不能过短(即移位的反局域性原则)。他将加标概念融入反局域性原则：

(41) 反局域性(Antilocality)：

   A 移到 B 时，必须跨越一个区别于 B 的投射(无标签的投射无法区分于已加标的投射)。

如果我们采纳 Bošković 的加标时点假设以及反局域性原则，那么很多移位的局域性效应都可以用加标理论来解释，比如主语原则，附加语原则，Richard（2001）提到的挤入（tucking in）现象，"标句词—语迹"（comp-trace）现象，短距离主语无法话题化的现象，法语中的 *qui-que* 转换现象，以及基南德语（Kinande）等语言中 wh 移位对一致的影响等。在下文中，我们将着重探讨主语原则和挤入现象。

首先来看主语原则（例句摘自 Bošković，2015）：

（42）a. * I wonder who$_i$ [friends of t_i] left.

　　　b. [$_{?2}$ [$_{?1}$ who [$_{DP}$ subject]] [$_{IP}$ I…[$_{vP}$

　　　c. [$_{CP}$ C [$_{?2}$ [$_{?1}$ who [$_{DP}$ subject]] [$_{IP}$ I…[$_{vP}$

根据 Bošković，DP 是一个语段，因此如果一个主语 DP 内的句法元素要移到 DP 外，必须首先经过 D 的外缘位置。Who 和 DP 之间的内合并会形成一个无标签结构，记作"？1"，而主语 DP 和 IP 之间的内合并会形成另一个无标签结构，记作"？2"（见（42b））。其次，无标签结构"？2"和 C 进行外合并，根据 TOL，合并后的结构将直接被标记为 C（P）（见（42c））。最后 who 将移至 Spec.CP 的位置，但这一步推导违反了反局域性原则，因为 who 的移位并没有跨越一个区别于 CP 的投射（根据（42），"？1"和"？2"均是无标签结构，无法区分于 CP）。因此，主语原则可以通过（41）推导出来。

现在来看保加利亚语中的挤入现象（例句摘自 Bošković，2015）：

（43）a. Koj$_i$ kogo$_j$　misliš　　[$_{CP}$ t_i　t_j　če　[$_{IP}$ t_i　　e　　udaril t_j]] ?
　　　　　who$_i$ whom$_j$ think-2sg　　　　　　　that　　　has　hit
　　　　　你认为谁打了谁？

　　　b. [$_?$ koj$_i$ [$_{CP}$ če [$_{IP}$…kogo$_j$…]]]
　　　　　　who　　that　　whom

在从句中，主语疑问词 *koj* '谁'所在的位置要高于宾语疑问词 *kogo* '谁'的位置。然而，根据优越原则（Superiority Condition），主语疑问词应该先移位，随后才是宾语疑问词，因此表层的顺序应当是宾语疑问词先于主语疑问词。Richards（2001）认为，疑问词的顺序之所以对调是因为第二次移位的疑问词(即宾语疑问词 *kogo*)不能在主语疑问 *koj* 所创建的 Spec. CP 的基础上再创建一个指示语,只能挤在第一个指示语的下方。Bošković 则提出这种挤入的现象可以通过加标理论来解释:当 *koj* 与 CP 进行内合并后,得到的是一个无标签结构,记作"?"(见(43b)),如果我们再将 *kogo* 与无标签结构"?"进行内合并,会违反反局域性原则。因此,为了不违反反局域性原则,*kogo* 移动的目标位置只能低于"?",直接与 CP 进行内合并,因此出现了(43a)中的挤入现象。

Bošković(2015)的主要贡献在于用加标理论重释了移位的限制——反局域性原则。Tian(2021)则正好相反,他试图用加标理论解释中心语移位如何能取消移位的岛效应。观察下面的例句:

(44) a. *e de quén$_i$ viche o retrato t$_i$?

   and of whom saw-you the portrait

   b. e de quén$_i$ viche-lo$_j$ t$_j$ retrato t$_i$?

   and of whom saw-you-the portrait

   字面义:所以说,谁你看见了__的画像?

   (加利西亚语,摘自 Uriagereka,1988:81)

(45) a. Msangalatsi a-ku-yend-er-a ndodo.

   entertainer sp-pres-walk-with-asp stick

   表演者正挂着一根棍子走路。

   b. Ndodo i-ku-yend-er-edw-a.

   stick sp-pres-walk-with-pass-asp

   字面义:棍子被挂着走路。

   (齐切瓦语,语料摘自 Baker,1988:260)

(46) a. *[[de qué autora]$_i$ no sabes [$_{CP}$[cuáles traducciones t$_i$]$_j$ t$_j$

   of what author not know-you which translations

   han ganado permios internacionales]]]?

   have won awards international

   'By which author don't you know what translations have won

27

international awards?'

（西班牙语，语料摘自 Uriagereka，1988：121）

b. *[[de qué autora]ᵢ no sabes [_CP[cuáles traducciones tᵢ]ⱼ tⱼ

of what author not know-you what translations

han ganado premios internacionales]]?

have won awards international

'By what author don't you know what translations have won international awards?'

（47）a. Kn'ig'iᵢ Pasha [tᵢ i f'il'my] kupil.

books Pasha and movies bought

Pasha 买了书和影片。

（俄语，语料摘自 Stjepanović，2014）

b. [V bol'shuju]ᵢ Van'a voshol [[tᵢ komnatu]-i [v mal'en'kuju kuhn'u]].

in big Vanja entered room-and in small kitchen

Vanja 进入了一个大房间和一个小厨房。

在加利西亚语中，DP *o retrato de quén* '谁的画像' 是一个孤岛，我们不能从孤岛中提取任何成分，因此该句不合法（见（44a））；然而当我们将定冠词 *o* 附着于动词之上时，岛效应消失，语句即变成了合法的（见（44b））。齐切瓦语不允许介词被孤立，只有当介词并入动词时，介词后的名词才允许移动（见（45））。语言的冻结效应（Freezing Effects）禁止我们从移动过的句法成分中提取任何成分，因此当我们将（46a）中的 *de qué autora* 从移位后的短语 *cuáles traducciones de qué autora* 移出后，语句不合法。然而，当我们将 *cuáles traducciones* 换成 *qué traducciones* 之后，de qué autora 的移位不再受到限制（见（46b））。根据 Ross（1967），语言的移位遵守并列结构限制（Coordinate Structure Constraint），即我们不能将并列结构中的其中一个并列项或并列项内部的成分移出（见（47a）），但当连词 i 附着在第一个并列项之后，移位不再受到此限制。

根据这些现象，Tian(2021)在 Chomsky(2013，2015)的加标理论基础上加入了语音条件，后者规定，当中心语失去自身的音系特征后将变成弱语类，无法参与加标。Tian 运用这一假设对上述现象——做了解释。以(44a)为例，当限制词中心语 o 没有并入动词时是个强语类，具备加标能力，(44a)中的名词短语 o retrato de quén 可通过加标算法获得标签 DP，当我们将 de quén 移出后，移位形成的空语类将位于一个带有标签的句法成分内，可被运算系统辨识，因此，该移位会违反岛效应，导致句法推导失败。当限制词中心语 o 附着到动词后，D 变成弱语类，不再具有加标能力。在这种情况下移动 de quén 并不会越过 D，因此不会违反岛效应，故(44b)合法。例(45)至例(47)都可用类似的方式予以解释。

除此之外，田启林(2020)还运用 Chomsky(2015)的加标理论解释了汉语翻转句 B 句的动后成分的移位限制问题。① 观察下列例句：

(48) a. 一锅饭吃三个人。   （翻转句 B 句）

    b. *[三个人]$_i$，一锅饭吃 t$_i$。

    c. *一锅饭吃 t$_i$ 的[三个人]$_i$。

(49) a. 三个人吃一锅饭。   （翻转句 A 句）

    b. [一锅饭]$_i$，三个人吃。

    c. [三个人吃 t$_i$]的那锅饭

翻转 B 句的动后成分既不可以进行话题化操作也不可以进行关系化操作，而翻转 A 句对动后成分的移位没有特殊限制。田启林(2020)指出翻转 B 句和翻转 A 句之间的这种差异主要源于两者的基础结构不同，翻转 B 句中在 V 和 v^* 之间多了一个表度量的轻动词 V$_{measure}$，使得 v^* 的语段特征遗传给了中间层 V$_{measure}$，而非直接遗传给 V。因此，要对翻转 B 句中的动后成分进行长距离移位，就必须先将其移至 V$_{measure}$ 的指示语位置，使得原本移动到 V 指示语的动后成分必须再次上移，V 是弱语类，一旦失去了动后

---

① 我们会在 3.2 节中对田启林(2020)的观点进行更深入的探讨。

成分的加持，便无法加标，导致推导失败。而在翻转 A 句中，v^* 的语段特征直接遗传给 V，因此原本移动到 V 指示语的动后成分不需要再次上移就可进行长距离移位，V 有了动后成分的加持便可通过共享一致特征获得标签<φ，φ>，不会产生加标问题，因此(49b)和(49c)合法。

综上所述，Chomsky(2013)的加标理论能够为很多迄今为止依然很难处理的语言现象提供新的解释思路。T 上的 EPP 特征长久以来都被看作一个使 VP 短语内元素移到 Spec. TP 位置的不可诠释特征，但这个特征，究其实质是一个理论内部的硬性规定，无法解释这样一种移位其背后的动因。如果我们将加标理论融入最简方案的模型中，便可以通过加标问题推导出 EPP 特征①，即移位是为了能够让相关的句法表达式在 v 语段获得标签。循环移位则是生成语法的又一老大难问题。这是因为循环移位通常会涉及过渡位置的移位动机问题。加标理论则可以很好地解释为什么一个已经移动到过渡词类的指示语位置的元素需要继续上移：在加标理论的框架下，移动元素与过渡词类(比如 CP)的内合并会形成一个｛XP，YP｝型对称结构，在 X 和 Y 没有共享特征的情况下，为了使该结构获得标签，XP 必须继续上移，直至可以采用共享特征加标法加标为止。除此以外，加标理论还可以用来解释德语中的分裂话题句、不同语言中移位限制以及岛效应失效等现象。

1.3　加标理论的研究意义

加标理论否定了从 X-阶标理论沿袭至今的短语结构不对称性、向心性假说，从根本上摆脱了 X-阶标理论的影响。加标理论认为句法本质上是一个离心结构，最终都会生成一个｛NP，TP｝的对称结构；短语结构的不对称性只存在于词项和复杂短语合并的情况，是由最小搜索推导出来的。这一

① Chomsky (2013)只涉及了系动词结构以及及物动词结构中 EPP 特征的推导，至于其他句式中的 EPP 特征推导可参见 Chomsky(2015)。

主张从根本上舍弃了 X-阶标理论中人为设定的指示语概念，回归 20 世纪 50 年代生成语法创立之初对句法结构的基本设想（即 S→NP VP）。

　　另外，加标理论将加标视为一个独立于句法特征的问题，用加标驱动（Label-Failure Driven）移位取代了特征驱动（Feature-Driven）移位，从根本上解决了特征驱动句法中的两大理论难题——EPP 特征和连续循环移动的驱动问题：在特征驱动移位框架中，一致运算被看作移位的前提条件，而移位本身则是由探针上的 EPP 特征驱动的，但学界一直无法解释 EPP 的本质，也无法找到有效的手段推导出 EPP 特征；特征驱动句法的另一个问题则是长距离移位时的提前窥探（Look Ahead）问题，例如，主句 C 上的 wh/Q 特征是如何驱动疑问词进行长距离移位的（内嵌句的 C 并没有 wh/Q 特征）。此外，在特征驱动移位框架下，内合并必须满足激活要求（Activity Condition），即被移动的对象必须有不可解读特征才能移动，而在加标驱动移位的框架下，如果不存在加标问题，内合并是自由的，不受任何限制，摒弃了移位的"不得已"（Last Resort）原则。这也使得 Chomsky 加标理论更契合 Chomsky（2014）后学界对移位的看法，即移位是合并运算的一种（即内合并），内合并应当和外合并一样自由。

　　总之，Chomsky 加标理论对生成语法的发展起到了极大的推动作用，革新了我们对句法结构、移位等根本问题的看法，在最大程度上践行了最简方案下的极简主义理念。得益于这些理论优势，Chomsky 的加标理论在学界引起了极大反响，吸引了大批学者投身这一新理论的理论和实证研究。

　　近几年，国内的生成语法学者也开始关注这一问题，并陆续对加标理论作了相关的推介和探讨。陆志军（2017）对 Chomsky（2013）加标理论进行了细致的阐释。陆志军和何晓炜（2017）着重分析了该理论的解释力。潘俊楠（2019）也对 Chomsky（2013）加标理论做了相关推介，详细介绍了具体的操作方法。然而，除了田启林（2020）运用加标理论来解释容纳类倒装句中移位的限制问题之外，尚无其他学者对加标理论进行过系统的实证研究。本书欲弥补汉语学界在加标理论领域上的空白，将加标理论运用到汉语语法研究的实际中，为汉语的本体研究提供新的研究视角。

本书的内容安排如下：

本书的第 2 章将着重探讨汉语中的重动句，运用加标理论来解释重动形式产生的动因，为"宾补抢动"现象提供原则性的解释，并将汉语的重动句与谓语分裂句进行系统比较。第 3 章将着重探讨把字句的句法生成机制，以及动词"把"的重新加标效应，并将把字句和宾语漂移句式和区别性宾语标记现象进行对比研究。第 4 章将运用加标理论来解释容量型翻转句所呈现的主宾置换现象，并论证翻转 A 句和翻转 B 句之间的同源性。第 5 章将从加标理论的角度切入，重新探讨汉语存现句的论元结构、句法机制、存现对象的赋格机制等一系列理论问题，并通过跨语言对比，揭示汉语存现句的共性和差异性。第 6 章将探讨上古汉语中的"者""所"关系从句，通过加标歧义来解释"者""所"为何既可以引导有核关系从句又可引导无核关系从句。第 7 章将对加标理论本身进行反思，指出该理论的不足之处，并提出针对性的修改和完善意见。第 8 章是对全书的总结。

第 2 章　重　动　句

2.1　重动句的基本介绍

所谓重动句，指的是这样一种句式：同一个动词在一个句子中出现两次，且第一次出现的动词(记作 V1)后跟宾语，第二次出现的动词(记作 V2)后跟补语①。观察下面的例句：

(1) a. 他<u>写</u>报告<u>写</u>得很累。

　　 b. 他<u>写</u>报告<u>写</u>累了。

　　 c. 他<u>写</u>报告<u>写</u>得很快。

　　 d. 他<u>写</u>报告<u>写</u>了三个小时/三遍。

重动句通常与以下三类补语共现：1)结果补语，前者又可根据补语的形态特征分为两小类："得"引导的补语句(见(1a))和附着在动词后的表结果的语素(见(1b))②；2)由"得"和形容词词组组成的方式补语(见(1c))；3)时量/动量补语(见(1d))。

汉语的重动句对生成语法理论提出了两大挑战。第一，如何在动词的论元结构中表达宾语和补语两个句法成分？第二，动词的两个拷贝为什么能在 PF 层被同时拼读？随着 VP 壳(Larson，1988)以及其他 VP 分裂假说

---

① 这里所说的"补语"，沿用的是传统语法中的术语，要和生成语法中的补语概念严格区分开来，后者不含任何语义要素，单纯指代动词中心语的姊妹节位置。为了便于区分，我们将生成语法语境下的"补语"统称为"补足语"。

② 在传统语法中，(1b)又称作动结式。

（Bowers，1993；Chomsky，1995；Kratzer，1996）的提出，VP 结构开始细化，同时将宾语和补语两个句法成分插入 VP 内也有了理论上的可能性，比如，我们可以将补语作为动词最内部的论元，先和动词组合，再将组合后的结构与宾语结合，使后者成为 V 的指示语（参见 Cheng，2007；Tieu，2009；Bartos，2003，2008，2019 等）。因此，近年来重动句的研究重点转变为动词拷贝的线性化问题。有些学者采纳了 Nunes（2004）的观点，认为动词下层拷贝的拼读是出于形态或音系上的原因（Cheng，2007；Tieu，2009）。另外一种解释双拷贝拼出的方案是由 Bartos（2003）和 Gouguet（2006，2008）提出的。他们认为 V1 并不是 V2 的拷贝，确切地说，V1 并不成分统制 V2，而是包含在 VP 短语内，且 VP 在生成重动句的过程中进行了前移；在 PF 层，VP 链和 V 链完成下层拷贝的删除后，便可得到双拷贝拼出的结果。

　　本章中，我们将为重动句提供一种新的解释思路，将重动句看作一个 LF 现象（PF 即使参与其中，也只起次要作用）。具体而言，我们的思路是：宾语和补语的共现将在 v 语段形成一个 $\{XP, YP\}$ 型对称结构，无法通过加标运算直接加标，"重动"的出现是由于汉语语法采用了移位策略（即移动 VP）来为该对称结构加标。这一思路其实和 Huang（1982，1984a）提出的"短语结构限制"有异曲同工之处。

2.2　重动句的句法特征

　　上节中，我们谈到了重动句的表面特征。这节我们将从形式句法的视角详细探讨重动句的核心句法特征。

　　1. V1 和 V2 之间的不对称性

　　我们已经提过，重动句最突出的表面特征就是"重动"，即在一个给定的语句中出现两个相同的动词。但是，V1 和 V2 并不是完全对等的，它们在能否添加体貌标记或后缀"得"上是不对称的。只有 V2 能够添加体貌标记或后缀"得"，而 V1 不行①：

————————

　　①　即使我们在 V2 后加上相关的体貌标记或后缀"得"，（2b）—（5b）依然不合法。

（2）a. 他<u>写</u>报告<u>写了</u>三个小时。

　　　b. [*]他<u>写了</u>报告<u>写</u>三个小时。

（3）a. 他<u>写</u>报告<u>写过</u>好几遍。

　　　b. [*]他<u>写过</u>报告<u>写过</u>好几遍。

（4）a. 他<u>写</u>报告<u>写得</u>很累。

　　　b. [*]他<u>写得</u>报告<u>写</u>很累。

（5）a. 他<u>写</u>报告<u>写得</u>很快。

　　　b. [*]他<u>写得</u>报告<u>写</u>很快。

2. 宾、补之间的相关语序

宾语和补语之间的语序是固定的。在重动句中，宾语必须出现在补语的前面①：

（6）a. 他写<u>报告</u>写得<u>很累</u>。

　　　b. [*]他写得<u>很累</u>写<u>报告</u>。

（7）a. 他写<u>报告</u>写<u>累了</u>。

　　　b. [*]他写<u>累了</u>写<u>报告</u>。

（8）a. 他写<u>报告</u>写得<u>很快</u>。

　　　b. [*]他写得<u>很快</u>写<u>报告</u>。

（9）a. 他写<u>报告</u>写了<u>三个小时/三遍</u>。

　　　b. [*]他写了<u>三个小时/三遍</u>写<u>报告</u>。

3. V1 和宾语组成一个句法成分

V1 和宾语可以作为一个整体前移，说明 V1 和宾语组成一个句法成分：

（10）a. 写报告，他写得很累。

　　　 b. 写报告，他写累了。

---

①　在日常对话中，我们可能会说出 b 中的句子，但动词和宾语通常是在前面的句子说完了，说话人又特意补充的成分。在无语境或者语境不凸显的情况下，说话人只能说 a 中的句子而不能说 b 中的句子。

　　c. 写报告，他写得很快。

　　d. 写报告，他写了三个小时/三遍。

4. 重动句中动词的语义限制

　　根据 Vendler（1957）的动词分类，重动句中的动词（或动词词组）只能是活动动词（例如，"写""看""学"等），不能是完成动词（例如，带有完结语素的动词，例如"-完""-好""-成""了（liǎo）"）、终结动词（例如，"到达""发现"等）或状态动词（例如，"知道""害怕"等）①：

　　（11）a. *他<u>写完</u>报告<u>写完</u>得很累。

　　　　　b. *他<u>写完</u>报告<u>写完</u>累了。

　　　　　c. *他<u>写好</u>报告<u>写好</u>得很快。

　　　　　d. *他<u>写好</u>报告<u>写好</u>了三个小时/三遍。

　　（12）a. *他<u>发现</u>这个秘密<u>发现</u>得很累。

　　　　　b. *他<u>发现</u>这个秘密<u>发现</u>累了。

　　　　　c. *他<u>发现</u>这个秘密<u>发现</u>了三个小时/三遍。

　　（13）a. *他<u>知道</u>这个事情<u>知道</u>得很累。

　　　　　b. *他<u>知道</u>这个事情<u>知道</u>累了。

　　　　　c. *他<u>知道</u>这个事情<u>知道</u>了三个小时/三遍。

5. 不及物动词和双及物动词中的"重动"可能性

　　不及物动词或者未在句法中实现宾语的及物动词是不允许重动的②：

---

　　①　带方式补语的重动句允许终结动词和状态动词：

　　（ⅰ）他<u>发现</u>这个秘密<u>发现</u>得很快/很及时。

　　（ⅱ）他<u>知道</u>这个事情<u>知道</u>得很快/很及时。

　　这很有可能是因为方式补语和其他补语不一样，它们只修饰动作的方式，对动词的词汇体貌不作要求。（11c）的不合法可能仅仅是由于引导方式补语的词缀"得"不允许跟在其他词缀后面。

　　②　这里我们所讨论的情况是：V1 并没有特殊的语义，V1 和 V2 之间也没有韵律停顿。如果 V1 在句中作焦点，且 V1 和 V2 之间有明显的韵律停顿，那么上述语句就是合法的。

(14) a. *他哭哭得很累/哭累了/哭得很大声/哭了一下午/好几次。

　　　b. *他写写得很累/写累了/写得很很快/写了三个小时/三遍。

但双及物动词结构(无论是双宾结构还是与格结构)是允许重动的:

(15) 双宾结构:

　　　a. 他教李四英语教得很好。

　　　b. 他教李四英语教了两年。

(16) 与格结构:

　　　a. 张三寄书给李四寄得很快。

　　　b. 张三寄书给李四寄了两回。

6. "重动"的可选性和必要性

　　重动句通常在宾、补共现的结构中出现,但并不是所有类型的补语都必然会导致重动。当"得"引导的结果补语以及"得"引导的方式补语和宾语共现时,必须重动(见(17)—(18)),但是在某些情况下,时量/动量补语以及部分结果补语语素可以和宾语共现(见(19)—(21))。另外,带有时量/动量补语的结构宾、补共现句还会因为宾语的语义特征显现出不同的句法特点:有定宾语既可以先于也可以后于时量/动量补语,但无定宾语必须出现在时量/动量补语之后(比较(19b-c)—(20b-c))。

(17) *他写报告得很累。/ *他写得报告很累。

　　　b. 他写报告写得很累。

(18) a. *他写报告得很快。/ *他写得报告很快。

　　　b. 他写报告写得很快。

(19) a. 他写了三个小时/三遍报告。

　　　b. *他写了报告三个小时/三遍。

　　　c. 他写报告写了三个小时。

(20) a. ? 他写了三个小时/三遍那份报告。

　　　b. ? 他写了那份报告三个小时/三遍。

　　　c. 他写那份报告写了三个小时/三遍。

（21）a. 他吃腻了饺子。

　　　b. 他吃饺子吃腻了。

2.3　重动句的研究现状

重动句独特的句法特征吸引了不少国内外生成语法学家的关注（Huang，1982，1984a，1988；A. Li，1990；Tang，1990；Paul，2002b；Bartos，2003，2008，2019；Gouguet，2006，2008；Cheng，2007；Hsu，2008；Tieu，2009；Yang & Cheng，2013 等）。前贤们对重动句的主要看法可分为三大类。第一类以 Tang（1990）和 Hsu（2008）为代表，认为 V1 及其宾语是基础生成的，作整个句子的话题成分，V1 和 V2 并不是拷贝关系而是单纯的词汇重复。

第二类以 Huang（1982，1984a），A. Li（1990），Paul（2002）为代表，认为重动现象的核心是宾、补之间的竞争关系。如果不考虑技术细节上的差异，Huang 提出的短语结构限制（Phrase Structure Constraint，PSC）、Li 提出的"右向赋格"及"一动词一格位"①以及 Paul 提出的"单次核查假设"（Single Checking Hypothesis）都是为了用形式化的语言诠释宾、补之间的竞争关系。

第三类以近年来的一些研究为代表，比如 Cheng（2007）、Gouguet（2006，2008）、Tieu（2009）、Bartos（2003，2008，2019），认为重动现象并不是由于宾、补之间的竞争关系，而是由于别的因素造成的。随着 VP 壳（Larson，1988）以及其他 VP 分裂假说（Bowers，1993；Chomsky，1995；Kratzer，1996）的提出，VP 结构开始细化，创造出新的论元位置——Spec. V，以生成宾语。Cheng（2007）、Tieu（2009）、Yang & Cheng（2013）等采用了 Larson 的 VP 壳结构来生成重动句，并指出"重动"本质上

---

① Li 这两个观点出自"汉语语序限制（The Chinese Word Order Constraint）"的第二条和第三条（Li 1990：11），对应的英文原位是：b）Case is assigned from left to right in Chinese 和 c）A Case assigner assigns at most one Case.

是个语音层的问题。更确切地说，之所以会出现两个动词拷贝同时拼读的现象，是因为正常情况下本应删除的下层动词拷贝由于形态—音系上的原因并没有被删除。Gouguet（2006，2008）和 Bartos（2003，2008，2019）则认为"重动"的形成是由于 VP 移位和 V 的中心语移位后，删除掉下层动词拷贝而形成的。

下面我们将详细地评论上述三类看法中最具代表性的研究成果。

2.3.1 基础生成分析

Tang（1990）指出 V1 和宾语基础生成于一个高于 VP2 的句法位置，也可能生成于句首；V1 和宾语（即 VP1）一起构成了一个副词领域（domain adverbial）用来限制后面谓语的语义内容。Hsu（2008）的观点类似，认为 V1 和宾语直接生成于内话题或内焦点的位置①，并且 V2 是句子的主要谓语。因此，根据 Hsu（2008）的观点，（22a）中重动句的句法结构可表示如下：

（22）a. 他骑马骑了三个小时。

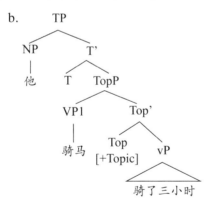

然而，任何支持基础生成分析的学者都必须解释为什么 V1 和 V2 必须选择同一个词汇动词（亦可参见 Bartos，2019），比如：

（23）a. *他读书可以看好几个小时。

---

① 所谓"内话题"和"内焦点"就是位于主谓之间的话题和焦点投射。

b. 他看书可以看好几个小时。

由(23)可知,重动句要求 V1 和 V2 必须完全相同,即使选用的是意思极为相近的两个词("读"和"看"),句子依然不合法。

即便如此,还是有些学者认为 V1 和 V2 不需要完全相同,两者之间只需要存在某种逻辑关系即可(C. -R. Huang,1985;Shi,1996 等),相关证据如下:

(24) a. 他骑马摔得鼻青脸肿。

b. 他卖马输了一万元。

我们仔细观察可发现,首先,(24)两个例句中,VP1 和 VP2 之间的关系其实相当松散,我们可以通过在 VP1 后加上"时",轻易地将 VP1 变成一个时间状语。其次,说这两个句子的时候,VP1 说完后会有明显的停顿,否则会造成理解困难。最后,例(24b)中,V2 后面接的并不是补语,而是正常的补语,跟重动句的典型特征不符。综上,我们认为(24)中的例句不属于重动句的范畴,因此无法作为论据论证 V1 和 V2 不一定非要相同。

除了无法解释 V1 和 V2 的对等性之外,基础生成分析还存在另一个问题,即如果 VP1 只起到话题功能的作用,即充当"副词领域"或话题/焦点,那么在一个无"副词领域"或无话题无焦点的常规语句中,宾语没有理由不可以出现在带补语的动词结构内。然而,事实并非如此。我们上文已经谈到,"得"引导的结果补语和"得"引导的方式补语无法和宾语共现,必须重动:

(25) a. 他看书看得很累。

b. *他看书得很累。/ *他看得书很累。

(26) a. 他看书看得飞快。

b. *他看书得飞快。/ *他看得书飞快。

综上所述,基础生成分析虽然很好地解释了 VP1 的语义和语用功能,但限制力过弱,没办法很好地解释 V1 和 V2 的强制对等关系,也无法解释"重动"在结果补语和方式补语中的的必要性。

2.3.2 宾语和补语的竞争

1. 第一阶段：Huang（1982，1984a）的短语结构限制

Huang（1982）指出：汉语语序最突出的特点是动词短语只在最低层的投射上是中心语在前（head-initial）的，而在其他投射层均是中心语在后（head-final）；名词短语在各个投射层都是中心语在后的。根据这一观察，Huang 提出了"汉语短语结构条件"（Phrase Structure Condition），内容如下：

(27) a. $[X^n\ X^{n-1},\ YP^*]$ iff $n=1$ and $X \neq N$

b. $[X^n\ YP^*,\ X^{n-1}]$ elsewhere

(27)规定如果是非名词性的中心语，补语在其右侧；如果是高于中心语 X^0 的其他投射层（比如，X' 或 X''），与其结合的其他句法成分必须向 X 投射的左侧分叉。在此基础上，Huang（1984a）又提出了"短语结构限制"（Phrase Structure Constraint，PSC）假设，禁止动词后同时出现两个句法成分：

(28) 短语结构限制（Phrase Structure Constraint，PSC）

在一个给定的汉语语句中，中心语（V 或 VP）只能向左分叉一次，且必须是在最低扩展层。

Huang（1982，1984a）接受了 Mei（1972，1978）的观点，认为重动句中的补语是 V' 层的补足语，高于动词的宾语（后者位于 V 层的补足语位置），相关结构可表示如下：

(29)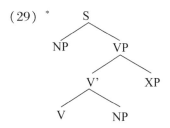

图(29)中的 VP 向左分叉了两次，违反了 PSC，所以(29)中的结构不

合法。根据这一分析，下列语句之所以不合法是因为它们违反了 PSC：

(30) a. *我骑马得很累。

　　 b. *他唱歌得很好听。

　　 c. *他念书了三个钟头。

　　 d. *他开车了两次。

　　在 Huang 的理论框架下，动词拷贝是汉语语法为了避免违反 PSC 所采取的一种挽救策略，操作方式如下：拷贝 V1，得到 V1 的拷贝 V2，然后将 V2 插入补语的姊妹节，便得到一个新的句法成分 V2'（见(31)）；此时动词结构不再违反 PSC 的规定，因为 V2 成了 S 的主要动词，V1' 被重新分析成 V2' 的附加语。

(31)

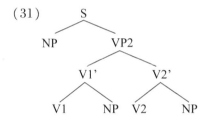

　　Huang 进一步指出，除了动词拷贝，被动化、把字句中的宾语移位、话题化、宾语前置等操作均能挽救(30)中的例句：

(32) a. 他骑那匹马骑得很累。

　　 b. ［那匹马］被他骑＿＿＿得很累。

　　 c. 他把［那匹马］骑＿＿＿得很累。

　　 d. ［那匹马］，他骑＿＿＿得很累。

　　 e. 他［那匹马］骑＿＿＿得很累。

(33) a. 他跳那支舞跳得很好。

　　 b. 他把［那支舞］跳＿＿＿得很好。

　　 c. ［那支舞］，他跳＿＿＿得很好。

　　 d. 他［那支舞］跳＿＿＿得很好。

(34) a. 他拖延那件事情拖延了三年。

　　 b. ［那件事情］被他拖延了＿＿＿三年。

      c. 他把[那件事情]拖延了____三年。

      d. [那件事情]，他拖延了____三年。

      e. 他[那件事情]拖延了____三年。

（35）a. 他拖延那件事情拖延了两次。

      b. [那件事情]被他拖延了____两次。

      c. 他把[那件事情]拖延了____两次。

      d. [那件事情]，他拖延了____两次。

      e. 他[那件事情]拖延了____两次。

Huang（1982，1984a）是第一个从形式角度分析重动句的学者，试图通过 PSC 来解释宾、补为何不能在动词后共现。然而，正如很多学者指出的那样，Huang 的 PSC 过于严苛，会排除很多合法的语句，比如：

（36）a. 他等了张三一下午。

      b. 他骂了张三三回。

在(36)中，动词"等"和"骂"后都有两个句法成分——动词的宾语和时量/动量短语，显然违反了 PSC，但是(36a)和(36b)却是合法的。另外，该分析中动词拷贝所用到的句法操作显然不符合最简方案的基本思想，违反了扩展原则（Extension Condition），因为 V1 的拷贝 V2 与补语 XP 合并后并未扩展原来的句法结构，而是在 V 和 VP 之间形成了一个新的短语 V2'。尽管如此，我们仍然认同该分析背后的基本观点，即宾、补之间存在一种"竞争关系"。在本章第五节中，我们将用加标的理论体系来重新诠释这种"竞争关系"。

2. 第二阶段：Huang(1994)

到了 20 世纪 90 年代，Huang 对补语的分析发生了很大改变。Huang（1994）采纳了 Kayne 的双分叉原则（Binarity Principle）和 Larson(1988)的 VP 壳假说，认为带补语的及物动词与双及物动词有着相同的句法结构。

首先看双及物动词的情况。根据 Huang（1994），双及物动词结构(37a)的句法结构可表示如下：

（37）a. 张三放了一本书在桌子上。

b.

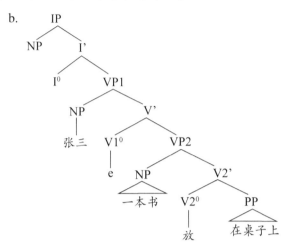

　　动词"放"先跟间接宾语"在桌子上"合并，然后再跟直接宾语"一本
书"合并。需注意的是，双分叉原则规定直宾和间宾不在同一个句法层级
上：间宾是动词的补足语，而直宾是动词的指示语。动词"放"从 V2 移动
到 V1 后即可得到（37a）的表层语序。

　　通过类比，Huang 认为补语和间接宾语的句法地位相同，也应当生成
在动词的补足语位置上，使得动词和补语组成一个复杂动词短语。然而，
与（37a）不同的是，（30）中的宾语是无指称的，因此不能充当论元，并占
据 Spec. VP 的位置；它们只能被看作已形成的复杂谓语的一部分。更确切
地说，无指称宾语必须与补语在同一句法层生成，但是双分叉原则又禁止
动词在同一个句法层分叉两次，因此，（30）中的语句不合法是无指称宾语
与动词的补语竞争同一个位置（即动词的补足语位置）导致的。

　　从 Huang 的分析可知，如果动词的宾语是带有指称性的，那么宾、补
共现就是合法的。这一推测可由下面的语料证实：

（38）a. 他打了张三两次。

　　　b. 我称赞了他两次。

　　　c. 我批评了他三次/三个小时。

　　可是，Huang 自己也发现他的分析方案是有反例的：

(39) a. ＊张三看得那本书很累。

b. ＊张三看的那本书很快。

针对这些反例，他提出可以通过管束理论来排除。具体思路如下：结果补语"很累"和方式补语"很快"都是关于主句主语"张三"的次要谓语（Secondary Predication），谓语结构中主语的选择和管束结构中管束者的选择有着同样的制约条件（William，1980）（即把管束和一元谓语看作同一个现象）；最近距离原则（Minimal Distance Principle）即是其中之一，根据最近距离原则（Minimal Distance Principle），PRO 必须被离它最近的统制它的句法成分所约束；也就是说，如果主句带有宾语，那么 PRO 将与宾语同指，否则与主语同指。因此，(39)中主语指向的补语句会被主句宾语"那本书"管束，得出错误的解读，因而导致(39)中的两个例句不合法。

然而，我们认为 Huang 的这一解释依然存在漏洞。如依照 Huang 所说，(39)中的例句可以通过管束理论来排除，那么如何解释下列这些不涉及管束理论却依旧不合法的例子呢？

(40) a. ＊张三打得那个人邻居都报警了。

b. 张三打那个人打得邻居都报警了。

在(40)中，补语从句的主语不是空语类 PRO/*pro*，而是带有显性主语的完整语句，因此管束理论在这里并不适用。同时，宾语"那个人"是有指称的名词短语，因此在 Huang 的理论框架，应当生成在 Spec. VP 的位置。据此推论，(40a)应当合法，但事实却并非如此，(40a)只有在重动形式下才合法。

与 Huang(1982，1984a)相比，Huang(1994)的另外一个变化是对语素"得"的处理。在 Huang(1982，1984a)中，"得"被看作补语从句 S' 的标句词或者是方式补语的中心语。在 Huang(1994)中，"得"被看作动词的尾缀，"V-得"作为一个复杂谓语选择一个宾语和一个结果补语或一个方式补语。

Huang(1994)试图通过一般的原则和理论推导出 PSC 这一汉语特有的短语限制，但核心不变：重动句产生的主要原因依旧是（无指称）宾语和补语之间的竞争关系。但是，Huang(1994)并没有提到"重动"具体是如何生成的，因此我们无从得知如何在 VP 壳结构下生成出重动句。即便如此，Huang(1994)对重动句句法的影响相当深远，很多后来的学者均采用 VP 壳结构来分析重动现象(Cheng，2007；Tieu，2009；Bartos，2003，2008，2019；Yang & Cheng，2013)。

2.3.3 标准移位和侧向移位

Cheng(2017)对重动句的分析主要来自对"得"引导的结果补语的观察。Cheng 发现，当结果补语的主语隐现时，有两种可能的解读：1)结果补语指向主句的宾语；2)结果补语指向主句的主语。观察下例：

(41) 他骑那匹马骑得很累。

    (i) 他骑那匹马，结果马很累。

    (ii) 他骑那匹马，结果他很累。

针对(41)中宾语指向的解读(即(i))，Cheng 给出的句法结构如下：

(42)

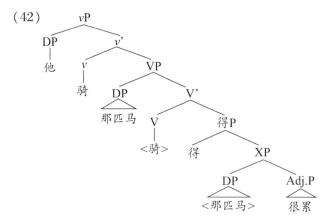

Cheng 采纳了 Sybesma(1999)的观点，认为结果补语生成于动词 V 的补足语位置，宾语"那匹马"原位生成于结果补语的主语位置，紧接着移动到 Spec. VP 的位置，以获得宾语题元；与此同时，动词"骑"从 V 移到 v。Cheng 进一步指出，在 PF 层，语素"得"与动词"骑"进行了形态融合，使得动词的两个拷贝有所区别，语链删减(Chain Reduction)无法实施，最终

在表层形成了"重动"的现象。简而言之,据 Cheng(2007),宾语指向的重动句是由于宾语的上移(即标准移位)以及语链删减的缺失而形成的。

对于主语指向的解读(即(ii)),Cheng 认为主句主语的"他"原位生成于结果补语从句的主语位置,而与宾语指向的补语不同,主语指向的补语句会触发"作格转化"(ergativity shift)现象("作格转化"这一概念来自 Hoekstra & Mulder,1990,后者认为一个非作格动词加上一个结果从句后会变成一个作格动词)。如果暂时忽略例(41)句中的宾语(见(43a)),那么在(41ii)的解读下,动词"骑"变成了一个作格动词,补语从句的主语为了获得格位,直接移动到 Spec.IP 的位置而非 Spec.VP 的位置(见(43b)),也就是说,主语指向的补语的生成方式与非宾格结构或被动句的生成方式类似。

(43) a. 他骑得很累。

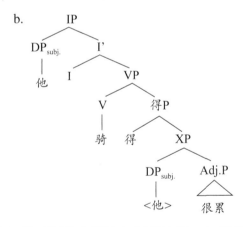

b.

那么如果动词带宾语该如何解决呢?如何生成出(41)的表层语序呢?根据 Cheng(2007),作格化的句子不包含 v 投射,也没有 Spec.VP 层,使得动词的宾语在句法中无处安放。为解决这一难题,Cheng 采纳了 Nunes(2004)的侧向移位假说。具体思路如下:动词"骑"和补语"很累"合并后,还需要满足题元特征,选择一个宾语。由于原结构中没有宾语的句法位置,因此必须拷贝动词,而通过拷贝操作得到的动词拷贝并不会马上与原结构合并,而是在另一个工作空间(work space)里与已经构建好的宾语进行合并，得到 VP。VP 再在合适的时机嫁接到原结构中（见(44b)）。在 PF 层，语素"得"依然与动词进行形态融合，使得动词的两个拷贝有所区别，语链删除无法实施，最终得到(41)的表层语序。

(44) a. [VP V[得P…]]　　　　V ——→ DP/NP
　　　　　　　　　　　　　　　　合并
　　　　　　　拷贝

　　　b. 他i [[VP1 骑那匹马][VP2 <骑>[得P 得[XP ti 很累]]]。

Cheng 将这种标准移位和测向移位的双重分析也应用到了其他补语重动句中①。首先看时量/动量补语：

(45) a. 他看了那本书三次。

　　　b. 他看那本书看了三次。

(46) a. *他看了书三个小时。

　　　b. 他看书看了三个小时。

Cheng 观察到有定宾语和无定宾语跟补语共现时的表现不同：有定的宾语不要求重动式（见(45)），而无定的宾语必须要重动（见(46)）。

Cheng 指出在时量/动量补语句中，时量或动量补语作为"内副词"(inner adverbials)占据动词的补足语位置，其句法地位与结果补语相同，但是时量或动量补语不会触发"作格转化"，因此 Spec. VP 位置会一直存在于句法中。

为了解释有定宾语句中重动式的可选性，Cheng 采纳了 Ernst(1987)的看法，认为汉语的时量/动量短语存在一种变体，即在相关短语前加"有"：

(47) a. 他看那本书有三次了。

　　　b. 我认识他有三年了。

Cheng 进一步指出，(45b)中有一个隐形的"有"，而重动式的可选性是由于在 PF 层，动词的底层拷贝和隐形"有"之间的形态融合是可选的：如果有形态融合，即得到(45b)；如果没有形态融合，动词的底层拷贝将会被语链删除机制删除，得到(45a)。

———————

① 动结式是个例外，我们将在后文中提到，动结式只能通过侧向移位生成。

针对无定宾语句中重动的必然性，Cheng 接受了 Diesing（1992）和 Marantz（1993）的观点，认为无指称、无定宾语不能占据 Spec. VP 的位置。因此，（46b）只能通过侧向移位来生成。综上，双重分析可用来解释时量/动量补语句中有定宾语和无定宾语在句法分布上的差异。

再看方式补语：

（48）a. *他看这本小说得很快。

　　　b. 他看这本小说看得很快。

（49）a. *他看小说得很快。

　　　b. 他看小说看得很快。

由上例可知，宾语的有定/无定对方式补语句不产生影响，无论宾语是有定的还是无定的，动词都必须重动，否则语句不合法。Cheng 方式补语句的引导词"得"与时量/动量补语中的隐形"有"不同，必须与动词的底层拷贝进行形态融合，并指出即使最后都呈现重动式，有定宾语重动句和无定宾语重动句生成方式是不同的，前者是通过标准位移生成的（见（48b）），而后者则是通过侧向位移生成的（见（49b））。

最后考察动结式的情况：

（50）a. 他骑累了（那匹）马。

　　　（i）'他骑马，结果马累了。'（宾语指向）

　　　（ii）'他骑马，结果他累了。'（主语指向）

　　　b. 他骑（那匹）马骑累了。

　　　（i）*'他骑马，结果马累了。'（宾语指向）

　　　（ii）'他骑马，结果他累了。'（主语指向）

由上例可知，非重动的动结式有宾语指向和主语指向两种解读方式，而重动的动结式只允许主语指向的解读。这点跟"得"引导的结果补语从句不同，后者即使是重动式，补语依然有两种可能的解读。

Cheng 采纳 Sybesma（1999）的观点，认为非重读的动结式的基本结构如下：

（51）a. [$_{VP}$骑 [$_{SC}$[（那匹）马，累]]]（宾语指向）

b. [$_{VP}$骑 [$_{SC}$[他，累]]]（主语指向）

在动结式中，动词"骑"选取一个小句（small clause）作补语。将动词的宾语置于小句的主语位置即可得到宾语指向的动结式（见（51a））。同理，将动词的主语置于小句的主语位置即可得到主语指向的动结式（见（51b））。

继续观察下面的语料：

（52）a. 他吃饱了。

b. 他吃饭吃饱了。

（53）a. 他洗干净了衣服。

b. *他洗衣服洗干净了。

由上例可知，重动式只能出现在主语指向的动结式中，而不允许出现在宾语指向的动结式中。据此，Cheng 提出以下假设：在动结式中，无论表结果的语素是主语指向的还是宾语指向的，都会出现动词的"作格转化"，因此动结式的句法结构中没有 Spec.VP 位置，重动式只能通过侧向位移来生成；（52）中，动词"吃"还有一个题元特征未满足，因此需要通过侧向位移满足该特征，从而触发重动形式。而在（53）中，动词"洗"的题元特征已经与位于小句主语位置的宾语核查过了，如果再进行侧向位移会违反移位的"最后措施"原则，因此（53b）不合法。

Cheng（2007）通过标准移位和侧向移位两种移动策略对不同类型补语的重动句做了全面的剖析，并运用 Nunes（2004）的理论解释了"重动"现象产生的原因。尽管如此，Cheng 的分析方案仍然有不足之处。第一，Cheng 的句法分析无法推导出非重动式的宾语指向补语句（见（54））。因为根据 Cheng 的分析，基础生成于补语从句主语位置的宾语必须上移到 Spec.VP 的位置，以满足动词的题元特征；同时，动词和语素"得"的形态融合又是强制性的，因此宾语指向的补语句必然会形成重动式。[①] 这显然与语言事

---

① 严格来说，Cheng 的分析还可推导出把字句形式的补语句，即动词并未上移至轻动词 v，后者被"把"占据。但无论是把字句还是重动句，宾语都会出现在"V-得"之前，无法得到（94）的表层语序。

实相悖，宾语指向的补语句在绝大多数情况下都不重动。①

（54）他骑得那匹马很累。

第二，在分析时量/动量补语句时，Cheng 只解释了"V-DP$_{obj}$-D/F"语序及其重动形式"V1-DP$_{obj}$-V2-D/F"的推导过程，却未对"V- D/F-DP$_{obj}$"语序给出解释方案（例句摘自 Paris，2006）：

（55） a. 你等一会儿张三吧！

　　 b. 他去过三次那家餐馆。

同时，Cheng 也未对"V- D/F-NP$_{obj}$"语序给出解释方案：

（56） a. 他朗诵了三个小时课文。

　　 b. 他吃过三回龙虾。

第三，根据 Cheng 的分析，带补语的非作格动词也应该会出现重动现象，因为动词的下层拷贝和"得"的形态融合是强制性的，跟有无宾语无关。然而，该预测与事实不符：

（57）*他跑跑得很快。

第四，根据 Cheng 的分析，V1 及其宾语应该只能在侧向移位的重动句中才可前移，因为只有在侧向移位时，动词和宾语才能形成一个句法成分。然而，该预测与事实不符，因为 V1 及其宾语即使是在标准移位的重动句中也可前移：

（58） a. ？打李四，他打得很疼。

　　 b. 说那句台词，他说得非常流利。

　　 c. 背那篇课文，他背了一下午/好几遍。

第五，Cheng 的标准移位分析无法解释重动句的一个重要特征，即 V1 必须是光杆动词，V2 后面才能跟体貌词缀。以时量/动量补语为例，根据 Cheng 的分析，动词会进行 V 至 v 的句法移位，到了语音层，动词的下层拷贝会和隐现的"有"进行形态融合，使得动词的下层拷贝有别于它的上层

---

① 总体来说，结果补语类重动句不太容易出现宾语指向的解读。在我们询问的 20 个来自不同地区的汉语母语者中，无一人有（81i）的解读。

拷贝，从而躲避了语链删除操作，得到表层的"重动"。但整个过程中并未提及体貌语素"了"是如何出现的。如果按照词汇主义假说（lexicalist approach），认为"了"是和词汇动词作为一个整体进入句法的，那么当 V 移至 v 时，"了"也应该一同上移，从而得到"V-了-宾-V-了-补"的形式，显然与事实不符。要想得出正确的重动式，必须假设动词"V-了"在上移时进行了"剥离操作"（excorporation），将 V 和"了"剥离开，只移动 V。然而，这种操作一般而言是不允许的。Baker（1988：73）指出在句法层将一个句法质料（syntactic material）从一个复杂中心语内部剥离出来是不被允许的。Ouhalla（1988：15）也持类似的观点，提出了"中心语不透明原则"（Head Opacity Condition），后者规定中心语 X^0 内部结构对移位是不透明的。另外一个解决方案是假设在 IP 层有一个体貌投射 AspP，占据 Asp^0 的位置的"了"进行了词缀下移（affix lowering），但我们仍需要解释为什么"了"不能下移到 v 的位置，而必须选择更远的 V 位置。

第六，为了解释重动在时量/动量补语句中的可选性，Cheng（2007）假定时量/动量补语是被一个隐性成分"有"引导的，因为有语言事实说明当"有"出现在时量/动量补语前时，动词可以重动也可以不重动。例如：

（59）a. 他写这封信有两个小时了。

　　　b. 他写这封信写了有两个小时了。

我们并不否认时量/动量补语前可以出现"有"，但以此假设所有的时量/动量前都有"有"，只不过有时候"有"隐现了，显然有欠说服力。首先，当时量/动量补语单独出现时，句末"了"不是必须的，然而，带"有"的时量/动量补语句句末必须加上"了"。观察下例：

（60）a. *他写这封信有两个小时。

　　　b. *他写这封信写了有两个小时。

其次，带"有"的补语句和不带"有"的补语句似乎有不同的底层结构，因为我们发现同一个句子带"有"和不带"有"会产生不同的合法性判断：

（61）a. 他学（了）汉语有两年了。

　　　b. *他学了汉语两年。

如果 Cheng 的假设成立，那么时量/动量补语带不带"有"都不会对句法产生任何影响，但上述语料证明事实并非如此。

最后，"有"的出现还会产生语义上的影响。不带"有"的时量/动量补语单纯指一个动作延续的时间，而带"有"的情况指的是一个动作从开始到说话时动作所延续的时长或所完成的次数。具体来说，（59）表示写信的这个动作延续了两个小时，并不强调动作与说话人之间的关系，因为在说话人说出这句话的时候，动作已经结束了。而（60）则表示写信这个动作从开始到说话时已经延续了两个小时了，很可能还会继续下去。如果我们用完结类动词替换动作类动词，两者的区分更加明显：

（62）a. 他发现这个秘密有五个月了。

　　　b. 他发现这个秘密发现了五个月了。

（63）a. *他发现了这个秘密五个月。

　　　b. *他发现这个秘密发现了五个月。

跟动作类动词不同，像"发现"这类完结类动词与表示时长的短语是互斥的，因此（63）不合法。而它的最小对立对（62）是合法的恰恰证明了"有"（以及句末"了"）的出现改变了时量补语的语义，即时量补语不再表示动作的时长，而表示从动作发生到说话人之间延续的时长，对动词的词汇体貌没有任何限制。

第七，Cheng 关于动结式的分析有一处存在逻辑矛盾。Cheng 指出例（64）中的句子有歧义，既可以有宾语指向的解读又可以有主语指向的解读：

（64）他骑累了（那匹）马。（＝（50a））

　　（ i ）他骑了（那匹）马，结果（那匹）马累了。

　　（ ii ）他骑了（那匹）马，结果他累了。

然而，Cheng（2007）关于动结式的分析无法推导出非重动形式下主语指向的解读。因为根据该分析，主语基础生成于结果补语的主语位置，而动结式又必然会引发"作格转化"，从而导致 Spec. VP 位置的缺失，此时，动词"骑"为了满足题元特征，必须进行侧向移动，重动式是唯一可能的结果。

第八，Cheng 对重动句的句法分析与副词的句法分布特点有冲突。汉语中的否定副词"没有"、时间副词"总是"，以及模态副词"一定""肯定"等句法位置较高的副词可分布于重动句的 V1 和 V2 之间。然而根据 Cheng 的分析，通过标准位移形成的重动句，V1 最高不会超过 v，据此可推测，这些副词应该只能位于 V1 之前，但这一推测与事实不符((b—c)例中的把字句是用来作比对的，因为 Cheng 认为标准移位的重动句中，V1 的位置与轻动词"把"的位置是对等的)：

(65) a. 他唱那首歌总是唱得很好。

　　b. *他把那首歌总是唱得很好。

　　c. 他总是把那首歌唱得很好。

(66) a. 他看那部小说一定能看一下午。

　　b. *他把那部小说一定能看一下午。

　　c. 他一定能把那部小说看一下午。

(67) a. 他读那篇课文没读几遍(就会背了)。

　　b. *他把那篇课文没读几遍(就会背了)。

　　c. 他没把那篇课文读几遍(就会背了)。

唯一有可能解决上述问题的方式是认为(65a)、(66a)、(67a)这样的句子其实并不是真正的重动句，而是话题句，VP1 充当 VP2 的话题，但 Cheng 仍需解释为什么 V1 和 V2 必须选择完全相同的动词(参见 2.1 节的讨论)。

第九，Cheng 在分析重动句时，只考察了二元动词，并没有考察三元动词。我们已在 2.2 节中提到，三元动词也允许重动(亦可参见(15)—(16))：

(68)王亮教李勤英语教了整整三年。

(69)王亮劝李勤回学校上课都劝了好几回了。

虽然 VP 壳结构可以很好地处理二元动词的论元结构(只需将宾语置于 Spec.VP 位置即可)，但对于三元动词的论元结构则有些捉襟见肘了，因

为如果将补语置于 V 的补足语位置，就意味着需要投射两层 V'，提供两个
Spec. VP 的位置，且每一个 Spec. VP 位置都是论元位置（见下图），这显然
有悖于 X-阶标理论关于一个短语中只能有一个指示语的规定。①

（70）

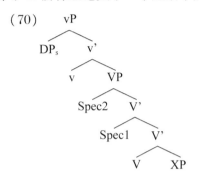

　　至此，细心的读者可能已观察到，Cheng 分析方案的大多数问题集中在
标准移位这一边，那我们能否只用侧向移位来推导重动句呢？答案是否定
的。因为 Cheng（2007）的核心观点是侧向移位并不是自由的，必须满足"最
后一招"（Last Resort）原则。换言之，侧向移位是无法推导出下列重动句的，
因为在这些例句中宾语都可占据 Spec. VP 的位置，无法触发侧向移位：

（71）a. 他看这本书看了一下午/好几遍。

　　　b. 他唱这首歌唱得特别好听。

　　除此之外，侧向移位这一理论是否成立仍存在争议。侧向位移理论基
于一个重要的前提，即移位是一个复杂运算，包含拷贝（Copy）和合并
（Merge）两个组成部分②。然而，随着最简方案的进一步发展，学者们倾
向于认为移位是一个简单运算，无法分割，移动的目标位置必须与其首次
合并的位置在同一个句法结构中。Chomsky（2004）以来，移位更是被看作
合并的一个子类，称为"内合并"，与外合并一样自由。与此同时，侧向移

---

　　①　Kayne（1994）认为指示语和附加语其实性质相同，因此允许一个短语里出现多
个指示语/附加语。另外到了光杆短语结构阶段也取消了对指示语数量的限制。然而，
即使是在这些理论框架下，一个动词同时拥有三个论元位置也是很罕见的。

　　②　严格意义上讲，移位包含多个运算，不仅仅是拷贝和合并，它至少包含拷贝、
合并以及删除，除此之外还需要有运算来确定移动成分的多少，即常说的 pied-piping
（移动的随迁）现象。此处我们只探讨跟侧向移位相关的两个运算。

位的一个必然理论后果就是会增大合并的可及性（参见 Chomsky et al.，2019），从而大大加大运算系统的复杂性。从实证角度来看，侧向移位的运用范围也并不广，主要集中在寄生空缺（parasitic gap）、ATB 移位（across-the-board movement）等特殊现象，且这两种现象也并非一定需要侧向移位来解释，学界已提出了很多可供选择的解释方案。考虑到上述因素，在其他条件相同的情况下，无须用到侧向移位的解释方案应被看作更优的解释方案。

Cheng（2007）的标准位移和侧向位移分析在学界产生了不小反响，很多学者采纳了 Cheng 的观点，并在此基础上做了发展。Tieu（2009）对 Cheng（2007）中方式补语句以及时量/动量补语句的推导进行了修正和完善，试图摒弃针对 Spec. VP 的人为规定以及时量/动量补语句中隐性"有"的假设。但除了第六点外，上述所有问题在 Tieu（2009）中已然存在。Yang 和 Cheng（2013）则主要探讨了 Cheng 分析方案中的侧向移位部分，指出在 PF 上发生形态融合的并不是 V2 和引导补语从句的"得"，而是 V1 和宾语，因为只有 V1 和宾语才是姊妹关系，且宾语通常是无定、无指称的。这个假设非但没有解决 Cheng 分析中的问题，反而还产生了新的问题。比如，根据 Cheng 的分析，"得"引导的主语指向的结果补语和动结式都必须通过侧向位移生成，但显然这两个句式中的 V1 都可以接有定宾语：

（72）a. 他读那篇课文读得很累。

b. 他吃那盘菜吃腻了。

2.3.4　VP 移位

Gouguet（2006，2008）为不同类型的重动句提供了一套统一的解释方案。他认为所有的补语本质上都对事件起到某种限定作用，生成于 AspP 的指示语位置（AspP 是位于 VP 和 vP 之间的一个功能投射）。至于重动句的基础结构，Gouguet 的看法有别于 Huang（1994）、Cheng（2007）等的看法，认为补语句中的动词与一般及物动词结构中的动词一样，首先与宾语合并，补语比宾语晚些进入句法，如下图所示①：

（73）

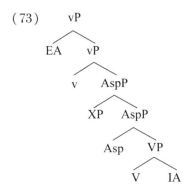

在（73）的基础上，VP 移动到 v 的边缘位置，动词则通过常规的中心语移位，由 V 移到 Asp，再由 Asp 移到 v 的位置（见图（74）②）。"重动"现象的产生是因为 VP 移位和 V 的中心语移位会产生两个不同的语链，根据语链删除原则，语链下层的拷贝将会被删除，只留下位于 v 边缘位置的 VP 以及 AspP 姊妹节位置的 V，从而出现重动。值得注意的是，在 Gouguet 的分析中 V1 并不成分统制 V2，它们分属两个不同的语链，这是导致"重动"的根本原因。

（74）

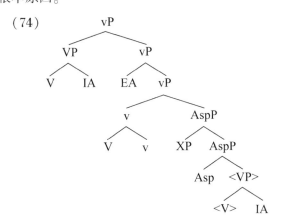

Gouguet 认为 VP 移位并不是"最后一招"，而是可选的，当 VP 不移位

---

① EA 表示外论元（external argument），IA 表示内论元（internal argument），下同。
② 为了使句法图更清晰，我们省去了中心语移位的过渡层，仅呈现了 V 最后移动的位置。

时，我们将会得到"补语>宾语"（">"表示先于）的语序（见图(75)），从而解释了(76)中的语言事实。

(75)

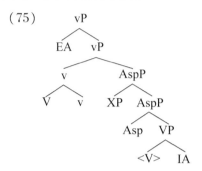

(76) a. 你等一会儿张三吧。

b. 我去过两次北京。

然而，(75)中的结构会出现过度生成的问题。"补语>宾语"的非重动式仅限于时量/动量补语句，而(75)中的结构会生成出下面这些不合法的语句：

(77) a. *他学得很累英语。

b. *他学得很快英语。

为了解释上面这些反例，Gouguet 不得不做出这样的假设，即方式补语句和结果补语不允许"补语>宾语"的语序是由于焦点出了问题。确切地说，方式补语和结果补语是整个语句的焦点，指称事件，因此必须孤立于动词后，因此(77)中的例句不合法。但是，这个假设是不太站得住脚的。首先，在信息结构上，方式补语、结果补语和时量/动量补语并没有与本质上的不同，都是说话人给出的新信息。既然方式补语和结果补语是语句的焦点必须在动词后被孤立，那为什么时量/动量补语不需要被孤立呢？因此将(77)中例句的不合法归因于焦点似乎说不通。其次，方式补语和结果补语均指称事件的说法也不准确，说结果补语是指称一个表结果的子事件还说得过去，但方式补语的主要作用是修饰动词，并不指称事件。

针对非重动情况下的"宾语>补语"的语序，Gouguet 给出的分析方案如

下图所示:

(78) a. 我等了他三小时。

　　b. 我批评了张三三次。

　　c. 他气得张三不想写信了。

(79)

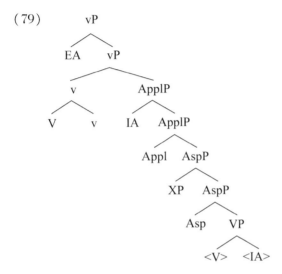

Gouguet 指出在 vP 和 AspP 还存在另一个功能投射——施用投射
(ApplP),将内论元移到 ApplP 的指示语位置即可推导出(78)的语句;同
时,移动到 Spec. ApplP 位置的 IA 可以与结果补语句的空主语同指说明
Spec. ApplP 位置是一个论元位置(见(78c));另外,ApplP 这一句法标签
的正确性可由下面的语料证明:

(80)我送过他三次书。

根据 Gouguet,动量短语"三次"位于 Spec. AspP 的位置,而间接宾语
"他"位于 Spec. Asp 之前,这说明在 vP 和 AspP 之间确实存在一个施用投射,
间接宾语"他"基础生成于 Spec. ApplP 的位置,从而得到(80)的表层语序。

然而,Gouguet 自己也承认图(79)也会出现过度生成的问题。因为根
据(79),我们可得到例(80)这样的句子,但这些句子显然不合法。

(81) a. *他骂得李四很大声。

　　b. 他骂李四骂得很大声。

为了排除这类句子，Gouguet 提出了一个诠释性质的限制，即内论元只有在能够被诠释为结果补语的主语时才能移到 Spec. ApplP 的位置，并指出该限制是由施用投射的自身特点决定的。上例中，"李四"无法被解释为补语"很大声"的主语，因此不合法。

然而，(79)也存在过度生成的问题。观察下面的例句：

(82) a. *张三教得李四很好英语。

     b. 张三教李四英语教得很好。

"教"是一个双及物动词，因此上面的诠释限制在这里并不适用，根据施用投射的定义，间接宾语"李四"会基础生成于 Spec. ApplP 位置(参见(80))，方式补语"很好"则会照例生成于 Spec. AspP 的位置，从而得到(122a)的表层语序，然而，(82a)却被判定为不合法，只有重动形式才是合法的。另外，Gouguet 的分析无法得到(82)中的重动结构，因为根据 Gouguet 自己提出的移动限制法则，在动词和内论元均已移出 VP 的情况下，VP 不允许再移动。然而即使允许 VP 移动，我们依然无法得到想要的句子，因为根据(79)，只有动词和直宾才组成一个句法成分，间宾"李四"远在 ApplP 的指示语位置，是无法与之一起移动的。

综上所述，Gouguet 的分析较于 Cheng(2007)有着明显的优势，它简化了 Cheng 的双重分析法，为不同类型的补语提供了统一的分析方法，其解释范围除了重动式外，还涵盖了非重动式中"补>宾"和"宾>补"两种情况。值得一提的是，Gouguet 为重动提供了一个全新的解释思路，认为 V1 并不是 V2 的拷贝(即 V1 不成分统制 V2)，而是包含于 VP2 中，由此产生了两个不同的语链——VP 链和 V 链，重动是 VP 链和 V 链各自的顶层拷贝拼读后所产生的必然结果。然而，Gouguet 认为 VP 的移动是非强制性的，从而导致了严重的过度生成问题。虽然作者试图通过一些语义、语用的解释来限制移位，但仍有很多例句的不合法性得不到合理的解释。

2.3.5 Bartos (2019)的三分分析法

与 Gouguet (2006, 2008)不同，Bartos (2019)认为不同类型补语的重

动句，生成方式有所不同，不能一概而论。他将汉语的补语分为三大类：
1）时量/动量补语；2）程度补语，包括"得"引导的结果补语以及"得"引导的方式补语；3）动结式。

对于时量/动量补语形成的重动句，Bartos 采取了 VP 移位分析，与Gouguet 的分析如出一辙。其基本思路可表示如下：

（83）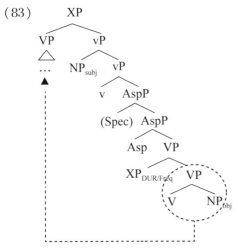

Bartos 指出在这种情况下，动词首先与宾语合并，组成一个 VP，时量/动量补语作为附加语，嫁接到 VP 上，然后移动 VP（不包含时量/动量补语）得到表层结构。表层的重动形式是由于 VP 的拷贝和 V 的拷贝组成了两个不同的语链；在删除掉每个语链的下层拷贝之后，VP 链和 V 链各留下了一个最高拷贝，分别是 vP 姊妹节位置的 VP 拷贝（V 包含其中）和 v 位置的 V 拷贝，从而得到两个动词同时拼读的现象。

跟 Gouguet 一样，Bartos 认为 VP 移动是可选的，当 VP 不移动时，则可得到时量/动量补语的非重动句式，而这类句式根据宾语的属性又可分为两个子类：如果宾语具有测量事件的属性（即带有［+meas］特征），它就会移至 AspP 的指示语位置，从而得到"Obj_{def} > Dur/FreqP"语序（见图（84））；如果宾语是无定名词，无法测量事件，就会保留在原位，从而得到"Dur/FreqP > Obj_{indef}"语序。

（84）

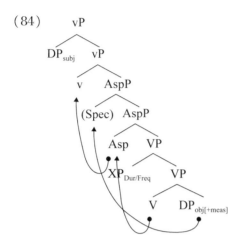

Bartos 对时量/动量补语型重动句的分析与 Gouguet 的分析有三点不同。其一，在 Gouguet 的分析中，时量/动量补语被看作 Asp 的论元，生成于 AspP 的指示语位置，而 Bartos 则将其看作动词 VP 的嫁接语，与 VP 形成修饰关系。其二，对于 Gouguet 来说，AspP 的指示语位置只用于插入补语，而对于 Bartos 来说，该位置则主要用于迎接带有[+meas]特征的宾语。其三，对于 Gouguet 来说，VP 移位主要为了满足信息结构的要求，而对于 Bartos 来说，VP 移位是由 T 和 v 之间的某个带有[EPP]特征的功能投射驱动的，从而形成 Tang(1990)所说的副词域(domain adverbial)。

对于程度补语型重动句，Bartos 则大体上采纳了 Cheng(2007)中标准位移的分析方法，基本思路可表示如下：

（85）

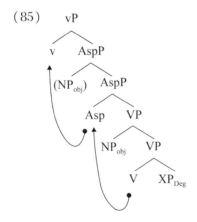

由例(85)所示,在程度补语的情况下,动词首先与程度补语合并,然后才与宾语合并。换句话说,动词的宾语并非位于动词的补足语位置,而是位于动词的指示语位置。如果宾语带有[+meas],需要移动到Spec. AspP位置,但这个移动属于"空移位"(vacuous movement),不会对语序造成影响。在(85)中,关键的移位是V的中心语移位。表层的重动形式是由语素"得"的形态音系特征决定的。据Bartos的观点,"得"是一个附着词素,必须附着于动词后。如果我们在PF层删除动词的下层拷贝,那么宾语会拦截在动词和"得"之间,使"得"无法顺利进行附着操作,这也就解释了动词的下层拷贝为何必须要拼读出来。

对于动结式,Bartos主要遵循了Sybesma(1999)和Cheng(2007)的想法,认为结果语素独立于动词,它会在句法中投射一个小句(small clause),小句的主语,根据结果语素的解读,可由主句的主语或宾语充当。当结果语素带有主语指向的解读时,基础生成于小句主语的位置主句主语还需移动到Spec. TP的位置,才能完成推导。根据不同解读,动结式的基本结构如下图所示:

(86) a. 宾语指向:

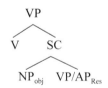

b. 主语指向:

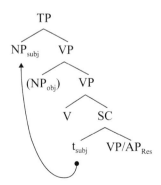

Bartos 指出，在动结式的情况下，重动形式既不能通过 V 的中心语移位得到，亦不能通过 VP 移位得到。一方面，结果语素是在句法中并入动词的，而并非像"得"一样，是在 PF 层经过形态融合与动词融为一体的。因此，在这种情况下，动词的下层拷贝会被删除，只保留其最顶层的拷贝，无法得到重动形式。另一方面，无论是主语指向还是宾语指向，动词与宾语都不组成一个句法成分，因此无法进行 VP 移位。根据上述推理，Bartos 认为动结式的重动句并不是由移位形成的，而是基础生成的。

跟 Cheng 和 Gouguet 的分析相比，Bartos（2019）提出的三分分析法很好地解释了动词拷贝的强制性和可选性特征。Cheng 认为动词拷贝在一般情况下是强制性的。为了解释动词拷贝的可选性，她不得不做一些人为的规定，比如时量/动量补语是由一个隐性的"有"引导的，而这个隐性的"有"可选择是否与动词进行形态融合。与此相反，Gouguet 则认为动词拷贝在一般情况下是可选的。为了解释动词拷贝的强制性，他不得不诉诸语义语用上的解释。而 Bartos 的三分分析法通过为不同的补语类型适配不同的基础结构，很好地规避了动词拷贝的强制/可选困境。

尽管如此，Bartos 的分析仍然存在一些问题。第一，我们前文已经提到，重动句的基本特征之一就是 V1 和宾语组成一个句法成分，证据是动词和宾语可以一起移动到 CP 的边缘位置：

（87）a. 他看书看了三天。

　　　b. 看书，他看了三天。

（88）a. 他开车开得很棒。

　　　b. 开车，他开得很棒。

（89）a. 他看书看累了眼睛。

　　　b. 看书，他看累了眼睛。

Bartos 指出在（87b）—（89b）中，只有（87b）里的 VP1 是通过移位生成的，而剩下的两例都是基础生成的。为了证明这一观点，他指出 V1 和 V2 只有在（87b）中才必须相同，在其他两种情况下，V1 可以与 V2 不同：

（90）他养马把马训练得很顺从。

(91) ? 他读书看累了眼睛。

然而，(90)并不能看作是证据，因为句中加入了把字句，已与原句的结构产生了变化，无法进行有效对比。如果我们去掉"把"，句子就会变得很差，甚至被认得为不合法①：

(92) ?? / *他养马训练得很辛苦。

此外，如果 Bartos 的分析是对的，那么当 V1 和 V2 不同时，时量/动量补语和其他两种补语句在接受度上应该有显著的差异，即时量/动量补语句应当被认定为不合法或非常差，而其他两种补语句应当被认定为合法，但事实并非如此，我们咨询的母语者都认为所有类型的补语句((91)—(95))在 V1 和 V2 不同的情况下接受度都很差，并无明显的差异。换言之，重动句的三分分析法并未在语料上得到证实。

(93) ?? / *读书，我可以看三天。

(94) ?? / *驾车，他开得很棒。

第二，Bartos 对时量/动量的句法分析也存在问题。根据 Bartos 的分析，带有[+meas]特征的宾语必须移到 Spec. AspP 位置，以核查 Asp 上的[meas]特征。也就是说如果宾语是有定的，在非重动的形式下，我们只能得到"Obj_{def}>Dur/FreqP"的语序。这显然与事实不符，汉语是允许"Dur/FreqP> Obj_{def}"语序的，参见例(20a)和例(76)。

另外，Bartos 将时量/动量补语处理为 VP 层副词的做法也值得商榷。正如 Liao(2015)所言，如果时量/动量短语真的是 VP 层的副词，那么为什么其他的 VP 层副词，如方式副词，不能嫁接在 VP 上，必须嫁接在 vP 的边缘位置呢？观察下例：

(95) a. *张三[$_{vP}$吃了[$_{vP}$慢慢地[$_{vP}$ t_v汉堡]]]

b. 张三[$_{vP}$慢慢地[$_{vP}$吃了[$_{vP}$ t_v汉堡]]]

---

① 把字句只能和宾语指向的结果补语共现，而动词拷贝句一般只允许主语指向，因此在去掉"把"之后，我们用主语指向的结果补语"辛苦"代替了宾语指向的结果补语"顺从"，以保证句子的不合法并不是解读的问题导致的。

2.3.6　小结

在这一章中，我们详细回顾了生成语法领域关于重动句的五种分析方案：1）以 Tang（1990）和 Hsu（2008）为代表的基础生成分析，2）Huang 提出的"短语结构限制"说及其后续发展，3）Cheng 的标准移位 vs. 侧向移位分析，4）Gouguet 提出的 VP 移位分析，5）Bartos 提出的三分分析法。本章指出了各个方案的利弊，以及不同方案之间的继承发展关系。前贤们的研究从不同角度解释了重动句的句法、语义现象，加深了我们对重动句的理解。然而，正如上文所言，前贤们的研究仍有不足之处，重动句的句法语义特征尚未得到充分解释。本书将从加标理论的角度来探讨重动句，力求弥补前人研究的不足，为重动句以及相关的语法现象提供原则性的解释。

2.4　重动句的基础结构

2.4.1　动后补语的句法地位

大多数重动句的研究将结果补语和方式补语处理为动词的论元，但对时量/动量补语的处理方式仍有争议，有的认为时量/动量补语也应看作动词的论元，而其他学者则倾向于将其处理为 VP 层的修饰语。在本节中，我们将通过一系列的句法测试证明所有类型的动后补语都具备论元的特征，而非附加语。为了便于比较，每组测试都会与相应的动前副词性成分进行对比。

1. 提取测试

提取测试可用来诊断包含提取部分的句法成分的句法地位。根据 Huang 提出的"提取区域条件"（Condition on Extraction Domain，CED），如果能够从某一个句法成分中提取一个子成分，那么该句法成分必须位于补足语位置①；如果无法实施提取操作，那么该句法成分是附加语。提取测试适用于结果补语和方式补语，参看下列例句：

（96）a. 他ᵢ玩游戏玩得[proᵢ都不想做那些家务了]。

　　b. [那些家务]ᵢ，[他ᵢ玩游戏玩得[proᵢ都不想做＿＿ᵢ了]]。

　　c. [他ᵢ玩游戏玩得[proᵢ都不想做＿＿ᵢ了]的][那些家务]ᵢ

（97）a. 他跑步跑得[快到能追上那个运动员]。

　　b. ?[那个运动员]ᵢ，[他跑步跑得[快到能追上＿＿ᵢ]]。

　　c. ?[他跑步跑得[快到能追上＿＿ᵢ]的][那个运动员]ᵢ

（98）a. 他因为找到了那个孩子受到了表扬。

　　b. *[那个孩子]ᵢ，[他[因为找到了＿＿ᵢ]受到了表扬]。

　　c. *[他[因为找到了＿＿]受到了表扬的][那个孩子]ᵢ

例（96）和例（97）说明结果补语从句和方式补语从句内的成分可以被话题化或关系化。根据 CED，我们可推得：动后的结果补语和方式补语均拥有论元的句法地位。例（98）则进一步验证了动前状语是附加语的假设。

2."这么做"（do so）测试

英语中的照应语 *do so* 一般用来诊断论元结构关系：*do so* 对 VP（当前的语境下相当于 *v*P，下同）内句法成分的替代是强制性的，而对 VP 外的句法成分的替代则是可选的（见 Lakoff & Ross，1976；Stroik，2001；Haddican，2007 等）：

（99）a. John ate an apple in the park on Friday and Peter did so, too.

　　b. John ate an apple in the park on Friday and Peter did so on Thursday.

　　c. John ate an apple in the park on Friday and Peter did so in his yard on Thursday.

　　d. John ate an apple in the park on Friday and *Peter did so an

---

①　有证据显示指示语位置的句法成分也允许提取操作（参见 Chomsky，2008）。因此我们在本书中将采纳一个较弱的 CED 版本，即如果一个句法成分允许提取操作，那么该句法成分便拥有论元的句法地位（该论元既可以占据补足语位置亦可占据指示语位置），否则，它就是一个附加语。

orange in his yard on Thursday.

(100) a. John loaded a sack onto the truck and I did so, too.

  b. John loaded a sack onto the truck and *I did so onto the wagon.

Wei & Li(2016)观察到与 do so 对应的汉语照应词"这么做"有着完全对等的功能:

(101) a. 张三在图书馆看小说,李四也这么做。

  b. 张三在图书馆看小说,李四在办公室也这么做。

  c. 张三在图书馆看小说,*李四在办公室也这么做报纸。

  d. 张三在图书馆看小说,李四在办公室看报纸。

(102) a. 张三放了一个苹果在桌子上,李四也这么做了。

  b. 张三放了一个苹果在桌子上,*李四也这么做在椅子上。

然而,我们发现英语和汉语的时量/动量短语①在"这么做"测试中的表现不同:

(103) a. 张三跑了三个小时/三次,李四也这么做了。

  b. 张三跑了三个小时/三次,*李四也这么做了四个小时/四次。

(104) a. Mary ran for three hours/three times, Paul did so too.

  b. Mary ran for three hours/three times, Paul did so for four hours/four times.

(100a)说明汉语中的时量/动量短语与宾语有着相似的句法地位,因为它们都必须被照应词"这么做"所代替。与之相反,动前状语成分(见(101))以及英语的时量/动量短语(见(104))则显出附加语的句法地位。

3. 叠加测试

叠加测试也可用于区分论元和附加语。原则上,只有附加语可以无线叠加,因为附加语是嫁接于结构上的,无法对结构本身造成影响,而论元则是结构的构成部分,一个动词所选择的论元数是有限的,不可无限叠加。下面我们将叠加测试应用于各类型的补语:

———————————

① 该测试要求谓语必须是施事类(agentive)的,因此对其他类型的补语不适用。

（105）a. ＊张三打李四打得很累（得）手疼。

　　　 b. ＊张三唱那首歌唱得很好（得）很累。

　　　 c. ＊张三看报纸看了三个小时（得）很快。

（106）a. 张三声音洪亮地、一丝不苟地读完了这首诗。

　　　 b. 张三喜欢跟李四一起在厨房里激烈地讨论问题。

由上例可知，无论是同类型的补语（见（105a））还是不同类型的补语（见（105b—c））均不允许叠加，一个动词有且只能有一个动后补语；与此相反，动前状语性成分，无论是否同类型，都允许叠加。

此外，如果我们将英语和汉语的时量/动量短语进行对比，我们会发现虽然它们在这两种语言里都位于动词后，英语的时量短语和动量短语可以同时出现，也可与其他动后成分共现，但汉语不行（例子摘自 Ernst，2014：66）：

（107）She ate six times (a day) for a week.

（108）a. ＊他吃了六次一个星期。／ ＊他吃了一个星期六次。

　　　 b. 他（一天）吃了六次，（连续）吃了一个星期。

（109）She ate slowly for a week.

（110）a. ＊他吃得很慢一个星期。／ ＊他吃了一个星期（得）很慢。

　　　 b. 他慢慢地吃了一个星期。

（111）She hit the ball forcefully three times.

（112）a. ＊他打那个球打得很用力三次。／ ＊他打那个球打了三次（得）很用力。

　　　 b. 他用力地打了三次那个球。／他用力地打了那个球三次。

由（107）—（108）可知，虽然英语里的时量短语 for a week 和动量短语 six times 可以在动后共现（见（147）），但同样的例子在汉语里是不说的（见（108a）），如果一定要表达两者，则需要两个单独的句子才能实现（见（108b））。由（109）—（112）可知，英语允许时量短语 for a week 或动量短语 three times 与动后方式副词 slowly 或 forcefully 共现（见（109）和（111）），但汉语禁止这么做（见（110a）和（112a）），除非将方式补语置于动前（见（110b）和（112b））。

这一小节，我们通过叠加测试再次证明了汉语动后补语的论元地位。

4. 触发动词拷贝的可能性测试

上文提过，附加语是通过嫁接（或称配对合并）进入句法的，理论上无法改变或影响原结构。论元则恰恰相反，它们通过合并进入句法，参与句法的构建，必然会对原结构产生影响。因此，如果动后补语是附加语，那么它们会在和宾语同时出现时触发动词拷贝机制就显得毫无根据，毕竟被认为是附加语的动前副词性成分从不会出现类似现象：

(113) a. 他飞快地跑着。

　　　 b. 他飞快地做完了作业。

　　　 c. *他飞快地做做完了作业。

(114) a. 他跑得飞快。

　　　 b. *他做作业得飞快。／*他做得作业飞快。

　　　 c. 他做作业做得飞快。

我们看到一模一样的方式副词，当它出现在动词前，不但不会触发动词拷贝，而且还禁止动词拷贝，然而，当它出现在动词后，则不得不触发动词拷贝，否则语句不合法。

2.4.2　VP 壳结构还是{VP, 补}结构？

在上节中，我们已经通过句法测试证明了所有的动后补语都是论元而非附加语。那么要想在句法中表述宾语和补语，理论上有两种方式：1) V 首先与补语合并，然后再与宾语合并（宾语位于 Spec.VP 的位置），得到一个 Larson 的 VP 壳结构；2) V 首先与宾语合并，再与补语合并，得到了一个{VP, 补}结构，与最早 Huang(1982)的分析一致。在本节中，我们深入剖析不同类型的补语，并论证第二种结构才是宾、补的正确表征方式。

1. "得"引导的结果补语

学者们普遍将"得"引导的结果补语看作是动词 V 的次级谓语

（Sybesma，1999；Cheng，2007；Huang et al.，2009 等）。根据此假设，宾语指向的结果补语句（115a）大致可由（115b）①来表示：动词的宾语占据 Spec. VP 的位置，语义上充当次级谓语的主语。

（115）a. 他打得李四直哭。

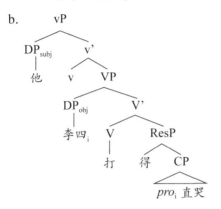

第一，如果将上面的 VP 壳结构扩展到主语指向的结果补语句（156a），我们将得到（150b），也就是 Bartos（2019）给出的结构。

（116）a. 他写报告写得很累。（＝1a）

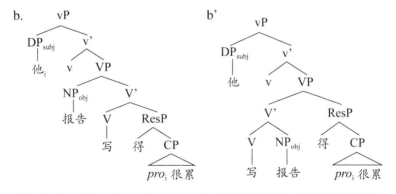

然而，我们有充足的理由证明（116b）并不是主语指向结果补语句的正

---

① 我们在树形图中有意略去了动词移位以及相关的操作细节（下同）。在 Huang et al.（2009）文中，结果补语的标记"得"已在词库内与动词结合，因此在句法中没有 ResP 的投射。在 Cheng（2007）文中，宾语"李四"基础生成于结果补语从句的主语位置，是为了满足 V 的题元特征移动到 Spec. VP 的位置。

确结构，(116b')才是；在这种情况下，宾语并不是生成于 Spec. VP 位置，而是像在普通及物动词结构中一样，与 V 呈姊妹节关系，结果补语句在 VP 形成之后才进入句法，占据 Spec. VP 的位置。一个直接的论据就是 V1 和它的宾语在重动句中可以进行 VP 前移(VP-fronting)操作，而同样的操作在典型的 VP 壳结构中是不允许的：

(117) 写报告，他写得很累。(=(10a))

(118) a. ?? / *放一盆花，他(放)在了桌上。

b. 他放了一盆花在桌上。

重动句允许 VP 前移操作意味着 V 和宾语在基础结构中构成一个句法成分。也就是说只有(116b')中的结构图才满足要求。

第二，我们无法从(116b)中获得主语指向的 LF 解读。表面上看，图(116b)中的结果补语从句中的空语类 *pro* 完全可以和主语同指，因为 *pro* 属于代词范畴，它和主语之间的约束关系是满足约束原则 B①的。然而，事实情况比看上去的要复杂些。Huang(1989)敏锐地观察到，在很多情况下，汉语中 *pro* 和 PRO 的句法特征是相同的，应该用相同的方式处理。本节提到的"得"引导的结果补语就是最典型的例子。仔细观察我们会发现，虽然结果补语中的空语类毫无疑问应当被界定为 *pro*，但它的句法特征却跟 PRO 极为相似，必须被管束：

(119) a. 他ᵢ写报告写得[*pro*ᵢ/*ⱼ很累]。

b. 张三ᵢ气得[*pro*ᵢ/*ⱼ不想去听演唱会了]。

由上例可知，结果补语从句的空主语必须且只能与主句的主语同指。这说明结果补语句中的空语类遵循 Huang(1984b，1989)提出的"泛化管束理论(Generalized Control Theory，GCT)"，即 *pro* 或 PRO 必须在其管束范围内被距离最近的名词性成分管束。回到(115b)，图中的宾语位于 Spec. VP 位置且成分统制(c-command) *pro*，因此根据 GCT，它将会被认定为空语类

① 根据约束原则 B，代词必须在其约束范围内保持自由。(116a)中的主句主语显然已经不在空语类 *pro* 的约束范围内，因此 pro 和主语之间的约束关系是被允许的。

pro 的管束者，而非主句的主语。因此，在 LF 上我们会得到"报告很累"的错误解读。同样的问题不会出现在(115b')的结构上，因为在该图中，宾语位于 V 的姊妹节位置，并不成分统制空语类 *pro*，主句的主语将会被看作是唯一合法的管束者。

第三，学界长久以来已基本达成共识：VP 的指示语位置不能出现无指称(non-referential)宾语(参见 Diesing，1992；Marantz，1993 等)。然而，汉语的重动句经常会出现宾语无指称的情况。(116a)便是一个例子：宾语"报告"并不是指称真实世界中的实体，而是和动词一道表示"写报告"这个事件，换言之，这里宾语的作用更像是补充动词的语义。由此可见，重动句中动词的宾语(至少是无指称宾语)应该生成于动词的补足语位置而非指示语位置。

第四，图(115b)不符合 VP 壳结构①背后的语义论据。VP 壳假说以及其他的 VP 分裂假说(Split-VP Hypothesis)都会在句法中创建一个新的句法位置，但这并不意味着只要有两个动后成分，其中的非宾语成分就必须首先与 V 合并，成为 V 的最内(innermost)论元，宾语只能占据 Spec. VP 的位置，因为这些假说之所以成立，除了有句法因素外(参见 Larson，1988)，还有一个重要的语义因素，即主语和宾语之间的语义对等性。主语是主要谓语的主语，而宾语则是次级谓语的主语，两者在语义上有统一性(参见 Larson，1988；Bowers，1993 等)。根据这个标准，VP 壳结构适用于各种与格结构(dative constructions)以及宾语指向的结果从句，但并不适用于主语指向的结果从句，因为在这种情况下，动词的宾语与结果从句之间无法建立任何有效的语义关系。另外，值得指出的是，将宾语看作次级谓语的主语自然而然就蕴含了 VP 的指示语位置不能出现无指称名词这一说法，因为任何谓语的主语都必须具有指称性。

综上所述，我们认为重动句所涉及的主语指向的补语句的基本结构应

---

①　我们这里所说的狭义的 VP 壳结构，而非后来被广泛使用的轻动词结构(参见 Chomsky，1995；Kratzer，1996 等)。

该是(115b')而非(115b)。

另外，(115b')中的结构也适用于带有显性主语的结果补语从句：

(120)张三骂李四骂得邻居都没法睡觉了。

有意思的是，Bowers(1993)在处理英语 promise/strike 类动词时也采取了类似的分析思路。具体而言，Bowers 指出在宾语管束(object control)的情况下(即 persuade/regard 类动词)，宾语充当次级谓语的主语，因此占据 Spec. VP 的位置，而在主语管束(subject control)的情况下(即 promise/strike 类动词)，宾语不是次级谓语的主语，因此基础生成于动词的姊妹节位置而非 Spec. VP 位置。观察下面的例句：

(121) a. John persuaded Mary$_i$ PRO$_i$ to leave

　　　b. John$_j$ promised Mary PRO$_j$ to leave.

(122) a. I regard the idea$_i$ PRO$_i$ as nonsense.

　　　b. [The idea]j struck me PRO$_j$ as nonsense.

根据 Bowers 的观点，(122)中的两个例句的句法结构可分别表示如下①：

(123) a.

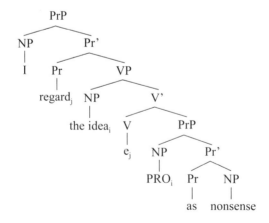

---

① Bowers(1993)认为在 V 和 T 之间存在一个功能投射——Predicate(PrP)(在当前语境下可以大致等同于 v)，同时后者也被看作小句(small clause)的标签。

b.
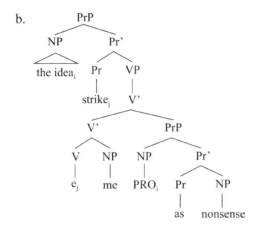

　　我们可以看到 Bowers 对 promise/strike 类动词的句法分析和我们对主语指向的结果补语句非常相似：两者均把无法充当次级谓语的宾语处理为动词的姊妹节，而非指示语。如果我们采纳 Huang 的 GCT，那两者的联系就更紧密了，均遵循如下结论：如果动词同时选择一个宾语和一个带有空语类的从句/小句，且空语类 PRO/pro 指向主语，那么宾语需处理为动词的补足语。两个分析唯一的区别在于，英语中的次级谓语是嫁接到 V' 上的①，而汉语的则是像论元一样合并到 V' 上的。

　　另外，Bowers 还指出，persuade/regard 类动词和 promise/strike 类动词在被动化以及量化词浮动上有很不一样的句法表现：只有前者允许被动化和量化词浮动，而后者不行。观察下例：

（124）a. Mary was persuaded（by John）to leave.

　　　　b. *Mary was promised（by John）to leave.

　　　　c. The idea is regarded（by me）as nonsense.

　　　　d. *I was struck（by the idea）as nonsense.

（125）a. John persuaded the men all to leave.

　　　　b. *John promised the men all to leave.

　　　　c. I regard the men all as nonsense.

---

　　① 事实上，Bowers(1993)也提到了另一种可能性，即将次级谓语处理为 V' 的右向指示语。但是，我们在后文会看到，这个可能性在标签理论的框架下是不成立的，会引发标签困境。

d. *The idea struck the men all as nonsense.

汉语没有与英语相对应的浮动量化词，但我们发现汉语中主语指向的结果补语在被动化问题上与 promise/strike 类动词的表现完全一致：

（126）a. 李四被张三打得直哭。

b. *（那份）报告被张三写得很累。

假设只有位于 Spec. VP 上的宾语可以进行被动化，那么上例中主语指向的结果补语和宾语指向的结果补语在被动化上的不同表现就很好解释：动词的宾语只有在宾语指向的补语句中才位于 Spec. VP 的位置，因此只有宾语指向的补语句允许被动化操作。

2. 结果语素

对于结果语素，我们采纳 Sybesma（1999）的看法，将其看作小句（small clause）的谓语。首先来看宾语指向的情况，例（127a）的基本结构可用（127b）中的树形图来表示。

（127）a. 张三骂哭了李四。

b.

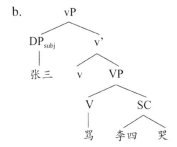

由上图可知，动词的宾语基础生成于小句的主语位置，以获得宾语指向的解读。在一系列的中心语移位过后，便可得到（127a）的表层语序①。

_____

① 对于小句的主语（在我们的例子中亦是动词的宾语）是否移动到 Spec. VP 的位置这一问题，我们暂时保持中立。Sybesma（1999）、Cheng（2007）等学者认为，小句的主语不需要移动到 Spec. VP 的位置，因为它离动词足够近，可以从 V 获得格位。然而，对于其他学者来说（Larson，1988；Bowers，1992），次级谓语的主语必须移动到 Spec. VP 的位置，因为只有 Spec. VP 的位置才可以获得宾格。最近，Bruening（2018）提供了一些新的句法和语义上的证据，证明小句的主语是跟主句动词在一个区域内的。这些讨论尽管很重要，但超出了我们的研究范围，我们就不在这里详述了。

对于主语指向的结果语素，我们将沿用上节的思路，将宾语处理成动词的补足语，而非小句的主语或动词的指示语；小句的主语则由与主句主语同指的空语类 *pro* 占据。因此，例（128a）的基本结构应当表示为（128b）。

（128）a. 他写报告写累了。（＝（1b））

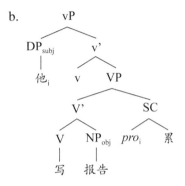

b.

上图中的结构也适用于小句主语被显性名词填充的情况：

（129）他吃海鲜吃坏了肚子。

3."得"引导的方式补语以及时量/动量补语

方式补语和时量/动量补语，与上文讨论的结果从句和结果语素不同，属于谓语的修饰语而非次级谓语。Cheng（2007）采纳了 Larson（1988）的观点，将带有这两种补语的及物动词句处理为 VP 壳结构：补语和时量/动量补语基础生成于动词的补足语位置，而动词的宾语则占据 Spec. VP 的位置。该分析的句法示意图如下：

（130）

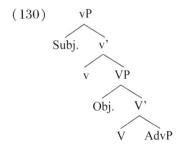

然而，就像 Bartos（2019）自己所言，这种合并的顺序显然违背了
Baker（1988）提出的"题元指派统一性假说（Uniformity of Theta-Assignment
Hypothesis，UTAH）"。另外，Larson 的副词性成分占据最里层位置这一说
法本身就是有问题的。如 Bowers（1993）所言，在双及物句式中，副词性成
分占据最里层位置会使直接宾语和间接宾语均处于动词的指示语位置；而
当副词性成分不出现时，间接宾语则会基础生成于动词的补足语位置；这
会导致 Larson 的理论前后矛盾，无法自圆其说。出于这个原因，Bowers 倾
向于把副词性成分分析为 V' 或 VP（PrP）层的附加语。回到主题，在无相
反论点的情况下，我们会遵循动词常规的论元结构，将动词首先与核心论
元——宾语合并，再与方式补语或时量/动量补语合并。相关的句法示意
图如下：

（131）

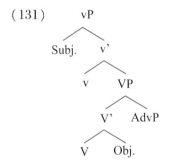

我们认为（131）中的结构更符合带有这两种补语的及物动词句式的语
义诠释：宾语，作为核心论元，显然与 V 保持着更紧密的语义联系，而方
式补语或动量/时量补语作为动词的非核心论元，用于修饰动词和宾语所
组成的谓语或事件。

本节中，我们在 VP 壳结构和｛VP，补｝结构之间划分了一个界限。我
们认为只有宾语指向的结果补语句和与格句式才是 VP 壳结构，在这种情
况下，动词的宾语占据 Spec. VP 的位置，充当次级谓语的主语。而所有重
动句都是｛VP，补｝结构，动词的宾语占据的是动词的补足语位置，不能被
诠释为次级谓语的主语，而 Spec. VP 的位置则由补语占据。

2.5 重动句的加标分析法

2.5.1 加标理论的理论背景

在正式开始分析重动句之前，有必要再次阐明 Chomsky 加标理论的相关要点。

Chomsky(2013)提出的加标运算如下：

(132)加标运算(Chomsky，2013)：

在集合|H，α|中，如果 H 是一个词项，那么 H 则是集合的标签。

(132)中的加标运算是通过最小搜索运算实现的。当一个简单的句法元素(中心语)与一个复杂的句法元素合并后，最小搜索可以直接锁定简单的句法元素作为集合的标签。然而，当一个复杂的句法元素 XP 和另一个复杂的句法元素 YP 合并后(在旧的理论框架下，是指 X' 和它的指示语之间的合并)，最小搜索会同时锁定 X 和 Y，无法为集合提供确定的标签，因此加标运算失败。Chomsky 进一步指出，我们的运算系统提供了两种方式解决对称集合|XP，YP|的加标问题：第一，通过移位修改原有的结构，使其变成不对称结构；第二，通过 XP、YP 的共享特征来加标，这个共享特征通常指一致特征(agreeing features)。下面我们将通过一个一般的及物动词结构来解释上述加标过程：

(133) a. T $[_{\alpha}$ EA $[v^* [V \text{ IA}]]]$

     b. $[_{\beta}$ EA $[T [_{\alpha} <EA> [v^* [V \text{ IA}]]]]]$

     c. IA... T $[_{\alpha}$ EA $[v^* [V <IA>]]]$

(133a)中的 α 是由 EA 和 v^*P 组成的一个|XP，YP|型对称结构，无法通过(132)中的加标运算加标。如果我们将 EA 移到 TP 的姊妹节位置(也就是 Spec.TP 位置)，α 内的 EA 拷贝将变成一个非连续性的成分(discontinuous element)，对加标运算不可见，因此 α 将由集合内唯一可见的成分——vP 来加标。由此，我们通过加标理论推导出了 EPP 原则。然

而，EA 的移动会在 TP 层形成另一个无法加标的集合 β（见(133b)）。由于 EA 和 T 共享一致特征$[\varphi]$，β 可通过 φ 特征加标，获得标签<φ, φ>。假设 EA 不移动，IA 移动，那么对加标运算可见的部分是 EA-v*，此时 α 可通过加标运算直接获得标签 v*（见(133c)）。

加标运算与其他的句法运算一样，作用于语段。因此，离心结构是允许进入句法的，只要在递交操作进行前获得标签即可。

2.5.2　重动句的推导过程

在 2.4.2 节中，我们已经给出了重动句的基本结构，见下图（以例(116b')为例)①：

(134)

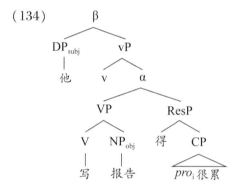

在一个以短语结构的向心性作为前提的理论框架中，比如 X-阶标理论，ResP 将被看作 V 的指示语，α 则会直接继承中心语 V 的标签，成为 V 的最大投射，记作 VP。然而，如果我们采纳最新版本的最简方案框架，就会发现 α 是一个典型的有 VP 和 ResP 组成的{XP, YP}型对称结构，无法直接通过加标运算加标。如果将(134)中的推导式直接递交到 CI 界面，则会违反"完全解读"（Full Interpretation）原则，导致推导失败。这也是为什么像(135)这样的句子会被判定为不合法：

(135) *他写报告得很累。

为了挽救(134)中的推导式，α 必须在递交操作前获得句法标签。由

---

①　为了方便论述，我们将结构中的一些句法标签替换成了希腊字母。

于 VP 和 ResP 不共享一致特征，运算系统只能选择移位的策略来解决 α 的加标问题。假设我们将 α 的其中一个集合成员 VP 移动到 v 的边缘位置，那么 α 内的 VP 拷贝会变成一个不连续体，对加标运算不可见，α 将由唯一对加标运算可见的集合成员 ResP 来加标，加标问题得到解决。① 重动句的整个推导过程如下图所示：

（136）

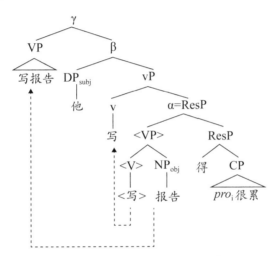

VP 移动的同时，V 也会进行中心语移位②，从而得到 Gouguet 所描述的双重语链——VP 链和 V 链。但是，我们不采纳 Gouguet 对动词拷贝的解释，因为他的解释能够成立的前提是得承认句法运算能够影响拷贝在 PF

① 有读者可能会问，为什么不移动 α 内的另一个集合成员 ResP 呢？对此，我们暂时无法给出一个确切的答案。下面给出的解释仅仅是我们的推测。我们知道句法是自治的，原则上，无论移动 VP 还是 ResP 都可以解决 α 的加标问题，因此在递交操作时，我们得得到两个可能的推导式，且在句法上都是合法的。然而，ResP（或其他补语）是语句的新信息，是焦点，将其移出 vP 会违反信息结构的要求，因此，相关的推导式会在 CI 层被剔除出去，只留下句法和语义/语用上都合法的 VP 移位的推导式。

② 值得注意的是，中心语移位也可能会对加标产生影响。假设中心语移位是在句法中进行的，那么在动词进行中心语移位后，集合｛<write> report｝会被贴上 NP 的标签，这显然不是我们想要的结果，对此，我们暂时还没找到解决的办法，只能说这个问题其实不是我们分析本身的问题，而是 Chomsky 加标理论本身存在的缺陷。当然，对于那些认为中心语移位是在 PF 层上进行的，就不存在任何问题了。

上的拼读情况，这背离了最简主义的基本思想。我们在这里提供一个更为简单的解释方案：我们知道汉语的动词最高只能移动到 v，因此我们不妨假设汉语的 v，如同印欧语系的 T，必须有显性的、带语音的成分的加持。那么 v 位置的动词拷贝必须拼读出来，才能满足 v 的语音—形态要求。这样一来我们在 PF 层就不再需要语链的概念。①

在 vP 之上，还有两个无法加标的集合——β 和 γ。首先来看 β，它可以通过移位的策略加标：在主语移到 Spec. TP 位置之后，β 将由唯一对加标运算可见的集合成员 vP 来加标。移动后在 TP 层形成的新的对称结构 {Subj, TP} 可以通过共享的一致特征 $[\varphi]$ 来加标，就像（133b）一样。再来看 γ，为了使 γ 得到标签，VP 必须继续上移，直到到达内话题（inner topic）投射②的指示语位置，在这里它可以和话题中心语共享话题特征。因此，γ 在 VP 上移后，可通过 β 的标签加标，即 vP，而移位后形成的 δ 集合则由 [Top] 来加标（见（137））。这个解决方案也与 VCC 中 VP1 的话题解读相符。

（137）$\{_{\delta = <Top, Top>} VP \{_{TopP} Top... \{_{\gamma = \beta} <VP> \beta\}\}\}$

我们以上对结果补语型 VCC 的推导也适用于其他类型的 VCCs。

另外，必须强调的是，宾语指向的结果补语句（138a）以及动结式（139a），分别涉及 VP 壳结构和小句结构，不存在 v 语段内部的加标问题。

（138）a. $[Subj [_{vP} [v [_{\alpha} Obj [_{VP} V ResP]]]]]$

b. $[Subj [_{vP} [v [_{VP} V [_{SC} Obj V/Adj_{res}]]]]]$

首先来看（138a），它确实包含一个由 Obj 和 VP 构成的 {XP, YP} 型对称结构，无法直接通过加标运算加标，但根据 Chomsky（2018）提出的特征继承假说（Feature Inheritance Hypothesis），V 会继承语段中心语 v 的 φ 特征，这样 Obj 和 VP 就有了共享的一致特征 φ，α 即可获得标签 $<\varphi, \varphi>$。v

---

① Landau（2006）针对希伯来语中的双动词拷贝拼读问题也提出了类似的解决方案。

② 关于 IP 内的低层话题投射的相关论证，可参见 Belletti（2004），Paul（2002a），Tsai（2015）等。

语段内部的加标问题得以解决，不再需要额外的句法操作。再看(138b)，动词选择的小句 SC 是由宾语和结果语素构成的，由于汉语的结果语素必须是简单成分，SC 可直接通过加标运算获得标签 V/Adj$_{res}$，后续的句法推导也不存在任何加标问题。

2.5.3 另一种可能：语音上的解释？

读者可能会质疑：例(135)不合法可能是因为"得"自身的语音限制条件，即"得"是一个附着词，必须与动词毗邻，当我们把介于动词和"得"之间的宾语移出后，语句就合法了。沿着这条思路，动词的重动形式可以通过 VP 的话题化以及 V 的中心语移位加以解释，不再需要加标的概念了。另外，VP 移位，与 NP 移位一样，客观上也可以使"得"毗邻它的动词宿主。本节主要是对这一质疑的回应，指出语音解释方案的解释力其实相当有限，相比之下，加标理论能够涵盖更多的语言事实，并能对其提供原则性解释。

首先，必须承认语音解释方案能够解释所有带"V—宾—得—XP"语序的语言事实，包括"得"引导的结果补语句以及"得"引导的方式补语句，见下例：

(139) a. *他写报告得很累。(=(135))

b. *张三骂李四得邻居都报警了。

c. *他写报告得很快。(=(18a))

然而，语音解释方案无法有效地解释其他类型的补语。首先来看动结式。根据小句分析法(目前学界普遍接受的一种对结果句的分析方式)，宾语指向的动结式(140a)的句法结构为(140b)，因此会出现"擦—桌子—干"这种初始语序。为了获得正确的表层语序，结果语素"干"必须越过宾语"桌子"，附着于主要动词"擦"上。

(140) a. 他擦干净了桌子。

b. [$_{VP}$ 擦 [$_{SC}$ 桌子 干]]

　　这说明结果语素跟"得"不一样，它的附着不需要遵循毗邻原则。那么下面这些主语指向的动结式以及小句主语被显性名词填充的动结式被判定不合法就无法获得有效的解释了，因为在语音解释方案中，b 中的句法结构是完全没问题的。

（141）a. *他看哭了（那部）电影。

　　　　b. [vP 他i [vP V [VP [VP 看 电影][SC *pro*i 哭]]]]

（142）a. *他吃坏了海鲜肚子。

　　　　b. [vP 他i [vP V [VP [VP 吃 海鲜][SC 肚子 坏]]]]

　　其次，来看时量/动量短语，在这种情况下，动词和补语之间并没有任何的黏着语素，因此语音解释方案无法解释下列语句为什么不合法①：

（143）a. *他写了报告三个小时/三遍。

　　　　b. [vP 他 [vP V [VP [VP 写 报告][AdvP 三个小时/三遍]]]]

　　最后，语音的解释方案完全依赖于补语基础生成于 V 的右边指示语位置这一事实，也就是本书所提出的假设。这使得该解释方案的基础并不牢靠。因为在我们看来，补语到底是生成于左边的指示语位置还是右边的指示语位置并无定论。假如我们接受 Gouguet（2006，2008）的假设，认为补语生成于 V 的左边指示语位置，我们得到的则是"V—得—XP—宾"这样一个线性序列（见（144b））。这个线性序列根据语音解释方案应该是合法的，因为"得"和主要动词是毗邻的，然而事实并非如此：

（144）a. *他看得很累报告。

　　　　b. [vP 他i [vP V-看 [VP [ResP 得 *pro*i 很累][VP <看> 报告]]]]

　　上述所有不合法的例子（141）—（144），包括（139）中不合法的例子均可以在加标理论的框架下得到原则性的解释：所有这些例子都在 vP 内形

---

　　①　注意完成貌标记"了"并不是引导动量/时量短语的语素，一般认为它基础生成于 Asp，其句法位置是高于 VP 的。

成了一个{XP, YP}型的对称结构，无法在 v 语段获得标签，因此不合法；而我们在表层看到的毗邻效应应当被看作 VP/NP 移位后所产生的语音"副作用"。

紧接着的一个问题是，重动句是否可以看作 VP 话题化和中心语移位的"组合拳"，毕竟这两个句法操作在汉语中都是独立存在的。答案是否定的，问题主要是在 VP 话题化这个操作上。话题化，和焦点化、攀爬等句法操作类似，本质上是一个"可选"的操作，即无论话题化发生与否都不会影响一个句子的合法性，见下例：

(145) a. 那本书，他看完了。

b. 他看完了那本书。

然而，对于上述不合法的例子来说，VP 或 NP 移位都是强制性的，如果不进行 VP 或 NP 移位，句子将被判定为不合法。这说明为了能够解释这些例子，我们需要的并不是一个"可选"的句法操作，而是一个独立的句法机制，它可以在适当的条件下触发 VP 或 NP 移位。加标便是这样一个机制。

2.6 重动形式的可选性

如果我们在 2.5 节中提供的加标分析法是正确的，那么我们可以推导出这样一个结论，即如果动词的宾语和补语在 vP 内形成了一个由 VP 和补语组成的{XP, YP}型对称结构，那么就必然会出现重动形式。因此，重动形式在时量/动量短语以及主语指向的动结式中是非强制出现的这一事实将会对我们的分析提出挑战。这节的主要任务就是论证加标分析法是可以自然地涵盖这些语言事实的。

2.6.1 时量/动量短语

在本书的 2.5 节，我们已经提到时量/动量短语可以在动后与宾语共现，不需要触发重动形式；同时，根据宾语是否有定，宾语和时量/动量

短语之间的相互位置是有所不同的。观察下面的例句:

(146) a. 他写了三个小时/三遍报告。

　　　 b. *他写了报告三个小时/三遍。

(147) a. ? 他写了三个小时/三遍那份报告。

　　　 b. ? 他写了那份报告三个小时/三遍。

　　首先,来看"时量/动量>宾$_{有定/无定}$"("＞"表示先于)的情况(例(146a)和(147a))。我们采纳 Li(1987),Sybesma(1999),Liao(2015)的看法,认为在这种情况下,时量/动量短语与 NP 内的数—量短语有对等的句法地位。首先是因为两者有着非常相似的形式。比较(146a)、(147a)中的"时量/动量+宾语"的组合和(148a)、(148b)中的数—量—名结构(例句摘自Sybesma,1999):

(148) a. 三瓶酒

　　　 b. 三斤这个肉

　　其次,当我们在数—量/时量和宾语之间插入一个修饰标记"的"时①,无论是时量短语还是数—量短语都会出现语义的歧义现象,既可被诠释为纯粹的测量义又可被诠释为修饰义:

(149) a. 他看了三个小时的电影。

　　　　　(i)'他看电影的这个事件持续了三个小时'

　　　　　(ii)'他看了一部时长为三个小时的电影'

　　　 b. 三斤的肉

　　　　　(i)'三斤肉'

　　　　　(ii)'三斤那么多的肉'

　　(149a)中的时量补语"三个小时"既可看作事件的度量衡,用于测量"看电影"事件的时长,又可看作名词"电影"的修饰成分,解释为电影的长度。如果我们在时量补语之前再加上一个数—量短语,比如"一部",那么

① 出于某些原因,动量短语和宾语不允许插入修饰标记"的"。

（149a）就只能有（ii）的解读。与此类似，（149b）中的数—量短语"三斤"既可用于测量不可数名词"肉"，又可作为修饰语，进一步说明肉的重量、多少。与上面一样，如果我们在数—量短语前再加上一个数—量短语（比如"一盒"）来充当真正的测量单位，那么（149b）就只能解读为修饰语，即（ii）中的解读。

最后，时量/动量短语可以和宾语作为一个整体被焦点化，这说明它们与数—量短语和宾语一样，同属一个句法成分。观察下例：

（150）a. 他连一小时（的）书也/都看不进去。

　　　　b. 他连一回医院都没去过。

综上所述，我们有理由相信，在"时量/动量>宾$_{有定/无定}$"的语序下，时量/动量短语是和宾语一起生成的，形成一个 NP（或 Sybema，1999 中的 ClP），而并不是像在重动句中单独生成于 Spec. VP 位置。这使得我们在 vP 内得到的是{V，NP/ClP}这样的不对称结构，可以直接由加标运算进行加标，不会出现加标问题，因此例（146a）和（147a）合法①。

然而论证还不能到此为止，因为将时量/动量补语处理成数—量短语，显然会面临句法—语义错配的问题。以（146a）为例，按照句法位置来说，"三个小时"应当像其他数—量—名结构一样，修饰名词"报告"，然而它修饰的却是"写报告"这个事件。一个数—量短语是如何得以测量一个事件的呢？我们将用 Liao（2015）的观点来回答这个问题。Liao 认为

---

① 值得一提的是，虽然有定宾语和光杆宾语可以在动后与时量/动量补语共现，但数—量—名结构的无定宾语是不行的，必须诉诸重动形式或是 NP 移位：

（1）a. *他写了三个小时一份报告。

　　b. 他写一份报告写了三个小时。

　　c. 他一份报告写了三个小时。

a 之所以不合法，是因为一个名词不能同时被两个或多个测量性成分修饰，而在 a 中，名词"报告"同时被"一份"和"三个小时"两个测量成分修饰，因此不合法。应当注意的是，这个限制条件不适用于有定宾语，虽然后者也可包含数—量结构（见（147a）和（148b）），但它并不是用于测量的，只有时量/动量补语才是真正的测量性成分。

名词和动词修饰语的在语义上的对应关系直接反应了句法上 CP-DP 的结构对等性，如下图：

（151） Verbal domain　　　　Nominal Domain

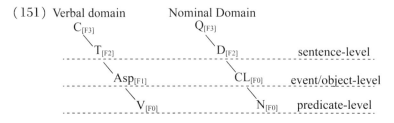

更确切地说，Liao 认为名词性成分的语义范域（scope）可以跨越到动词层，只要两者拥有相同的功能赋值（functional value），他认为是语言的普遍规则，并将其称作"阿基米德原则"。回到我们的讨论，时量/动量补语（$CL_{[F1]}$）位处名词内却能够有事件层（Asp[F1]）的语义范域可以看作是"阿基米德原则"的作用①。

接下来看"宾>时量/动量"的语序（见（147b））。我们认为带有这种语序的句子和重动句的基本结构是相同的，只是它用的是 NP 移动来解决加标问题，而非 VP 移位。（147b）的推导过程如下：

———————————

① 当我们采纳 Liao 的阿基米德原则的同时，也就意味着我们默认了句法和语义之间不需要严格的一一对应关系。换言之，只要满足阿基米德原则，句法上的语类可以不用对应该位置应有的语义功能。我们认为这种理论上的"妥协"其实是值得的。因为阿基米德原则不仅可以解释很多其他语言的句法—语义的错配现象，还能预测那些错配是语法不允许的。观察下面的英语例句：

（ⅰ）a. John took [NP good [NP care of his patients]].

　　　　= 'John took care of his patients well.'

　　b. John sipped a [NP quick [NP cup of tea]]

　　　　= 'John quickly sipped a cup of tea.'

（ⅱ）a. *John took likely care of his parents.

　　　　欲表达：'Likely, John took care of his parents.'

　　b. *John sipped a probable cup of tea.

　　　　欲表达：'John probably sipped a cup of tea.'

尽管如此，Liao 的这个解释是从句法—语义界面的角度给出的，至于如何从语义组合性的角度来解释时量/动量短语的事件解读还需要做进一步的研究。

（152）

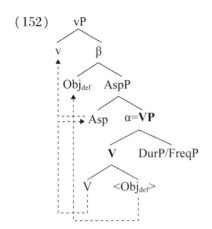

这里的 NP 移位实际上是一种宾语攀爬现象（Soh，1998），有定宾语移动到位于 V 和 v 之间的功能投射——AspP 上。在移位过后，对于加标运算可见的成分是"V-DurP/FreqP"，因此 α 会被标记为 VP。但宾语上移后又会形成一个新的由 Obj 和 AspP 组成的对称结构 β，那么如何为 β 加标呢？根据特征继承假说，非语段中心语会从语段中心语继承所有的不可诠释特征，因此 Asp 会从语段中心语 v 那里继承 φ 特征。由于宾语本身也带有 φ 特征，β 即可通过共享特征加标法加标，记作<φ，φ>。（147b）的合法性得以解释。（146b）之所以不合法，是因为无定宾语不允许攀爬。①

我们发现，母语者的合法性判读会根据宾语的特征发生变化：在"宾>时量/动量"的语序下，有生命的有定宾语比无生命的有定宾语接受度更高。这一点可用来佐证我们所提出的宾语攀爬假说。观察下列例句：

(153) a. ? 张三等了那封信好几个小时。

b. 张三等了那个人好几个小时。

c. ? 张三找了那个玩具一下午。

d. 张三找了那个人一下午。

需要指出的是，宾语攀爬本身是一个可选的句法操作，不需要由句法

---

① 除了宾语是光杆名词的情况外，带有数—量短语的无定宾语也不允许攀爬：

(1) ＊他写了一份报告三个小时。

特征驱动，但如果宾语留在原位，系统将无法为 α 加标。为了解决 α 的加标问题，系统有两种可选方案，要么移动 VP，要么移动 NP。如果选择第一种方案，即可得到重动句(20c)；如果选择第二种方案，便得到(147b)这种非重动形式。由于宾语攀爬(即将宾语移动到 vP 内更高的位置)这个操作本身会受到更多的语义限制，VP 移动将被看作为解决加标问题的标准方案。这也就解释了为什么对于无生命的有定宾语，母语者普遍觉得重动形式更自然。

2.6.2　主语指向的动结式

我们在 2.2 节中提到过，主语指向的结果语素可以和宾语正在动后共现，不需要诉诸重动形式：

(154) a. 他吃腻了饺子。

　　　b. 他吃饺子吃腻了。

针对动结式(包括主语指向和宾语指向的情况)，学界主要有三种看法。有些学者认为动词和结果补语语素在词库中就已经组合成了一个复杂动词，通过词汇—语义操作得到了复合题元栅(Thompson，1973；Y，Li，1990，1995；Cheng & Huang，1994 等)。有些学者则认为动结式是在句法中形成的(Zou，1994；Sybesma，1999；J. Lin，2004 等)。还有一些与 H. -L. Lin(1998)观点一致，认为动结式的生成方式是混合型的：宾语指向的动结式是用通过动词移位和融合(incorporation)操作形成的，而主语指向的动结式则是直接在词库中形成的。① 然而，这些研究都没有考察动结式和重动式之间的互动关系。

事实上，如果我们为主语指向的结果语素建立一个小型的词库，仔细

---

① H. -L. Lin(1998)中其实还分了一类，即表致使的复合词。作者认为这类复合词也是在句法中形成的，因为涉及了抽象动词 Caus. 由于这一类动词与我们的主题关联不大，我们就不在这里讨论了。

考察，就会发现这些词素在重动式上的句法表现并非一致的，参看表1①：

表1　　　　　　　　　　　汉语中主语指向的动结式

Ⅰ. 允许非重动形式的主语指向的结果语素	Ⅱ. 不允许非重动形式的主语指向的结果语素
腻、惯、懂、明白、赢、输、累……	哭、病、傻、呆、楞、吐、晕、饱*、醉*……

通过考察我们可以总结出两条规律。其一，虽然所有主语指向的结果语素都允许重动式，但只有一部分是允许非重动形式的（Ⅰ列中的语素），大部分不允许（Ⅱ列中的语素）。其二，不同母语者对于Ⅰ列中的一些结果语素的合法性判断有所出入。以"累"这个结果语素为例，不同母语者对例（155）的判断很不一样，有的母语者认为合法，有的则认为完全不合法，因此我们在该例句前标注了%符号。

（155）%他看累了书。

鉴于主语指向结果语素内部的异质性和复杂性，我们基本认同 H. -L. Lin（1998）的观点，即一部分动结式是在句法中生成的，而另一部分则是

---

① 我们需要对表中第Ⅱ列的结果语素"饱"和"醉"做一个特别的说明。观察下面的例句：
（1）a. 他吃饱了饭。
　　b. ?? / *他吃饱了苹果/饺子……
　　c. 他吃苹果/饺子吃饱了。
（2）a. 他喝醉了酒。
　　b. ?? / *他喝醉了伏特加/红酒……
　　c. 他喝伏特加/红酒喝醉了。
由上例可知，"饱"和"醉"仅在宾语和动结式之间能够形成惯用语时，才允许非重动形式。当我们将特定的宾语"饭"或"酒"替换成使用频率更低的宾语时，语句的合法性骤降，甚至被判定为不合法。因此，我们认为"饱"和"醉"这两个结果补语在非惯用语用法下应当与Ⅱ列中的结果语素同属一类。这两个语素后的"*"标记表示"非惯用用法"。

在词库中直接生成的，但同时，我们也需要对 H. -L. Lin 的观点做进一步的细分，即只有非重动形式的主语指向结果语素是在词库中生成的，而那些出现在重动句中语素则是在句法中形成的，因为我们不可能在词库中生成重动式。

当我们采纳了上述观点后，例(154a)这样例句就不再是加标分析法的反例了。不像例(154a)，例(154b)中的动结式"吃—腻"是在词库中形成的。当复合动词"吃—腻"进入句法后，其句法地位相当于一个简单元素，它与宾语合并后，我们得到的是{V, Obj}这个不对称结合，可直接通过加标运算获得标签，因此例(154a)合法。

母语者对例(155)的不同判断很可能是因为不同母语者对"累"这个语素的心理分类不同造成的。对于那些判定例(155)合法的母语者，"累"是和 I 列中的结果语素同属一类的，允许"看—累"在词库中直接生成，而对于那些判定例(155)不合法的母语者，"累"是和 II 列中的结果语素同属一类的，"看—累"只能在句法中生成。

2.6.3　小结

综上所述，重动形式在时量/动量补语以及主语指向的动结式中是可选的这一事实并不能反驳加标分析法。表面上看到的这种可选性其实是由两个独立的因素造成的：1）相关的动后补语要么有不同的起始结构，要么在词库中就与动词直接就合二为一了；2）在解决动后补语与宾语所形成的对称结构时，使用了不同的策略，即 NP 移位，而非常规的 VP 移位。

2.7　其他带补语的句式

除了重动式，我们还会遇到其他带补语的句式，在这些句式中，只有补语保持动后的位置，而宾语则位于动前，形成"宾—动—补"的表层语序。观察下例(摘自 Huang，1982[①])：

(156) a. 那匹马，他骑得很累/骑—累了。

　　　b. 他，那匹马，骑得很累/骑—累了。

(157) a. 那支舞，他跳得很好。

　　　b. 他，那支舞，跳得很好。

　　　c. 他把那支舞跳得很好。

(158) a. 那件事情，他拖延了三年/两次。

　　　b. 他，那件事情，拖延了三年/两次。

　　　c. 他把那件事情拖延了三年/两次。

　　　d. 那件事情被他拖延了三年/两次。

上例中的(a)句和(b)句是话题句：(a)句中宾语移到了 CP 的左缘位置，(b)句中宾语则只移到了主、谓之间的内话题(inner topic)位置。(157c)和(158c)是把字句，(158d)是被字句。

与一般情况[②]不同，(156)—(158)中的例子没有对应的非移动形式。显然，在这些例子中，vP 内部的对称结构是通过 NP 移位解决的，其推导过程与(152)类似。对于这些例子来说，除了 NP 移位，唯一能够在一个句子中同时表达宾语和补语的方式就是重动式(即 VP 移位)。这个结果可由加标分析法准确的预测并推导出来。

2.8　遗留问题

2.8.1　不及物动词和双及物动词

目前，我们只考察了及物动词的重动形式。下面我们将考察不及物动

---

① 我们对 Huang(1982)给出的例句做了一些调整，增加了动结式，去掉了一些不相关的例句。比如，(156)中的结果补语句以及动结式是可以变成把字句和被字句的，只是在这种情况下，我们得到的是宾语指向的结果补语句，是从(138)的结构中推导出来的，与我们要讨论的主题无关，因此我们并没有将其纳入例句。

② 所谓"一般情况"，指的是不带动后补语的句子。在这种情况下，宾语前移是一个完全自由的句法操作，不受外因的驱动。

词以及双及物动词的情况，看它们是否能够通过加标分析法来解释。

先来看不及物动词的情况。不及物动词直接与补语合并，形成 VP，加标运算可以正常进行，不需要依靠移动策略，因此不会出现重动形式（见(14)）。然而，我们还是会遇到类似(159)的双动词拼出句，但这些句子的推导跟加标无关，它们是通过可选的动词焦点化操作生成的（即 Landau，2006 和 Aboh，2006 所说的长距离中心语移位）。①

(159)他走(倒是)走得挺快，但跑#跑得很慢。

再来看双及物动词的情况。按照本文的理论框架，双及物动词和及物动词一样，先和它自身的论元进行合并，再与补语合并。同时，我们采纳 Pylkännen(2002)对双宾结构的基本构想，将汉语的双宾结构处理为施用结构。据此，例(160)的推导过程如下图所示：

(160) a. 他教李四英语教得很好。(=15)

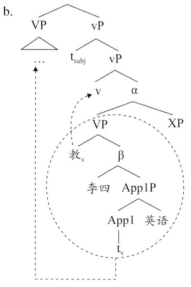

与补语(记为 XP)合并之前，VP 内就已经包含了一个对称结构 β，但根据 Pylkännen 2002，Appl 会给位于其指示语位置的间接宾语"李四"赋格。因此，Appl 和"李四"共享一致特征[Dat]，β 可通过共享特征[Dat]来加标，

———————

① 关于 VP 的主题化或焦点化操作，参见本章第 6 节。

加标问题随即解决。剩下的推导过程与及物动词下的情况一致：上一层的对称结构 α 的加标问题可通过移动 VP 来解决，从而形成重动式。

类似(16)的与格结构也可通过类似的方式推导出来，只不过与格结构中所用到的是 VP 壳结构而非施用结构。

2.8.2　宾语指向的重动句以及与格论元重动句

一般来说，带结果补语的重动句几乎都是主语指向的，但偶尔我们也会遇到宾语指向的重动句，观察下面的例句：

(161) a. 他烤(那片)面包$_i$烤得 pro$_i$ 很糊/烤 pro$_i$ 糊了。

b. 他打李四$_i$打得 pro$_i$ 很疼/打 pro$_i$ 疼了。

乍一看，上述例句会对我们所提出的分析提出挑战，因为我们在前文中提到，只有主语指向的结果补语句才会在 vP 内形成｛VP, 补｝的对称结构，而宾语指向的结果补语句会形成 VP 壳或小句结构，从而导致动词和宾语不属于同一个句法成分，因而无法推导出重动形式。一个可能的解决方案是认为宾语指向的结果补语句也可以形成｛VP, 补｝结构，而次级谓语的隐性主语 pro，由于"语义强迫(semantic coercion)"例外地与宾语同指。需注意的是，此时的宾语由于生成的位置不同，会导致语义发生微妙的变化：宾语的语义凸显度降低，结果补语从句或结果语素有了类似于谓语/事件修饰语的解读。对比(161)和与之对应的非重动形式：

(162) a. 他把(那—片)面包烤得很糊/烤糊了。

b. 他打得李四很疼/打疼了李四。

对于与格结构，我们有时会发现它们在没有补语的情况下，也可以出现重动形式(见下例)。① 很显然，此时的与格论元(或称介词引导的间接宾语)被重新分析为补语，且与(161)类似，动词的宾语不再生成于 Spec. VP 的位置，而是生成于双及物动词的补足语位置。在 LF 层，宾语

---

① 同样的情况在双宾结构中是不允许出现的：(1) *张三教英语教李四。

失去了语义凸显度，不再被诠释为次级谓语的主语，而与格论元成为了整个语句的唯一焦点。

(163) 张三寄书寄给了李四。

2.8.3 其他罕见的重动句类型

汉语中还有一些罕见的重动句类型。在这些重动句中，V2 后面接的不是补语而是名词短语或数—量短语。观察下面的例句（例（164c）摘自 Bartos，2019）：

(164) a. 他抽奖抽了一台电视机。

　　　b. 他跑事情跑了一身汗。

　　　c. 我喝咖啡喝了三杯。

(164a) 和 (164b) 可以看成是隐现的结果补语，因为我们可以在相关动词和完成体标记"了"之间插入一个结果补语语素，比如我们可以说"抽—出/到—了一台电视机"或"跑—出—了一身汗"。(164b) 甚至可以由一个"得"引导的补语句代替：

(165) 他跑事情跑得一身汗。

综上，我们有理由认为 (164a) 和 (164b) 这类语句应该和结果补语句的结构相同，都会出现加标问题，从而触发重动形式。

例 (164c) 与前两句的情况不同。在该句中，V2 后面的数—量短语"三杯"可以和 V1 后的宾语"咖啡"组成一个名词短语，观察下例：

(166) 我喝了三杯咖啡。

直观上，(164c) 中的数—量短语"三杯"和时量/动量短语的句法表现极为相似。在 2.6.1 节中，我们已经论证过时量/动量短语在结构上应当处理为数—量短语。因此，我们有理由相信数—量短语也可以反过来像时量/动量短语一样充当谓语/事件"喝咖啡"的修饰语。据此，我们可以推测，在 (164c) 中，数—量短语是在动、宾合并之后才进入句法的，形成对称结构 {VP, 补}，从而得到重动形式。值得注意的是，如果我们采纳这个分析，也就意味着(166)和(164c)之间不存在衍生关系，因为他们涉及不同的初始结构。①

2.9 "重动"的跨语言探索

描述上看，重动(或称动词重叠)并不是汉语特有的现象。很多其他语言也有类似的现象，允许动词在同一个语句中出现两次，相关例句如下(摘自 Aboh，2006②)：

(167) Liknot   et   ha-praxim,   hi   kanta   (希伯来语)

buy-inf acc   the-flowers, 3. sg. fem   buy. past

'As for buying the followers, she bought them. / '买花，她已经买了。'

(168) Essen   fish est Maks   (意第绪语)

eat-inf   fish eats Max

'As for eating fish, Max eats them. / '吃鱼，Max[平时会]吃。'

(169) Comprar   un   libro, Juan lo   ha comprado   (西班牙语)

buy-inf   a   book John clt   has bought

'As for buying a book, John has bought it. ' / '买书，约翰已经买了。'

(170) Temperar   o   peixe o   cozinheiro temperou   (巴西葡萄牙语)

season- inf the fish   the cook   seasoned

'As for seasoning the fish, the cook seasoned it. / '给鱼加调料，厨师已经加了。'

(171) ? Pomnitj-to   ih   ja   pomnju.   (俄语)

remember. inf-top 3. pl. acc 1. sg. nom remember

---

① Bartos 提出了一个不同的解决方案，详见 Bartos，2019。

② 除了 VP"前移"外，这些语言大都允许光杆动词"前移"。鉴于该情况与我们讨论的主题无关，我们并没有把这些例句收录。

'As to remembering them, I DO remember.'/'记住他们，我记得住。'

(172) Chelswu-ka　chayk-ul　ilk-ki-nun　ilk-ess-ta　　　　　（韩语）

Chelswu-nom book-acc read-ki-top read-past-decl

'As for reading the book, Chelswu read it./读书，Chelswu 读了。'

在学界，上述例句通常被称作"谓语分裂句"（Predicate Cleft Constructions），相关的研究成果也比较丰富（Manfredi，1993；Koopman，1997；Abels，2001；Cable，2004；Aboh，2006；Landau，2006 等）。其中一些研究支持移位分析法，认为谓语分裂句是通过 VP 移位或者长距离 V 移位形成的（参见 Aboh，2006 和 Landau，2006）。这种分析法和 Gouguet 对汉语重动句提出的分析方法如出一辙。这可能会使读者们猜想汉语的重动句和谓语分裂句是同一种现象。

然而，我们认为这个猜想是不对的。这两种句式虽然在表面上非常相似，但实则性质不同。谓语分裂句中的 VP 前移是可选的，所有的谓语分裂句都有相对应的非分裂形式（以（170）为例，比较（170）和（173））；而在汉语的重动句中，VP 移位是强制性的①，由 vP 内的加标问题驱动的，换言之，如果不移动 VP，语句就不合法。

(173) O cozinheiro temperou　　o　　peixe

the cook　　　season-pret the fish

厨师给鱼加了调料。

另外，我们在汉语中是可以找到真正意义上的谓语分裂句的。（174a）是一个带动词重叠的话题化结构，（175a）则是带动词重叠的"连……也/都"焦点化结构（亦可参见 Cheng，2013）。

(174) a. 骑自行车，大家都骑过，但是……

b. 大家都骑过自行车，但是……

———————

① 为了便于表述，这里我们暂时不考虑 NP 移位的移位策略。

（175）a. 他连唱歌也/都没唱过。

　　　b. 他(都)没唱过歌。

既然汉语语法允许 VP 移位，那么这门语言有重动句的同时也有谓语分裂句就在意料之中了。然而，虽然谓语分裂句是一个跨语言的现象，本章所探讨的重动句却在其他语言中极为少见。据我们所知，只有汉语和通俗新加坡英语(Colloquial Singapore English)①中有重动句。这可能是因为这两门语言选择了一个高度标记的方式来为非题元动后成分编码，即通过补足语的方式(集合合并)来编码，而绝大多数语言则选择了附加方式(配对合并)来为类似成分编码②。

2.10　总结

在本章中，我们为汉语的重动句提出了一个基于加标理论的分析方法。具体思路如下：所有类型的重动句在 vP 内都存在一个｛VP，补｝的对称结构，无法通过加标运算加标；为了使该结构在递交到语音和语义界面之前获得句法标签，必须将 VP 移出，而表层的重动形式就是 VP 移动和 V 的中心语移动共同作用的结果。同时，我们进一步论证了时量/动量补语

---

①　新加坡英语的语法在很多方面深受汉语的影响。下面的例句是新加坡英语中的重动句：

（ⅰ）a. Eat chicken eat until hands oily.

　　　‘[One's] hands become oily from eating chicken.’/‘吃鸡吃到手上油乎乎的。’

　　b. Talk cake can talk until fight.

　　　‘[We] can talk about cake until [we] fight’/‘聊蛋糕可以聊到打架。’

　　c. You guys buy TV don't buy until so fierce cannot?

　　　‘Could you guys not be so fierce when buying TVs?’/‘你们买电视能不能不要买得这么凶。’

感谢 Tamisha L. Tan 为我们提供上述重动句的语料。

②　这个总结不适用于结果从句(或结果语素)，因为国内外学者一般都将这些成分看作动词的补足语，但是由于大多数语言都满足 Levin 和 Rappaport Hovav(1995)提出的"直接宾语限制"(Direct Object Restriction)，因此这些语言不会出现重动形式。

句以及主语指向的动结式中所谓的"重动的可选性"其实是由两个独立的因素造成的：1）动后的宾、补共现并没有产生｛VP，补｝结构；2）虽然动后的宾、补共现形成了｛VP，补｝结构，但汉语语法并没有选择移动 VP 而是选择了移动 NP 来解决加标问题。另外，我们还指出"宾—动—补"语序的补语句（包括话题句、把字句、被字句等形式）就是汉语语法选择 NP 移位策略的另一典型表现。最终，我们从跨语言的角度论证了汉语的重动句和不少语言中存在的谓语分裂句并不是同一个现象，因为只有汉语的重动句涉及 vP 层的加标问题。

加标分析法跟现有的研究相比，有着明显的优势。第一，该分析方案可以为重动句的所有语法特征给出原则性解释。第二，该分析方法可以弥补现有研究在理论和实证上的不足。第三，该分析为重动句以及其他的"强制性"宾语前置结构提供了统一的解释。第四，该分析方法也能让我们清晰地了解汉语重动句在多大程度上有别于谓语分裂句。

第3章　把　字　句

3.1　把字句的基本介绍

在上一章中，我们运用加标理论分析了汉语的重动句。在本章中，我们将运用该理论分析汉语语法中另一典型的语法现象——把字句。观察下面的例句：

（1）a. 他把张三的钱包偷了。

　　　b. 他偷了张三的钱包。

众所周知，汉语的基本语序是 V-O（见（1b））。把字句的独特之处就是使动后宾语"移动"到了动前，形成 O-V 的语序（见（1a））。把字句最早可以追溯到近代早期（公元 800 年前后），它是从连动式"V1（把）—宾—V2"演变而来的。在这个连动式中，V1 和 V2 共享同一个宾语，V1"把"是一个实义动词，表示"拿""用"。随着时间的推移，"把"慢慢地失去了词汇义，开始语法化。把字句的语法虽然简单，但它在语义和语用上却极为复杂，对汉语的理论研究以及对外汉语教学等领域提出了不小的挑战。

理论学界对把字句的研究不胜枚举。近年来的重要研究主要有：Bennett（1981），Chao（1968），Chappell（2007，2013），Cheng（1986），Goodall（1987，1990），Hashimoto（1971），Huang（1982，1997），Huang et al.（2009），Koopman（1984），Kuo（2010），F. Li（1997），J. -I. Li（1997），A. Li（1990，2006），Y. Li（1995），Y. -C. Li（1974），Li et Thompson

(1981)，S.-F. Lin（1974），J. Lin（2001），Liu（1997），Mei（1978），
Peyraube（1985，1996），Shi（2000），Sun（1996），Sybesma（1999），Teng
（1975），Thompson（1973），Travis（1984），Tsao（1987），H. Wang（1957），
L. Wang（1954），M.-Q. Wang（1987），P. Wang（1970），Yang（1995），
Zou（1995）等。虽然对把字句的研究已经非常丰富，但学者们对一些基本
问题依然没有达成共识。在生成语法领域，对把字句的争论主要集中在两
点上：1）把字句的生成方式，即把字句到底是移位生成的还是基础生成
的；2）"把"的句法作用。在下面的章节中，我们将围绕这两个问题对把字
句进行系统的研究。

3.2 把字句的分类

在（1a）的把字句中，宾语后的谓语只有动词及相关的体貌标记。除
了这类简单把字句外，还有带有复杂谓语的把字句。这些复杂谓语一般
由动词和其他成分构成，后者可以是动词的另一个论元、各种补语（包括
"得"引导的结果补语、结果语素、方式补语以及时量/动量补语）或所谓
的"动量词（verb classifiers）"（比如"一顿""一脚""一拳"）。学界中，一
个较为普遍的观点是：把字句倾向选择复杂谓语。不少学者认为即使是
（1a），宾语后的谓语也是复杂的，因为它包含动词和体貌标记。对这个
观点，我们持保留态度。首先，我们还是遵循形式句法的惯例，将（1a）
看作简单把字句，因为体貌词"了""过"等都是依附性词缀，必须跟在动
词后，不应该将其看作独立的句法成分。其次，我们认为把字句并没有
任何"倾向"，它既可选择简单谓语也可选择复杂谓语；这是因为在我们
看来，无论是"倾向"还是"复杂性"都属于描述性术语，在形式上是没有
实质性含义的。

根据把字句宾语后谓语的不同类型，吕淑湘（1955，1980）将把字句分
为十三类。根据把字句的句法语义特征，Sybesma（1999）将其分为十类，
Zou（1995）将把字句分为三大类，每一个大类下又分若干个子类。根据把

字句的形式特征，我们将其分为四类①：第一类是"把—宾—V（—体貌标记）—∅"的形式；第二类是"把—宾—V（—体貌标记）—XP"的形式；第三类是"把+宾1+V（—体貌标记）—宾2"的形式；第四类是"把—NP_{Loc/ Instrument}—V（—体貌标记）—宾"。

我们先来考察第一类把字句，即"把—宾—V（—体貌标记）—∅"型简单把字句。在这类把字句中，及物动词的宾语出现在谓语前，"把"字后；宾后谓语只包含一个简单的动词。按照这个标准，（1a）就属于这类把字句。下面是另外一个例子：

（2）他把他的战友出卖了。

第二类把字句是"把—宾—V（—体貌标记）—XP"型把字句。在这类把字句中，及物动词的宾语出现在谓语前，"把"字后；宾后谓语包含动词和补语两部分。相关的例句如下：

（3）a. 他把李四打得很惨。

　　　b. 他把那篇课文读了一下午/好几遍。

　　　c. 他把水管抓得很紧。

　　　d. 他把那个花瓶砸碎了。

在上例中，"把"后面的NP都是动词的直接宾语。但在有的把字句中，"把"后面的NP并非动词的逻辑宾语，而是结果补语从句的逻辑主语（见（4））。因此，我们这里说的"宾语"是广义上的宾语，它不仅包含语义上的宾语还包括句法上的宾语，也就是宾格NP。

（4）a. 他把手帕哭湿了。

　　　b. 他把我哭得整宿都睡不好。

　　　c. 他把肚子吃坏了。

第三类把字句是"把+宾1+V（—体貌标记）—宾2"型把字句，又被称作"保留宾语"类把字句。在这种把字句中，动前和动后分别有一个宾语，而这两个宾语之间通常有某种语义关系，可以是整体—部分关系（见

---

① 我们在分类时，并不力求详尽，而是希望能够涵盖把字句最常见的情况。

(5a)),可以是领有关系(见(6a)),也可以是主—谓关系(见(7a))。

(5) a. 我把橘子剥了皮。

　　b. 我剥了橘子皮。

(6) a. 我把他免了职。

　　b. 我免了他的职。

(7) a. 我们把他当傻瓜。

　　b. 我们当他傻瓜。

第四类把字句是"把—$NP_{Loc/Instrument}$—V(—体貌标记)—宾"型把字句,又被称作处所/工具类把字句。这类把字句的特点是"把"后的名词既不是动词的逻辑宾语,也不是结果补语的逻辑主语,而是表示动作发生的地点或动作实施的工具的名词:

(8)他把枪口对准人。

(9)他把锅装了一点儿水。

在这四类把字句中,前两类把字句在汉语中比较高产,在日常生活中的使用频率很高,而相比之下,后两类把字句则受到很多汉语自身词汇、语义上的限制,很难通过形式规则预测其合法性。

3.3　把字句的语义特征

把字句看似简单,实则错综复杂。要构成一个正确的把字句,光把宾语放置在动词前是远远不够的,还需要考虑语义、语用等各种影响因素,这对把字句的语法研究来说是一个不小的挑战。尽管如此,很多学者仍尝试为把字句提供系统的理论分析。吕叔湘(1955)、赵元任(1968)将把字句称作"处置句"。他们认为把字句的正确与否取决于相关语句是否描述了人或物是如何被处置的。Thompson(1973)则提出了"高及物性"(high transitivity)的概念,并为把字句提供了测试方法,即如果某个把字句能够用来回答"施事对受事对象做了什么?"(What did agent do to the object?),那么这个把字句就是正确的。M.-Q. Wang (1987)认为"把"后面的宾语必须受到动作/事件的影响(affected)，否则不合法。不难发现，虽然上述学者提到的"处置""高及物性""影响"等概念都能在一定程度上概括把字句的语义/语用特征，但这些概念本身是模糊的，在具体的操作过程中有很大的自由度，无法为把字句的合法性提供一个确切的评判标准。想要对把字句有更为确切的描述就需要借助形式句法。然而，形式句法是无法对把字句的语义、语用特征提供原则性解释的。针对这一点，Huang et al.（2009）也有类似的看法，认为把字句的很大一部分限制条件都来自语义或语用，超出了形式句法的研究范畴。因此，我们将把本章的研究重点放到把字句的句法上。尽管如此，在研究之前，还是有必要对把字句的语义特征细致地描述一番。

3.3.1 把字句的体貌特征

从体貌的角度来看，把字句一般表述一个带有自然结点的事件，该结点可以是状态的改变，也可以是事件自身的完结。因此，根据 Vendler 的分类，把字句的谓语可以是完结类性动词或达成类动词，但不能是状态类动词或活动类动词：

1. 完结类动词

（10）a. 他把那面墙刷了。

  b. 他把衣服穿上了。

  c. 他把那瓶酒喝光了。

  d. 他把作业做完了。

2. 达成类动词

（11）a. 他把那串钥匙找到了。

  b. 中国队把巴西队赢了。

3. 状态类动词

（12）a. *他把张三喜欢。

b.　*他把这件事知道。

4. 活动类动词

(13) a.　*我把路走了。

b.　*李四把法语学了。

c.　*他把车子推了。

必须指出的是，一方面，并不是所有的完结类动词和达成类动词都有把字句的形式(见(14)和(15))；另一方面，在一些特定的语境下，状态类动词和活动类动词也可以有把字句的形式(见(16))。

(14) a.　*他把李四看到/看见了。

b.　*他把那句话听到/听见了。

(15) a.　*他把香港抵达了。

b.　*他把(这个)山顶登上了。

(16) a.　? 就算他把这件事知道了，又怎样？

b.　? 我把试考了，然后呢？

可能有两个因素导致了(14)和(15)不合法。第一个因素是"受影响性(affectedness)"：(14)和(15)句中的宾语几乎不会受到动词所描绘的动作或事件的影响，尤其是(15)中充当宾语的地点名词"香港"和"(这个)上顶"，个体的某个行为不会对它们产生任何影响。第二个因素则跟动词本身的性质有关：感知类动词一般不能出现在把字句中。(14)句中，"看见""看到""听见""听到"等动词均属于典型的感知类动词，因此不合法。①

以上是把字句的词汇体貌(或称情境体貌)特征，接下来我们将来探讨

---

① 然而，值得一提的是，上文中的感知动词都是达成类动词，如果我们将其换成简单的活动类动词"看""听"等，它们是可以和把字句共现的(下例中的时量/动量短语是为了保证"把"后面的谓语是终结型(telic)谓语)：

(ⅰ) 我把那个陌生人盯着看了很久。

(ⅱ) 我把那篇报道看了好几遍。

(ⅲ) 我把那首歌听了好久/好多遍。

把字句的语法体貌(或称观点体貌)特征。不难发现，把字句常涉及的语法体貌是完成体标记"了"或"过"，用于标记动作的实施或事件的实现，与把字句的词汇体貌相互呼应。相关例句如下：

(17) a. 我把试卷检查了好几遍。

  b. 我把试卷检查过好几遍。

除了上述体貌标记外，在特殊的语境下，把字句还可以和"着"共现：

(18) a. ——别忘了把伞带着！

  b. ——他已经把伞带着了，放心吧！

众所周知，"着"在汉语中是一个进行时或持续态的体貌标记。但上例中的"着"显然是一种特殊用法。根据 Smith(1991)，这种情况下"V—着"的解读介于状态改变之后的状态和完结解读之间。换言之，"着"指即将出现的状态的改变。另外，这里的"着"是可以和其他的完结语素互换的，因此我们把(18)看作一个把的特殊用法。相关例句如下：

(19) a. *他昨晚在家把饭吃着。

  b. 他昨晚在家吃着饭。

(20) a. ——别忘了把伞带上/好！

  b. ——他已经把伞带上/好了，放心吧！

综上，在词汇体貌方面，把字句一般选择带有结点的动词或谓语；在语法体貌方面，把字句一般选择完成体貌，可以和体貌标记"了"和"过"共现。

3.3.2　把—NP 的语义特征

一般认为"把"后的 NP(下称"把—NP")必须是特指(specific)名词。无定、非特指名词无法充当把—NP①。在正式进入本节的讨论前，有必要

---

  ① 一些学者认为把—NP 必须是有定名词(Hashimoto, 1971; Tiee, 1986; 吕叔湘，1980 等)。但这个语法限制显然过于严苛，我们很容易找到无定名词充当把—NP 的例子。因此，我们同意 Lii(1975)，Li 和 Thompson(1981)，M. -Q Wang(1987)，Zou(1995)等的观点，即只有无定、非特指的名词才不能充当把—NP。

做一些特别说明。从形式句法的角度看，所有类型的 NP 都可作为把—NP，因此当我们说哪种类型的 NP 可以充当把—NP 时，更多的是从语义的角度来说的，即在 CI 界面上，哪些把—NP 是符合语义解读的。

在汉语中，名词分为有定、无定和光杆三种形式。有定形式通常由指示词（"这""那"）、量词和名词组成，例如"这幅画"。无定形式通常由数次、量词和名词组成，即所谓的"数—量—名"结构，例如"一幅画"。光杆形式则是指名词前不带任何限制词的情况，例如"画"。

光杆名词，根据具体的语境，可以有有定、无定和类指三种解读：

(21) a. 小偷逃跑了。

     b. 有小偷逃跑了。

     c. 我讨厌小偷。

例(21)中的"小偷"是有定的解读，因为汉语的主语必须是有定的。例(21b)中的"小偷"是无定的解读，因为动词"有"后面的名词如果在主语位置，必须是无定的（见(23)）。例(21c)中的"小偷"是类指的解读，指我讨厌所有偷东西的人。

(22) a. ?? / *一个小偷逃跑了。

     b. 那个小偷他逃跑了。

(23) a. 有三个人去上了这门课。

     b. *有那个人去上了这门课。

"数—量—名"形式的名词，根据不同语境，既可以有无定、特指的解读，也有以有无定、非特指的解读：

(24)（老师在考完试后对他的学生说：）

——有一位同学没有交试卷。

这里，无定名词"一位同学"的解读是有歧义的。假设老师数了学生交来的试卷，发现少了一张，但他并不知道是谁没有交，此时(24)中的"一位同学"就是无定、非特指的解读。现在假设老师知道没交试卷的同学是谁，只是并没有在其他同学面前揭露这名同学的名字，此时(24)中的"一位同学"就是无定、特指的解读。

在另一些情况下，该类型名词的解读是没有歧义的：

(25) a. 我忘记了一件很重要的事。

　　 b. 我忘记带铅笔了，你能借给我一支铅笔吗？

例(25a)中的"忘记"属于一类特殊的动词。如果我们说我们忘记了某事，那么这件事并不是随便的一件事，而是已经存在于我们记忆中的一件事。这使得(25a)中的无定名词"一件很重要的事"只能有特指的解读。在(25b)中，说话人的问题主要是想确定对方是否有铅笔，而不是向对方索要某个特定的铅笔，因此只能有非特指解读。

接下来的任务则是要确认这三种形式的名词中哪些可以充当把—NP。毋庸置疑，所有"指示语—量—名"形式的名词都可以充当把—NP，因为它们是有定名词。相关例句如下：

(26) a. 我把这本书读完了。

　　 b. 我把那个小偷抓住了。

　　 c. 我把这些花插在花瓶里。

　　 d. 我把那些人关进了监狱。

大多数"数—量—名"形式的无定名词都无法充当把—NP，除非我们能够从语境中获得特指的解读：

(27) a. ?? / *我把一个字写错了。

　　 b. ?? / *我把三辆车卖了。

　　 c. ?? / *我把一本书送给了李四。

有一些动词更倾向于选择特指名词，在这种情况下，"数—量—名"形式的无定名词可以充当把—NP：

(28) a. 我把一件很重要的事情忘记了。

　　 b. 我把一个大好机会错过了。

　　 c. 我曾经把一个人伤害得很深。

相反，在一些特定的语境下，"数—量—名"形式的无定名词只能有非特指的解读，因此无法充当把—NP：

(29) a. 我忘记带铅笔了，*你能把一支铅笔借给我吗？

　　　　b. 这场会议需要翻译，* 你能把一个翻译找来吗？

　　再来看光杆名词。光杆名词虽然有有定、无定和类指三种可能的解读，但所有的光杆名词都可以充当把—NP。这是因为当光杆名词出现在动前时，它们通常都会有有定的解读。相关例句如下：

（30）a. 小明把作业做完了。

　　　　b. 他把花瓶放在桌子上了。

　　　　c. 他把菜吃光了。

　　另外，类指解读的光杆名词也可充当把—NP：

（31）a. 他把盐当饭吃。

　　　　b. 我们应该把学生当作朋友。

　　综上所述，所有"指示语-量-名"形式的名词和光杆名词都可以充当把—NP，而"数—量—名"形式的无定名词一般不充当把—NP，除非我们能够从语境中得到特指的解读。

3.4　把字句的研究现状

　　国内外学界对汉语把字句的研究已经相当深入，成果丰硕。我们不可能一一回顾所有的研究，只能对生成语法领域内的把字句研究做一个简要的综述。生成语法学者对"把"的性质看法不一，大致可归纳为以下七种：

　　第一种："把"是词汇动词（Hashimoto，1971）

　　第二种："把"是一个介词（Travis，1984；Cheng，1986；Li，1990）

　　第三种："把"是一个插入的格标记（Huang，1982；Koopman，1984；Goodall，1987）

　　第四种："把"充当致使中心语（Sybesma，1999）

　　第五种："把"充当功能投射 $AgrS^0$ 中心语（Zou，1995）

　　第六种："把"是轻动词 v（Huang，1997；Lin，2001；Kuo，2010）

　　第七种："把"是直接基础生成的赋格成分（Li，2006；Huang 等，2009）

　　关于把字句的结构，学者们的争论主要集中在把—NP 的生成方式上。

有的学者认为把—NP 是通过移位生成的（Thompson，1973；Huang，1982；Goodall，1987；Sybesma，1999；Zou，1995 等），而其他学者则认为把—NP 是基础生成的（Hashimoto，1971；Travis，1984；Koopman，1984；Cheng，1986；Li，1990；Lin，2001；Li，2006；Huang 等，2009 等）。

Zou（1995）和 Huang 等（2009）已经论证了前四种关于"把"的性质的假设是有问题的，我们在这里就不再赘述了，有兴趣的读者可以参考他们的文献。在接下来的内容中，我们将着重回顾 Huang 等（2009）和 Kuo（2010）的分析。

3.4.1 Huang 等（2009）的分析

关于把字句，Huang 等（2009）提出的两个核心观点是：1）"把"是直接基础生成的赋格成分；2）把—NP 是基础生成的，而不是通过移位生成的。Huang 等（2009）认为把—NP 始终充当动词的外宾语（outer object），即使它是动词唯一的宾语也不例外，因此把—NP 基础生成于外宾语位置，即 Spec. vP。同时，他们指出，由于所有的把字句都有对应的非"把"形式，因此"把"既不指派外论元的题元角色，也不指派内论元的题元角色，题元角色统一由主要动词来指派；如果"把"的作用不是指派题元角色，那么它的出现很有可能是出于格位的原因；另外，"把"和把—NP 之间不能插入任何句法成分这一事实支持了"把"的赋格假说。①

根据 Huang 等的观点，"把"的句法位置要高于轻动词 v，且这一假设可以通过副词的句法分布加以证实。具体论证过程如下。在把字句中，副词可以出现在"把"前，也可以出现在"把"后（摘自 Huang 等，2009）：

(32) a. 我小心地把杯子拿给他。

　　 b. 我把杯子小心地拿给他。

---

① Huang 等（2009）支持 Stowell（1981）提出的赋格的毗邻条件，即赋格成分和被赋格成分要在结构上相互毗邻。但这个条件并不满足最简理念，根据最简方案，赋格（或称格特征的赋值）是通过赋格成分和被赋格成分之间的 φ-特征一致实现的，而一致运算的实施并不要求两个成分相互毗邻。

如果"把"占据的是轻动词 v 的位置,那么上例说明方式副词可以有两个嫁接点,即 v'(vP)或 V'(VP),然而事实并非如此。在与(32)相对应的非把字句中,方式副词只能出现在动词前(见(33))。鉴于汉语中的动词在没有"把"的情况下会移动到轻动词 v 位置,那么方式副词的唯一合法的嫁接位置是 v'(vP)。这说明"把"并不是占据 v 的位置,而是一个高于 v 的位置。①

(33) a. 我小心地拿杯子给他。

b. *我拿杯子小心地给他。

综上,根据 Huang 等的分析,例(34a)的句法结构如下:

(34) a. 他把张三的钱包偷了。(=1a)

b.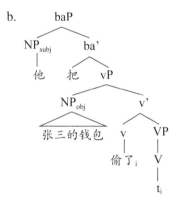

由上图可知,"把"基础生出于 vP 之上,且功能投射"把"和 vP 之间没有别的介入成分;"张三的钱包"虽然是动词"偷"的唯一宾语,但它并不是生成于 V 的补足语位置,而是直接基础生成于 V 的外宾语 Spec. vP 的位置;主语"他"位于 baP 的指示语位置。② 此外,Huang 等还指出"把"并不为主语"他"和宾语"张三的钱包"指派题元角色,这两者的题元角色均由主要动词"偷"来指派;"把"的出现是为了给位于 Spec. vP 位置的宾语赋宾格。

至此,读者可能会提出两个问题:1)既然主语生成于 Spec. baP 的位

---

① Kuo(2010)对这个论证逻辑提出了反对意见。

② Huang 等提出的把字句的主语生成于 Spec. baP 非 Spec. vP 的假设是建立在对分布型副词"都"的句法分布的观察之上的,具体可参见 Huang 等(2009:180-183)。我们将在 3.5.8 节中对这个假设进行更深入地探讨。

置，动词(或轻动词 v)是如何向它指派题元角色的？2) v 为什么不能自己
给宾语赋格，而需要"把"来赋格？针对第一个问题，Huang 等做了如下假
设："把"和词汇动词会形成一个复杂动词，这使得主语即使位于 Spec. baP
的位置也能从动词那里获得题元角色。对于第二个问题，作者并没有给出
确切的答案。我们认为答案很可能在 Li（1990）提出的格理论中：根据该
理论，汉语中的格位指派只能由左向右，而不能反向操作。这个限制条件
又称为"赋格的方向性原则"。回到把字句，根据 Huang 等的分析，把
—NP生成于 vP 的左边，这使得"把"成为唯一能为把—NP 赋格的成分。①
但必须指出的是，Li（1990）提出的格理论在今天看来更像是基于汉语特征
的一个特殊规定，不具备普遍性，也不满足最简主义的理念。

同时，认为所有把字句的宾语都是外宾语，基础生成于 vP 的指示语
位置，显然不符合最简方案的理论体系。根据光杆短语结构，句法中并没
有预设的指示语位置，所有的句法关系都是相对的。这使得如果动词只有
一个宾语论元，该宾语论元只能被看作是动词的补足语非指示语。从语义
角度来看，外宾语的题元角色应该由动词及其宾语共同赋予。当动词只有
一个宾语时，该宾语只能从动词直接获得题元角色，得到内宾语（inner
object）而非外宾语的解读。再者，理论上指示语是没有数量限制的，因此
主语完全可以基础生成在 Spec. vP 位置，而且我们之后会证明 Huang 等关
于主语生成于 Spec. bP 的论证其实是无效的。②

3.4.2 Kuo（2010）的分析

Kuo（2010）与 Huang（1997）和 Lin（2001）一样，将"把"看作轻动词 v
的实现形式，但与他们不同，Kuo 采纳了 Bowers（2002）的基本观点，认
为在动词 V 和轻动词 v 之间有一个及物性的功能投射（projection of

---

① 如果采纳 Chomsky（2001）的一致运算理论，2）还可以有另外一个答案，即把
-NP的格位特征无法通过一致运算被赋值并删除，因为把—NP（标靶）成分统制 v（探
针），而根据 Chomsky（2001），一致运算的前提是探针成分统制标靶。

② 关于这个分析的其他缺陷和不足，可参见 Kuo（2010）。

transitivity），其中心语 Tr^{0}带有 φ 特征，可通过一致运算，核查宾语的宾格特征；同时 Tr^{0}还带有 EPP 特征，可吸引宾语，使宾语移动到 Spec. TrP 的位置。因此 Kuo 认为把字句是通过移位生成的。

根据 Kuo 文的观点，例(35a)的句法结构如下：

(35) a. 葛瑞森把莎拉打伤了。

b.

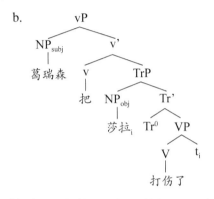

中心语 Tr^{0}与宾语"莎拉"进行 φ 特征的一致运算，同时核查了"莎拉"上的宾格，然后宾语"莎拉"为了满足 Tr^{0}的 EPP 特征，移动到 Spec. TrP 的位置，形成把—NP。由此可知，对于 Kuo 来说，"把"并不负责给宾语赋格，而仅仅是填充 v 的一个"傀偏动词"（dummy verb）。为了进一步解释"把"和把—NP 的共现问题，Kuo 指出"把"必须选择 NP 作为子范畴，并从"把"的历史演变这个角度论证了这一假设："把"在古汉语中是一个及物动词，表示"拿、持有"等意思，随着时间的推移，"把"经历了语法化，语义逐渐虚化，但它仍然保持着原先的句法特征，将 NP 作为子范畴。

这个分析有不少优势。首先，宾语移位的假设有效避免了基础生成分析中关于宾语位置的强制性规定。其次，更重要的是，Kuo 的分析可以生成出带"给"的把字句。学界中已有不少学者注意到，在把字句中，我们有时可以在把—NP 和谓语动词之间插入"给"（Xu，1994；Tang，2001；Shi，2004 等）（下面的例句摘自 Kuo，2010）：

(36) 葛瑞森把莎拉(给)打伤了。

另外，方式副词可以出现在"给"的两侧：

（37）a. 葛瑞森把莎拉狠狠地给打伤了。

　　　b. 葛瑞森把莎拉给狠狠地打伤了。

Kuo 指出"给"可以看作中心语 Tr^0 的显性实现形式（Tr^0 在一般情况下是没有语音实现形式的），方式副词则嫁接在 Tr' 或 V'（或 VP）的位置。据此，例（36）的句法结构如下：

（38）

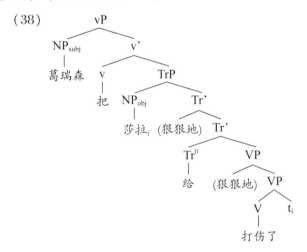

然而，带"给"的把字句会给 Huang 等（2009）的分析造成困难。如果他们将"给"处理为依附于动词的词缀，和动词形成"给-V"的复杂动词，就无法生成例（37b），因为如果"给"是词缀，那么"给"和 V 之间就不能插入其他任何成分。如果他们将"给"处理成 v，那么在"给"出现时，动词就保持原位，而（37b）中的方式副词就只能嫁接在 V'（或 VP）的位置。但这会与他们之前论证"把"高于轻动词 v 的论据相互矛盾，因为该论据的核心论点就是方式副词不能嫁接在 V'（或 VP）的位置。

Kuo 的分析尽管优势明显，但还是存在一些潜在的问题。在 Kuo 的理论体系中，Tr^0 是负责赋格的中心语，"把"只是个傀儡动词，占据 v 的位置。那么，当"把"不出现时，主要动词会进行 V 到 Tr^0 再到 v 的中心语移位，以获得表层语序；当"把"不出现，但"给"出现并占据 Tr^0 的位置时，主要动词留在原位，"给"将移至 v，以获得表层语序。换言之，Kuo 的分析预测汉语中会有"主—给—宾—V"这种及物动词结构。然而，事实并非如此，汉语中的"给"似乎并没有赋格的能力，观察下例：

(39) a. 李四给打了。

    b. $\left[_{\text{vP}}\text{张三}\left[_{v'}\text{给}_i\left[_{\text{TrP}}\text{李四}\left[_{\text{Tr'}}\text{Tr}^0\text{-}t_i\left[_{\text{VP}}\text{打了 }t_{\text{obj}}\right]\right]\right]\right]\right]$。

    c. 那栋房子，李四给卖了。

例(39a)是一个带被动含义的语句："李四"是谓语"打"的直接宾语，但"打"的主语并没有出现在句中，因此我们可以推得"李四"并没有从"给"那里获得宾格，而是从 T 那里获得了主格。再看(39b)按照 Kuo 的分析，它应该是一个及物动词结构，表示"张三打了李四"，而事实恰恰相反，(39b)跟(39a)一样，也一个表示被动含义的语句，唯一的区别是前者的施事在句中表达出来了，是"李四"，整句的意思是"张三被李四打了"。由此可见，该句真正的宾语"张三"并未从"给"那里获得宾格，而是从 T 那里获得了主格，这才有了被动的含义。最后再来看(39c)，Huang 曾指出汉语的话题位置是可以赋格的，因为汉语中的悬挂话题，基础生成于 Spec. TopP 位置，是可以被话题中心语直接允准的。当宾语出现在句子的话题位置时，我们便可以得到主动语态的解读。这说明"给"自身并没有被动含义，只是无法为宾语赋格。

如果"给"无法为宾语赋格，就说明在(36)中，为宾语"莎拉"赋格的只能是位于 v 的傀儡动词"把"。这样一来，及物性投射 TrP 就失去了存在的理论依据。

再者，Kuo (2010)认为无空缺(gapless)把字句中的把—NP 是基础生成于 Spec. TrP 位置的，而非通过移位生成的(见下例)。这个假设意味着 TrP 有引介新论元的能力，Spec. TrP 是一个题元位置。这和 Bowers (2002)对 TrP 的定义有明显的出入，根据 Bowers 的定义，TrP 只接收移位的宾语，为其赋宾格，也就是说 Spec. TrP 只能是一个非题元位置。

(40) a. 张三把壁炉生了火。

    b. 张三把那件事写了一份报告。

在主流的句法理论中，选择(selection)必须满足严格的局域性条件，即选择者和被选择者必须形成姊妹关系。如果我们采纳这一观点，那么作

者关于"把"和把—NP 的共现问题的论证就不再成立：宾语移动到
Spec. TrP 的位置不足以满足"把"的选择要求，因为移位后的宾语与"把"
并不是姊妹关系；根据 Kuo 给出的结构，"把"选择的其实是 TrP。读者很
快会看到，我们所提出的把字句的加标分析法能够很好的规避这个问题。

3.5 把字句的加标分析法

3.5.1 把字句的句法特征

1. 句法成分测试

观察下面的例句：

（41）a. ＊[把张三的钱包]ᵢ，他＿＿ᵢ偷了。

　　　b. 他把张三的钱包偷了。

（42）a. ＊[把礼物]ᵢ，他＿＿ᵢ送给李四。

　　　b. 他把礼物送给李四。

（43）a. 他把门洗好，窗户擦干净了。

　　　b. 他登时把一段风肠化作柔肠，一腔侠气融成和气。

　　　（（43a）摘自 Huang 等，2009；（43b）摘自清代小说《儿女英雄传》）
我们对（41b）和（42b）中的例句进行了移位测试，得到（41a）和（42a），后
者不合法说明"把"和把—NP 无法作为一个整体前移，因此"把"和把—NP
不组成一个句法成分。①。我们对（43a）和（43b）进行了并列测试，发现

---

① Huang 等（2009）指出在某些情况下，"把"可以和把—NP 组成一个句法成分
（见下例）。Sybesma（1999）还将"把"是否可以和把—NP 作为整体前移，看作"一般把
字句"（canonical *ba* sentences）区别于"致使把字句"（causative *ba* sentences）的特征之一。
　　（ⅰ）a. [把这块肉]ᵢ，你先＿＿ᵢ切切吧！
　　　　　b. 你先把这块肉切切吧！
　　然而作为汉语母语者，我们认为（ia）的合法性还值得商榷：对于我们来说，（ia）和
（41a）和（42a）一样，都是不合法的。

117

把—NP 和后面的谓语组成一个句法成分，因为我们可以在不重复"把"的情况下，加入另一个把—NP 和谓语。①

这两个测试说明：1)"把"不大可能是一个介词，因为介词和它所选择的宾语必然属于同一个句法成分(见下例)；2)"把"和把—NP 的基本句法结构应当是[BA [BA-NPVP/vP]]，而非[[BA BA-NP] VP/vP]。

(44) a. [在学校]ᵢ，他经常___ᵢ帮助同学。

b. [跟朋友]ᵢ，他___ᵢ无话不谈。

2. 副词在把字句中的句法分布

在把字句中，VP 层副词(包括方式副词、时间副词或体貌副词等)一般可以出现在两个句法位置，即"把"之前或把—NP 和谓语之间。

(45) a. 他大声地把李四骂了一顿。

b. 他把李四大声地骂了一顿。

(46) a. 他在一小时内把任务完成了。

b. 他把任务在一小时内完成了。

(47) a. 他已经把书放回原位了。

b. 他把书已经放回原位了。

但否定副词"没/没有"只能置于"把"之前：

(48) a. 他没把电影看完。

b. *他把电影没看完。

3. 把字句和非"把"及物句

如不少学者(Sybesma，1999；Li，2006 等)已经指出的，每一个把字

---

① 当然，如果我们添上"把"，句子也是合法的：

（ⅰ）他把门洗好，把窗户擦干净了。

（ⅱ）他登时把一段风肠化作柔肠，把一腔侠气融成和气。

句往往都有一个与之对应的非"把"及物句。① 看下面的例句：

(49) a. 我把李四得罪了。

　　　b. 我得罪了李四。

(50) a. 我把衣服叠好了。

　　　b. 我叠好了衣服。

例(49b)和(50b)分别是(49a)和(50a)相对应的非"把"及物句。这说明"把"并不是负责为论元指派题元角色的成分，动词才是。如果我们采纳移位假说，即把—NP是通过宾语的移位形成的，那么从理论本身，就可排除"把"指派受事/客事题元的可能性：一般认为，一个宾语不能从一个题元位置移动到另一个题元位置；另外，如果采纳最简方案关于一致运算和格位核查的说法，那么宾语可以通过与轻动词v的一致运算核查其宾格，也就是说当它移动到动前时，它的格位已经被核查，因此，与 Huang (1982)、Li(2006)等的观点不同，我们认为"把"的出现不大可能是出于格位的原因。

综上所述，我们认为"把"和把—NP有如下句法特征：

第一，"把"不是一个介词。

第二，"把"和把—NP的基本结构是：[BA [BA-NP VP/vP]]

第三，VP层副词可以出现在"把"之前或"把—NP"和谓语之间。

第四，"把"既不负责指派题元角色，也不负责为宾语/把—NP赋格。

---

① 这条规律对于大多数把字句是适用的，但也有例外。有些把字句是没有对应的非"把"及物句的，观察下例：

(ⅰ) a. 他把坏事变成了好事。

　　　b. *他变(了)坏事成(了)好事。

(ⅱ) a. 他把好事当作坏事。

　　　b. *他当好事作坏事。/ *他当作好事坏事。

我们到后面将会提到，上述例句中的句(b)之所以不合法是因为，如果让动词的两个内论元都留在 VP 内，会出现加标困境，因此必须将其中的一个论元移出。在这种情况下，把字句成为了汉语语法系统解决加标困境的一种策略。

3.5.2 把—NP：基础生成还是移位生成？

我们上文已经提过，在生成语法学界，学者们对把—NP 的生成方式仍然存在争议，有支持基础生成的，亦有支持移位生成的。在本节中，我们将为移位假设提供理论和实证上的证据。

1. 习语

生成语法中验证移位的其中一个方式就是通过习语。理论上，习语在进入句法时，为了得到习语的基本语义，其各组成部分必须严格遵守局域性原则。如果习语的某个部分在表层结构中脱离了该习语的其他部分，占据更高的句法位置，并且语句依然拥有习语的解读，那么我们就可以推得，脱离习语的这部分成分必然是通过移位得到的，因为移位形成的语迹是在 LF 上重构习语解读的关键。现在回到把字句，不难观察到，把—NP 是可以充当习语的组成部分的（参见 Goodall，1989；Huang，1992；Sybesma，1999 等），这说明把—NP 是从基础生成的位置移动到表层位置的。观察下例（下列例句摘自 Goodall，1989）：

(51) a. 他哭得铁树开了花。

　　 b. 他把铁树哭得开了花。

在(51a)中，"铁树"并不是指铁做的树而是和"开了花"组成了一个习语，表示某件事的发生概率极小我们可以看到即使在(51b)句中"铁树"的表层位置已经脱离了其他习语部分，但我们依然可以得到习语的解读，因此我们推得，把—NP"铁树"是通过移位生成的。

下面我们将提供另外两个例子，在这两个例子中，组成习语的是动词及其宾语：

(52) a. 他吹牛吹上了天。

　　 b. 他把牛吹上了天。

(53) a. 他占尽了便宜。

　　 b. 他把便宜占尽了。

2. 部分结构分裂(split partitivity)测试

Chen (2019)指出，在一般情况下，汉语中的部分结构是由"中"引导的介词短语和修饰标记语"的"构成的，即"[DP 中]—的数—量"，比如"学生中的三个"，没有格位的问题。然而在分裂情况下，DP 先行词在移位前与数—量短语基础生成于同一个句法成分内，即[数—量，DP]。此时由于 DP 没有格位，必须前移。Chen 运用排除法论它的这一假设，即部分结构分裂句不可能通过主语缺省 pro-drop 或者 A' 允准又或者是省略(ellipsis)来推衍，因此，移位是唯一的可能性。观察下例：

(54) a. [那六个学生]ᵢ说 proᵢ 会联系张三。

b. *[那六个学生]ᵢ说有[三个___ᵢ]会联系张三。

(55) a. *[那六个学生]ᵢ啊，张三认识不少[有[三个___ᵢ]]认识___ⱼ的]人ⱼ。

b. *[那六个学生]ᵢ啊，张三认识不少[___ⱼ认识[三个___ᵢ]的]人ⱼ。

(56) a. 那六个学生会来那六个学生中的三个。

b. *那六个学生会来那六个学生中的学语言学的。

Chen 的具体论证过程如下：(54)说明能够允准 pro 的 A 位置无法允准数—量短语，因此部分结构的分裂现象无法通过主语缺省的分析得到解释；(55)告诉我们数—量短语不能出现在句法岛(island)内，无论是主语的句法岛还是宾语的句法岛都不行，这说明部分结构的分裂现象无法通过 A' 允准分析法来解释，因为后者应当不受岛的限制；(56)说明数—量短语和 DP 修饰语有不同的句法分布，而省略分析法一般不区分被孤立成分的具体性质，因此部分结构的分裂现象也无法通过省略分析法来解释。另外，(54a)和(56a)说明先行词 DP 可以出现在 A 位置，这直接推翻了 A' 允准分析法的可行性。而上述所有不合法的语句均可以通过移位分析法得到合理的解释：(54b)之所以不合法，是因为"说"选择一个有限从句，其主语可直接从从句的 T 处核查主格的格位，格位一旦被核查，该短语就不再活跃，无法进行后续的 A 移位；(55)中的两个例句之所以不合法，是因为 DP 的移位违反了长距离移位的毗邻条件(Subjacency Condition)。因此，Chen 得出结论，部分结构的分裂现象是通过移位得到的。更确切地说，(57)中的部分分裂句是通过对与数—量短语同属一个句法成分的 DP 的话题化操作推衍出来的。

(57)那六本书$_i$，张三看完了[三本 t$_i$]。

Chen 的分析告诉我们被孤立的数—量短语和它的先行词 DP 之间是移位关系。这个结论可以作为判定把字句是否存在移位的标准。观察下例：

(58)张三把那六本书看完了三本。

例(58)合法说明把—NP"那六本书"是从宾语位置移动形成的，孤立(stranding)数—量短语"三本"。

3. 理论方面的论据

把—NP 的基础生成分析法，无论是将宾语基础生成于 Spec. VP（Lin 2001）还是 Spec. vP（Huang 等，2009），默认的假设是句法中有一个预设好的宾语位置(参见 Hale & Keyser，1993；Kratzer，1996 等)。然而，这个假设是不符合最简理念的：光杆句法结构规定所有的句法表达式都是通过句法对象的两两合并形成的，句法关系是一个相对概念，而非事先预设好的。因此，当一个动词只选择一个宾语时，宾语会直接跟动词合并，而不可能和一个并不存在的中间层 V' 或者 v' 合并。也就是说，当出现宾语在动前(即把—NP)的情况时，位于动词补足语位置的宾语必须移位才能获得正确的语序。

另外，根据 Diesing(1992)的观点，从句法—语义配对的角度来说，一个名词要想在 LF 层拥有特指的解读，它必须移出 VP，因为 VP 对应的是核心范域(nuclear domain)，而 IP 才对应的是限制性范域(restrictive domain)。汉语的语料也印证了 Diesing 的说法。光杆名词"人"在 VP 内时可以有非特指的解读(见(59a))，但同样的宾语变为把—NP 时，只能有特指的解读(见(59b))。这说明，把—NP 很有可能是从 VP 内部移出的。

（59）a. 他杀了人。

　　　b. 他把人杀了。

3.5.3　把字句的句法推衍

在本节中，我们将从加标理论的视角为把字句提供一个新的分析思路。根据 3.5.2 节的论述，我们支持把—NP 的移位假设（亦可参见 Sybesma，1992，1999；Kuo，2010 等）。我们认为宾语基础生成于动词的补足语位置，然后移动到 v^*P 的边缘位置（即 Spec. vP），得到把—NP。根据"动词短语内主语假说"（Predicate Internal Subject Hypothesis），主语基础生成于 v^*P 的内指示语位置，后者是一个题元位置，可从 v 处获得施事的题元角色。对于"把"的位置，我们同意 Huang 等（2009）的观点，即"把"的句法位置高于 v^*，且"把"和"v^*"呈句法毗邻关系，它们之间没有其他功能投射。据此，把字句的结构可表示如下①：

（60）

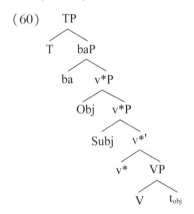

根据最简方案的一致理论，宾语与语段中心语 v^* 进行 φ 特征一致，同时宾语的宾格特征得到核查。由于功能投射 ba 不在 v^* 语段内，因此无法驱使宾语移动。宾语的移动依靠的是 v^* 上的不可诠释特征［EPP］。v^* 上的［EPP］特征是可选的，这也就解释了为什么把字句通常都会有与之对应的非"把"及物句。值得注意的是，根据 Chomsky 2001，当 v^* 上有［EPP］特

----

①　为了便于表述，我们暂时沿用传统的句法标签，稍后再探讨加标问题。

征时，它必须对句法输出有诠释上的作用，否则相应的句法推导式将被视为不合法，这也解释了为什么所有的把—NP 都必须是特指的（参见（59））。

从加标理论的视角重新审视（60），我们将会得到下面的句法示意图：

（61）

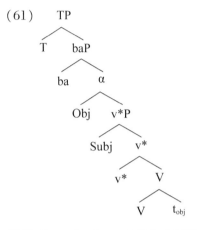

根据 Chomsky（2013）的加标理论，加标运算在语段阶段进行，先于递交操作。移位操作，虽然也在语段阶段进行，但它会对加标运算产生影响，因此移位操作会先于加标运算。在图（61）中，宾语移位后，VP 内的宾语拷贝会变成一个不连续体，从而对加标运算不可见，因此，（60）中的 VP 变成了一个单元素集，其标签由唯一对加标算法可见的 V 来承担。（60）中的 v' 层则变成了由两个中心语组合而成的集合 $\{v^*, V\}$。根据 Chomsky（2013，2015），一个功能中心语 f 与一个词根 R 合并后，得到的集合只能由功能中心语 f 来加标，因为 R 是词根，无法充当句法标签。集合 $\{v^*, V\}$ 中，v^* 是功能中心与 V 是一个词根，因此该集合的标签应由 v^* 来承担。紧接着，v^* 和主语进行外合并，得到的集合是一个非对称集合，可通过加标运算直接加标，获得标签 v^*P。对我们的分析来说，最关键的一步是对集合 α 的加标。在以前的理论框架下或在最简方案的早期，α 将被看作 v^* 的外指示语，直接被标记为 v^*P。但在当前的理论框架下，情况则有所不同：宾语和 v^*P 的内合并将形成一个典型的 $\{XP, YP\}$ 型对称结构，无法直接通过加标运算加标。但是，我们在前文中提过，宾语会和 v^* 会进行一致运算，因此两者必然共享一致特征 φ，对称集合 α 则可通过共享加标法加标，获得标签<φ，φ>。相关的句法表达式如下：

(62)$\left[_{TP} T \left[_{baP} ba \left[_{φ} Obj \left[_{v^*P}...\right]\right]\right]\right]$

上文我们已经提到，在 v^* 语段内宾语的移位是可选的，由 v^* 是否带有[EPP]特征来决定，但必须指出的是，当"把"存在时，宾语的移位其实是强制性的，因为只有宾语移位才能符合"把"的选择要求。更确切地说，我们认同 Kuo (2010) 的看法，即"把"虽然经历了语法化和语义漂白的过程，但保留了子范畴特征，必须选择 NP 作补语。在(62)中，宾语移动到 v^* 的边缘位置后，经过加标运算，"把"选择的是一个带有<φ，φ>标签的结构。由于 φ 特征是名词上的可诠释特征，<φ，φ>结构应当被看作一个名词性结构，可满足"把"的选择要求，所以句法推导合法。如果宾语没有移位，而是留在了原位，那么在主语移到 TP 的姊妹节位置之后，"把"选择的子范畴将是 v^*P，违反了"把"的选择要求，因此语句将被判定为不合法，见下例：

(63) * 他把偷了张三的。

需要强调的是，虽然宾语的移位在"把"出现时是强制性的，但"把"自身并不是宾语移位的动因，语段中心语 v^* 上的 EPP 特征才是。满足"把"的选择要求只是移位后的结果，是 LF 上的"过滤器"。切勿将移位的动因与结果相混淆。

3.5.4 把字句的移位分析法与关系从句的提升分析法

我们对把字句的处理与关系从句的提升分析法有明显的相似之处。以英语的关系从句为例(语料摘自 Cecchetto & Donati，2015)：

(64) The man which John saw.

根据提升分析法，疑问词短语 *which man* 基础生成于动词 *saw* 的补足语位置，随后，为了核查从句标句词 C 上的[Q]特征，移动到了 Spec.CP 位置，推导过程如下：

(65)$\left[_{DP} the \left[_{CP}\left[which\ man\right]_i\left[_{CP} John\ saw\ t_i\right]\right]\right]$

然而，我们仍无法通过(65)中的句法表达式推导出(64)的表层语序。为了得到正确的语序，我们还需要额外的一步移位：将疑问词短语内部的名词 *man* 从 *CP*(内)指示语内部移出至 *CP* 的外指示语位置，从而得到下面的句法表达式：

(66) $[_{DP}$ the $[_{CP}$ man$_{j}[_{CP}[$ which t$_{j}]_{i}[_{CP}$ John saw $t_i]]]$

有人指出，这额外的一步移位是为了满足 D 的选择要求：如果 *man* 不移位，D 的选择要求无法满足，因为 D 不选择 CP 作为补足语，移动 *man* 使得 N 与 D 的距离足够近，从而满足 D 的选择要求。然而，选择一般须满足严格局域性原则，即选择者和被选择者须呈姊妹关系，光靠邻近(proximity)关系是不够的。如果按照这一标准，即使将 *man* 移到 CP 的外指示语位置也于事无补。

Cechetto 和 Donati(2015)也意识到了这个问题，并指出他们的重新加标理论(Relabeling Theory)可以很好地解决这个难题。在此，我们对他们的理论做一个简单的回顾。Cechetto 和 Donati 提出了一个基于探针—标靶关系的加标运算，即句法对象{α, β}的句法标签是由在 α 和 β 合并运算中充当探针的句法特征。他们提出的另一个重要的观点是：词是天然的探针，可以投射。回看(66)可知被移动的成分 *man* 是一个词，即 N，移动后形成的句法结构是{N, CP}，根据探针加标法，N 是天然的探针，可以投射，得到 NP。按照 Cechetto 和 Donati 的说法，CP 被"重新加标"为 NP(见(67))。至此，我们终于可以说(66)中 man 的移位是为了满足 D 的子范畴要求。

(67) $[_{DP}$ the $[_{NP}$ man$_{j}[_{CP}[$ which $t_{j}]_{i}[_{CP}$ John saw $t_i]]]$

比较把字句的移位分析和关系从句的提升分析，我们发现：1)两者都有一步移位是跟上位词类的子范畴选择要求有关，如果相关成分不移位，语句将被判定不合法 D；2)要使子范畴要求的假设能够成立，必须借助加标的概念，否则，移位并不会产生"重新"加标的效果。但是两者也有区别：1)把字句并不要求移动的对象是简单元素，而关系从句中所移动的必须是简单元素；2)在把字句中，"把"的选择要求并不是 NP 移动的动因，而在关系从句中，D 的选择要求是 N 的移动动因，这是因为，把字句中的 NP 是从 V 的补足语位置移出的，根据语段的不可渗透原则，它对"把"不可及，而在关系从句中，N 是从 CP 的指示语位置移出的，对外可及。

(68) a. *[BA [$_{v^*P}$…]]

　　 b. [BA [NP [$_{v^*P}$…]]]

(69) a. *[D [$_{CP}$…]]

　　 b. [D [N [$_{CP}$…]]]

3.5.5　"把"的句法作用

在 3.5.3 节中，我们从加标理论的角度探讨了把字句的推衍方式。在本节中，我们将探讨把字句的另一个重要问题——把的句法作用。上节中我们谈到"把"是一个选择 NP 为子范畴的句法元素，问题是，既然宾语可以独立于"把"自行移动到 Spec.v^*P 的位置，那么"把"存在的必要性是什么呢？

假设"把"不存在，那么当宾语前移时，其句法推衍过程如下图所示：

(70)

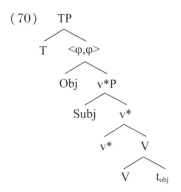

在体中，所有的句法对象都有相应的句法标签，因此，从句法角度来看，(70)中的句法推导式是合法的。然而，当该句法推导式进入 LF 层后，会出现诠释问题，被 LF 排除。这是因为 T 必须选择一个动词性成分作补足语，而我们在上文已经提到，带有<φ, φ>标签的句法结构是名词性的，无法满足 T 的子范畴选择要求。我们认为"把"虽然经历了语法化和语义漂白的过程，依然保留了动词的性质及其子范畴选择要求。因此，为了使

(70)在 LF 上合法，我们必须插入带有[+V]特征的"把"，以满足 T 的子范畴特征。加入"把"后的推导式表示如下：

(71) $[_{TP}$ T $[_{VP}$ BA $[_{<\varphi,\,\varphi>}$ Obj $[_{v*P}$ Subj $[_{v*}$ v* $[_{V}$ V $t_{obj}]]]]]]$

宾语移动后，"把"必须出现这一假设可通过下列语料证实：

(72) a. *张三那个警察打了一顿。

b. 张三把那个警察打了一顿。

(73) a. *张三一件很重要的事情忘记了。

b. 张三把一件很重要的事情忘记了。

需要说明的是，汉语由于有内话题(inner topic)，在很大程度上是允许在没有"把"的情况下，出现 OV 语序的(但此时 O 的位置比把—NP 高①)，例如，"张三那句话听懂了"。因此，我们在上述例句的选取时，刻意选择了不可能被解释为内话题句的语料。具体而言，内话题句有两个限制条件：其一，与外话题一样，凡充当话题的成分必须是有定的，因此我们特意选择了一个无定特指句来测试(见(73)a)；其二，内话题与外话题不同，充当内话题的 NP 不能有生名词(animated NP)，因此我们特意在(72)a 中选择了一个有生 NP。在回避了移位 NP 被解释为内话题的可能性后，我们可得出结论：没有"把"出现时，宾语移动到 Spec. v*P 位置所形成的 OV 语序不合法。

综上所述，我们认为把字句是通过宾语的移位形成的；"把"的句法作用是加标，即为 T 下面的名词性结构提供[+V]的标签，以满足 T 的子范畴选择条件，使得句法推导式在 LF 层得到正确的诠释。

---

① 我们在前文中已经提到，否定副词"没/没有"必须出现在"把"之前，这也就意味着否定副词的位置一定位于把—NP 之前(见(ⅰ))，而内话题句中，否定词必须在宾语之后(见(ⅱ))。这说明虽然两者的表层语序相同，都是 OV，但话题的位置要高于把—NP。

(ⅰ) a. 他没把电影看完。(=48a)

b. *他把电影没看完。(=48b)

(ⅱ) a. 他(那部)电影没看完。

b. *他没(那部)电影看完。

3.5.6 动词层副词在把字句中的句法分布

跟把字句相关的另一个话题是动词层副词的句法分布问题。我们知道"把"和把—NP 必须紧密相连。中间不能介入任何其他的句法元素。Huang 等(2009)通过格位来解释"把"和把—NP 之间的邻接性(collocation)。对于他们来说,"把"负责为把—NP 赋格,根据赋格的毗邻条件(Stowell, 1981; Li, 1990 等),即赋格成分和被赋格成分必须毗邻,任何其他成分都会阻碍赋格操作,因此如有动词层副词,它们要么嫁接在高于"把"的 ba' 层,要么嫁接在把—NP 之下的 v' 层。Kuo(2010)则通过选择来解释"把"和把—NP 之间的邻接性。根据 Kuo 的分析,"把"占据 v 的位置,宾语从 V 的内论元位置移到 Spec. TrP 位置(TrP 位于 v 和 V 之间);由于"把"选择 NP 作子范畴,因此"把"和位于 Spec. TrP 位置的把—NP 之间不能出现其他的介入性成分,否则会违反"把"的子范畴选择要求。

我们关于"把"和把—NP 之间的邻接性的解释很简单,只需采纳两个独立的假设。假设一(目前学界普遍接受的假设),副词标记 vP 的边界。假设二,内合并操作于语段层面(Chomsky, 2008, 2013 等)。我们知道,副词是需要与 vP 进行外合并的,因此副词的插入必须先于宾语的内合并,从而得到"把—NP>副词>主语"的语序。如果副词取宽范域的解读,那么它也可以嫁接到 baP 的位置。由此我们的分析可以自然地推导出动词层副词的句法分布特征。

3.5.7 带"给"的把字句

本节中,我们将探讨带"给"的把字句。前文中,我们曾提到过,这种把字句会给 Huang 等(2009)的分析提出挑战。在 Kuo 文中,"给"被看作及物性中心语 Tr 的语音实现。[1] 我们认为"给"是轻动词 v 的语音实现,例

---

[1] 沈阳和司马翎(2010)提出了类似的假设,认为"给"是用来标记及物性的。

(74a)的句法结构表示如下①：

（74）a. 他把张三的钱包给偷了。

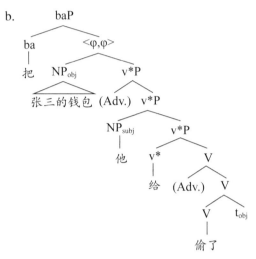

b.

如图(74)所示，我们的分析可以顺利地推衍出带"给"的把字句。至于副词在该结构中的分布，我们采纳 Huang 等(2009)的说法，即方式副词必须由有词汇填充的中心语允准。图(74b)中，位于把—NP 和"给"之间的副词可由"给"来允准，而位于"给"和"偷(一了)"之间的副词则由"偷(一了)"来允准。同时，这个假设还可用来解释下列例句中合法性的反差：

（75）a. 我小心地拿杯子给他。(=33a)

　　　 b. ＊我拿杯子小心地给他。(=33b)

当轻动词 v 没有被"给"占据时，位于 V 处的动词会上移到 v，使得 V 不再有显性词汇的填充。在(75a)中，动词"拿"会上升至 v，"小心地"嫁接于 vP 处，可以被占据 v 的"拿"允准，因此合法；而在(75b)中，"小心地"嫁接于 VP 处，无法被显性词汇所允准，因此不合法。

3.5.8　主语的位置

目前为止，对于主语的位置，我们遵循的是"动词短语内主语"假说，

---

① 主语"他"会在下一个语段移出 $v^{*}P$。

将主语置于 vP 的指示语位置，如下图所示：

(76) $\left[_{baP} BA \left[_{\varphi} Obj \left[_{v^*P} \mathbf{Subj} \left[_{v^*} v^* \left[_V V t_{obj} \right]\right]\right]\right]\right]$

然而，Huang 等(2009)则提出了不同意见，认为根据分布式副词(或称全称副词)"都"的句法分布，可推得主语基础生成于 vP 之外的"把"投射中。据此，他们认为最有可能接收主语的句法位置是 Spec. baP。如果上述结论是正确的，将会严重威胁到我们的分析：如果主语基础生成于 Spec. baP，我们将得到下面的推导式：

(77) $\left[\mathbf{Subj} \left[_{baP} BA \left[_{v^*P} Obj \left[_{v^*} v^* \left[_V V t_{obj} \right]\right]\right]\right]\right]$

如图所示，此时宾语的移位并不会得到一个对称结构，而是由 Obj 和 v^* 组成的一个非对称结构，后者可通过加标运算直接得到句法标签 v^*P。这样一来，"把"所选择的子范畴不再是一个名词性的结构而是 v^*P，从而违反了"把"的选择要求，使得语句不合法，与事实不符。如果我们假定"把"可以选择 v^*P，我们将得到一个符合事实的合法性判断，但"把"的句法作用就会变成一个无解之谜。

在接下来的内容里，我们将论证 Huang 等(2009)关于主语位置的假设是不成立的。首先来看"都"的基本分布特点(下文关于"都"的语料，除了例(78)和例(82)外，均引自 Huang 等2009)：

(78)他们都是学生。

(79) a. 那些书，他都喜欢。

　　b. *他都喜欢那些书。

由上例可知，第一，"都"的句法分布有两个基本特点：1)与"都"产生关联的必须是复数名词(见(78))；2)"都"只能与位于其左边的名词产生关联(见(79))。

第二，"都"的句法分布显出局域性，即"都"必须与与其关联的名词存在于同一个句法范围内，要么同处于 IP 范围内，要么同处于 vP 范围内，观察下例：

(80) a. 他们因为生病都不来了。

　　b. 他们在学校都很认真。

  c. 他们那一天都生病了。

(81) a. *他们很紧地都抱着球。

  b. 他们都很紧地抱着球。

(82) 他们$_i$狠狠地把张三和李四都$_{i/*j}$骂了一顿。

当被"都"关联的 NP 在主语位置(Spec. IP)时，它和"都"之间可以被原因状语、地点状语以及时间状语等 IP 层副词短性短语分隔开(见(80))，但不能被 VP 层的方式副词隔开(见(81))，这说明当"都"处于 VP 层时，它无法再与 IP 层的主语 NP 进行关联。相反，如果"都"位于 vP 层，它只能与同属 vP 层的把—NP 进行关联，无法与主语进行关联(见(82))。

  第三，只要处于同一句法范域，"都"还可以和 NP 语迹相关联，观察下例：

(83) a. *他们说林毅都来了。

  b. 他们都说林毅来了。

  c. [$_{CP}$他们$_i$，[$_{CP}$林毅说[$_{CP}$ t$_i$都来了]]]。

(84) [$_{IP}$他们$_i$不可能[$_{IP}$ t$_i$都做那件事]]。

在(83c)中，"他们"基础生成于从句的 Spec. IP 位置，后经话题化操作，移动到了 CP 的左缘位置，但它在从句内留下的 A' 语迹可以与"都"产生关联。在(84)中，动词"可能"是一个上升动词，选择 IP 作补足语，"他们"从内嵌 IP 的主语位置提升到了主句的主语位置，但它在内嵌 IP 的主语位置留下的 A 语迹可以与"都"产生关联。

  在把字句中，"都"与与其关联的名词不能被"把"和把—NP 隔开，观察下例：

(85) a. 他们都把林毅打了一下。

  b. *他们把林毅都打了一下。

Huang 等(2009)指出，(85b)不合法说明主语的基础生成位置不在 vP 内，否则，位于 vP 内的"都"就能与它的语迹建立关联，(85b)就不会不合法；由此推得，主语必定基础生成于"都"所在的 vP 范域之外，而最有可能生成主语的位置就莫过于 Spec. baP 了。

不难发现，Huang 等（2009）的推论是建立在副词嫁接于中间层 v' 这个假设之上的。根据此思路，如果主语基础生成于 vP 之内，我们将得到下面的句法推导式：

(86) $[_{baP}$ BA $[_{vP}$ Obj $[_{vP}$ Subj $[_{v'}$ DOU $[_{v'}$ v ...$]]]]]$

确实，"都"可以与主语的语迹①产生关联，从而导致（85b）合法。然而，在最简方案的框架下，这个假设无法成立，因为目前学界普遍接受的假设是副词嫁接于 vP 层，标记 v 语段的边界，而非嫁接于主语之下。根据后者，我们将得到如下的推导式：

(87) $[_{baP}$ BA $[_{<\varphi,\varphi>}$ Obj $[_{vP}$ DOU $[_{vP}$ Subj $[_{v'}$ v ...$]]]]]$

如果我们接受（87）中的推导式，那么我们在不作任何特殊规定的情况下就能预测（85b）不合法，因为"都"无法与位于其右边的主语语迹产生关联，同时由于"都"位于 vP 内，它也无法与移动后的主语产生关联。

综上所述，副词"都"的句法分布特征并不能作为主语基础生成位置的判定标准，因为其中还掺杂了"副词的嫁接位置"这一变量。

3.5.9 vP 之上

在本节中，我们会对把字句推衍的细节做一些说明。在到达 C 语段之后，主语需要上移至 TP 的姊妹节位置（Spec. TP），以满足 T 上的 EPP 特征。② 然而，在理论上，把—NP 会阻挡主语的 A 移位，因为把—NP 的句法位置高于主语，离探针 T 的距离更近。一个可能的解决方案是说把—NP 由于已经核查了格位特征，不再活跃，不能作为主语移位的拦截性成分。但这个方案无法通过，因为有证据显示在某些情况下，不活跃的名词依旧会产生拦截效应。因此，我们只能转变思路，通过等距原则（Equidistance）来解释主语的上移问题。该原则的定义如下：

---

① 推导式（86）表示的是 vP 语段内的句法推导过程，主语会在 C 语段移到 Spec. TP 的位置，因此我们将其称作"主语语迹"，下同。

② 在这种情况下，T 上的 EPP 特征不能由加标理论推导出来，因为宾语的移动使得 v^* 语段内不存在任何加标问题。

（88）等距原则（Chomsky，2000，2001）：

隶属同一个最小范域（minimal domain）的句法成分（terms）到探针的距离是等距的。

定义（88）中的术语"最小范域"可以直接与语段的概念进行对接。根据（88），分别位于 vP 的内指示语位置和外指示语位置的主语和把—NP 到探针 T 是等距的。因此 T 既可以将主语看作标靶又可将把—NP 作为标靶进行 φ 特征的一致运算。由于把—NP 已经和 v 进行过一致运算了，无法再充当标靶，因此主语成为唯一合适标靶，和 T 完成一致运算后，移动至 T 的姊妹节位置以核查 T 上的 EPP 特征。整个推导过程如下：

（89）$[_{CP}$ C $[_{<φ, φ>}$ Subj$_j$$[_{TP}$ T $[_{baP}$ BA $[_{<φ, φ>}$ Obj$_i$$[_{v^*P}$ t$_j$ $[_{v^*}$ v^* $[_V$ V t$_i$$]]]]]]]]$

在主语移位后，得到由 Subj 和 TP 组成的 {XP，YP} 型对称结构，无法通过加标运算直接加标，但由于两者共享一致特征 φ，因此该对称结构可通过共享加标加标，得到句法标签 <φ，φ>。但是随着主语移位，另一个问题又浮出水面了：主语的移位会使其位于 vP 内指示语位置的拷贝变成一个非连续体，从而对句法标签产生影响，支配（dominate）该拷贝结构的标签将从 v^*P 变为 v^*，而紧接着，支配把—NP 的结构将成为一个非对称结构，可直接通过加标运算得到句法标签 v^*P，而非（89）中的 <φ，φ>。这将对我们的分析造成很大的影响。一个可能的解决方案是假定加标运算符合"尽早原则"（Principle of Earliness），也就是说加标运算在开始操作时，不仅会为语段内即将递交的成分进行加标，还会为该语段内所有能够被加标的句法对象（即位于语段边缘的句法对象）进行加标，仅将不能加标的句法对象留到下个语段，同时，根据不干涉原则（No-Tampering Condition），对于已加标的句法对象，即使存在后续移位，也不能改变已贴的句法标签（亦可参见 Chomsky，2015）。回到（89），根据尽早原则，{Subj，v^*} 集合已在 v^* 语段通过加标运算得到标签 v^*P，根据不干涉原则，即使 Subj 存在后续的移位，也不会对已贴的标签产生影响，因此我们对把字句的分析仍然有效。

3.6 其他类型的把字句

在前面的章节里，我们已经展示了如何通过我们的分析生成"把—宾—V（—体貌标记）—∅"形式的把字句（第一种把字句）。在本节中，我们将着重探讨另外两种把字句①："把+宾1+V（—体貌标记）—宾2"形式的把字句（第三种把字句）和"把—NP$_{Loc/Instrument}$—V（—体貌标记）—宾"形式的把字句（第四种把字句）。

首先来看第三种把字句，又被称作"保留宾语句式（Retained Object Construction）"：

（90）a. 我把橘子剥了皮。（=5a）

　　　b. 我把他免了职。（=6a）

在上例中，宾1和宾2之间存在着一种领属关系，因为我们可以在两者之间插入属格标记"的"：

（91）a. 橘子（的）皮

　　　b. 他＊（的）职

根据学界对领属结构的主流看法，（91）的句法结构可表示如下（为了论述的简洁，仅以（91b）为例，下同）：

（92）[$_α$[$_{DP}$他][$_{GenP}$的[$_{NP}$职]]]

在（92）中有一个对称结构 α 无法通过加标运算加标，那么如何为 α 加标呢？我们认为有两个途径可行。第一，α 可以通过共享一致特征法来加标。虽然汉语形态变化不丰富，但我们知道很多语言是有独立的属格标记的。因此，我们可以假设，DP"他"和 GenP 之间存在一致特征[Gen]，那根据共享特征加标法，α 将有[Gen]特征来加标，记作<Gen, Gen>。第二，可将领属结构和并列结构看作同一类型的结构，将并列结构的加标策略运用

---

① "把—宾—V（—体貌标记）—XP"形式的把字句（第二种把字句）将在3.7节进行深入探讨。

到领属结构中。Chomsky(2013)曾对并列结构作过相关论述。根据他的观点，并列结构本质上是一个小句结构，首先进行合并的是两个并列项 Z 和 W，然后才与连词(Conj)合并(见(93)a)；为了给 β 加标，必须将 Z 或 W 移出 β 集合，假设移出的是 Z，β 内的 Z 拷贝将变成一个非连续体，对加标运算不可见，β 将由唯一对加标运算可见的 W 来加标(见(93b))。但移动 Z 后我们又会得到一个对称结构 γ，如何给 γ 加标呢？Chomsky 给出的方案是：无论是 Conj 还是 α 均属于弱词类，无法作为标签为 γ 加标，因此加标运算将会选择唯一可充当标签的 Z 来为 γ 加标。回到我们的讨论。假设(91b)的基本结构是(94a)而非(92)，属格标记"的"选择的是 DP"他"和 NP"职"组成的一个小句；为了给 β 加标，我们将 DP"他"移出 β，那么 β 内"他"的拷贝就变成了一个非连续体，对加标运算不可见，β 将由唯一对加标运算可见的 NP"职"的标签来加标(见(94b))；DP"他"的移动又会造成一个新的无法加标集合 γ，由于"的"和 α 均属于弱词类，无法作为标签为 γ 加标，加标运算只好选择 DP"他"的标签为 γ 加标。至此，属格结构的标签问题得到解决。

(93) a. $[_\alpha \text{Conj} [_\beta \text{Z W}]]$

b. $[_\gamma \text{Z} [_\alpha \text{Conj} [_{\beta = \text{W}} \text{Z W}]]]$

(94) a. $[_\alpha 的 [_\beta [_{\text{DP}} 他] [_{\text{NP}} 职]]]$

b. $[_\gamma [_{\text{DP}} 他] [_\alpha 的 [_{\beta = \text{NP}} <_{\text{DP}} 他> [_{\text{NP}} 职]]]]$

另外，值得一提的是，不但领有者 DP 可以前移充当把—NP，整个领属结构 γ 也可前移充当把—NP：

(95) a. 我把橘子(的)皮剥了。

b. 我把他的职免了。

结合上述讨论，我们认为"把+宾 1+V(一体貌标记)—宾 2 型把字句"也是移位生成的。宾 1 并不是基础生成于动前，而是先和宾 2 在动后形成领属结构，然后再移到动前形成把—NP 的，具体的推导过程如下①：

————————

① 为了使推导式更简洁明了，我们省略了主语。

(96)[BA [$_{<\varphi, \varphi>}$[$_{DP}$他]$_i$[$_{v*P}$免了[$_{VP}$t$_V$[$_{\gamma=DP}$t$_i$[$_\alpha$的[$_{\beta=NP}$t$_i$职]]]]]]]]

现在来看第四种把字句。在这种把字句中，把—NP 一般是地点或工具名词：

(97) a. 他把枪口对准人。

　　 b. 他把锅装了一点儿水。

假设"把"最先开始作为一个实义动词，经历了两条独立的语法化路径。路径一：从实义动词渐渐失去具体语义成为轻动词。路径二：从实义动词渐渐转变成介词。通过观察可知，(97)(97)中的"把"实际上并不是轻动词而是介词，这是因为把—NP"枪口"和"锅"无法直接通过动词获得题元角色。另外，(97)中的"把"可以替换成其他的介词：

(98) a. 他用枪口对准人。

　　 b. 他向/往锅里装了一点儿水。

因此，我们认为(97)和(98)的基本结构一致，把—NP 基础生成于介词"把"之后，不存在任何移位，以(97a)为例，其句法推导过程如下图所示：

(99)
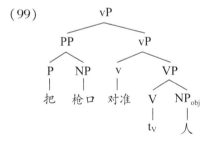

需要指出的是像(97)这样的把字句在汉语中使用比较有限，而且受很多语用因素的限制，对于这类语句的合法性，不同地区的母语者也会有不同的判断。因此，我们有理由相信，"把"的第一条语法化路径，即从实义动词到轻动词的演变，起主导性作用。

3.7　把字句的跨语言探索

不少学者认为把字句是汉语的一种特有现象。Tsao（1987：2）就曾提到过："把字句很有可能是汉语独有的语言现象，因为类似的句式并未在世界其他语言中找到过。"本章将重新审视这一论断，并提出不同的观点，即虽然把字句有其复杂性和汉语的特异性，但它至少与两类跨语言现象具有可比性，分别是"宾语漂移"（Object Shift，OS）现象和"区别性宾语标记"（Differential Object Marking，DOM）现象①。

3.7.1 宾语漂移和把字句

宾语漂移现象最常见于斯堪的纳维亚诸语言，指宾语从一个 VP 内的位置移动到 VP 外位置的过程，其典型标志是移位后的宾语会位于标记 VP 边界的副词之上。② 学界关于宾语漂移的研究很多，包括 Bošković（2004），Chomsky（2001），Collins 和 Thráinsson（1996），Richards（2004），Svenonius（2000），Thráinsson（2001），Vikner（2006）等。由于本章的重点是跨语言比较，因此不会对这些研究做详细的评述。

观察下列例句（引自 Vikner，2007）：

(100) 冰岛语：

    a. Pétur hefur$_v$ eflaust   aldrei t$_v$[$_{VP}$ leið   bækur].

       Peter has   doubtlessly never   read   books

       'Peter has doubtlessly never read [any] books.'/'彼得毫无疑问从未读过书。'

---

① 我们不是第一个将把字句和区别性宾语标记现象联系起来的。一些学者指出，把字句隶属于区别性宾语标记现象，"把"本质上其实是一个区分性宾语标记（Lazard，1994；Chappell，2007，2013 等）。我们认为这个结论稍显武断，因为从句法的角度出发，把字句和区别性宾语标记句的一个重要区别是，把字句中的"把"有加标作用，而典型的区别性宾语标记无此作用。

② 我们这里对宾语漂移现象的描述并不是完全中立的，严格意义上讲，就连"宾语漂移"这个术语本身也是带有理论倾向性的。就像很多学者认为把字句是基础生成的一样，也有不少学者认为宾语其实并未"漂移"而是基础生成在更高的位置上。有兴趣的读者可参见 Neeleman（1994），Bošković & Takahashi（1998），Neeleman & Reinhart（1998），Neeleman & Weerman（1999），Fanselow（2001）等的分析。

    b. Pétur las$_v$ bækurnar$_i$ eflaust   aldrei $[$ $_{VP}$ t$_v$ t$_i$ $]$

      Peter read   book-the doubtlessly never

      'Peter doubtlessly never read the book.'/'彼得毫无疑问从未读过这本书。'

    c. Pétur las$_v$ þær$_i$ eflaust   aldrei $[$ $_{VP}$ t$_v$ t$_i$ $]$

      Peter read them doubtlessly never

      'Peter doubtlessly never read them.'/'彼得毫无疑问从未读过它们。'

（101）丹麦语：

    a. Peter har$_v$ uden tvivl aldrig t$_v$ $[$ $_{VP}$ læst bøger $]$.

      Peter has   without doubt never   read   books

      'Peter has doubtlessly never read [any] books.'/'彼得毫无疑问从未读过书。'

    b. *Peter læste$_v$ bøgerne$_i$ uden   tvivl aldrig $[$ $_{VP}$ t$_v$ t$_i$ $]$

      Peter read   books-the without doubt never

      Intended meaning：'Peter doubtlessly never read the books.'/欲表达：'彼得毫无疑问从未读过这些书。'

    c. Peter læste$_v$ dem$_i$ uden   tvivl   aldrig $[$ $_{VP}$ t$_v$ t$_i$ $]$

      Peter read   them without doubt   never

      'Peter doubtlessly never read them.'/'彼得毫无疑问从未读过它们。'

冰岛语和丹麦语均属日耳曼语系，是 V2 语言，其典型特点是限定性动词（finite verb）会从动词内上移到主句的第二个位置（即 C⁰ 位置）。宾语漂移只有在动词上移的情况下才能出现。在（100a）和（101a）中，由于上移的不是动词而是助动词'has'，所以宾语不能漂移，只能停留在其基础生成的位置。当动词上移时，宾语 DP 或宾语代词可以越过副词'never'和'doubtlessly'漂移到 VP 之外（见（100b），（100c）和（101c））。另外，冰岛语与丹麦语以及其他斯堪的纳维亚语不同，既允许 DP 漂移也允许代词漂移，而后者仅允许代词漂移（对比（100b）、（100c）和（101b）、（101c））。

如果暂不考虑"把"，那么把字句和宾语漂移句的结构很相似。跟宾语漂移句一样，把字句中的宾语也从 VP 内越过标记 VP 边界的副词移动到 VP 外。试比较：

（102）a. 张三狠狠地打了李四/他一顿。

　　　 b. 张三把[李四/他]$_i$狠狠地[$_{vP}$打了 t$_i$一顿]。

（103）a. 张三经常气得李四/他什么也做不了。

　　　 b. 张三把[李四/他]$_i$经常[$_{vP}$气得 t$_i$什么也做不了]。

从上例可知，把字句与宾语漂移句一样，宾语都会移出 VP（或 vP），落于方式副词和时貌副词之上。另外，把字句跟冰岛语一样，既允许 DP 移位，也允许代词移位。

然而，两者也有不同之处。在宾语漂移语言中，宾语可以落在否定副词（见（104））和主语指向副词（见（100b）、（100c）和（101c））之上，但在把字句中，宾语不能落在这两种副词之上（见（105a）和（106a））。对于上述差异，有两种可能的解释。第一，汉语和斯堪的纳维亚诸语中的副词句法位置可能有所不同，汉语中否定副词和主语指向副词的句法位置更高，位于 IP 层。第二，我们也可采纳 Chomsky（2001）的分析，认为斯堪的纳维亚诸语中的宾语在进行过宾语漂移后，会因为 DISL（Dislocation）规则，在 PF 层移动到更高的位置；而把字句中的轻动词"把"会阻挡宾语在漂移过后继续上移。

（104）a. 冰岛语：

　　　　　Nemandinn　las　hana$_i$　ekki t$_i$.

　　　　　student-the　read　it　　not

　　　　　'The student didn't read it.'/'那个学生没有读它（那本书）。'

　　　 b. 丹麦语：

　　　　　Studenten　læste den$_i$ ikke t$_i$

　　　　　Student-the read　it　　not

'The student didn't read it. '/'那个学生没有读它（那本书）。'

（105）a. ?? / *张三把李四/他毫无疑问打了一顿。

b. 张三毫无疑问把李四/他打了一顿。

（106）a. ?? / *张三把李四/他没伤得很严重。

b. 张三没把李四/他伤得很严重。

宾语漂移除了要满足一定的句法条件外，还需满足一定的语义条件。通常而言，只有有定宾语或者特指的无定宾语才能进行漂移（参见Thráinsson，2001）。下方冰岛语和挪威语的例子证明了当无定宾语无法从语境中得到特指解读时，宾语漂移将无法实现：

（107）冰岛语：

a. Hún   keypti   ekki   kaffi.

she   bought   not   coffee

'She didn't buy any coffee. '/'她没有买咖啡。'

b. *Hún   keypti   kaffi$_i$ ekki   t$_i$.

she   bought   coffee   not

Intended meaning：'She didn't buy any coffee. '/欲表达：'她没有买咖啡。'

（108）挪威语：

Nei, jeg har   ingen paraply,

No, I   have   not   umbrella,

'I don't have umbrella,'/'我没有伞，'

a. …men jeg køper muligens   en   i morgen

but I   buy   possibly   one   tomorrow

'…but I will possibly buy one tomorrow. '/'…但我可能明天会去买一把。'

b. *… men jeg   køper   en$_i$ muligens t$_i$ i morgen

but   I   buy   one   possibly   tomorrow

Intended meaning：'…but I will possibly buy one tomorrow.'/

欲表达：'…但我可能明天会去买一把。'

这些例句的汉语对照版如下①：

(109) a. 他喝了一些咖啡。

　　　b. ＊他把一些咖啡喝了。

(110) ——对，我没有伞，

　　　a. 你能借给我一把伞吗？

　　　b. ＊你能把一把伞借给我吗？

通过以上例子，我们能清晰地看到把字句和宾语漂移句在宾语语义上的相似性。两者都要求移动的宾语不能是无定、非特指的。

除了指称上的区别外，当宾语带有量化成分时，漂移和不漂移还会导致语义的变化：

(111) 冰岛语：

　　　a. Nemandinn　las　ekki þrjár bækur.

　　　　 student-the　read　not three books

　　　　 'It's not the case that the student read three books.'/'不是那个学生没读三本书。'

　　　b. Nemandinn　las　[þrjár bækurt]ᵢ ekki tᵢ.

　　　　 student-the　read　three books　not

　　　　 'there are three books that the student didn't read'/'有三本书那个学生没读。'

(112) 冰岛语：

---

① 为了使例句符合汉语的语言习惯，我们对相关内容做了一些调整。在(109)中，为了保证宾语"咖啡"的无定、非特指解读，我们在"咖啡"前面加上了表无定的数量词"一些"。这是因为光杆名词在汉语中的解读是有歧义的，既可以有定指解读，又可以有无定、非特指解读。同时，又因为这个语境下的把字句不适合变成否定式，我们便用肯定式取而代之。在(110)中，我们用动词"借"代替了原例中的"买"，因为"买"不适用于把字句。

a. Ég les sjaldan lengstu bókina.

　　I read rarely longest book-the

　　'I seldom read the longest book（no matter which one it is）'/

　　'我很少读最长的书(无论是哪本)。'

b. Ég les ［lengstu bókina ］ᵢ sjaldan tᵢ.

　　I read longest book-the rarely

　　'There is a book which is the longest one and I seldom read it'/'有一本书是最长的，我很少读。'

（113）荷兰语①：

a. …dat de politie gisteren veel taalkundigen opgepakt heef.

　　that the police yesterday many linguists arrested has

　　'…that the police arrested many linguists yesterday.'/'…警察昨天抓了很多语言学家。'

b. …dat de politie ［veel taalkundigen］ᵢ gisteren tᵢ opgepakt heft

　　that the police many linguists yesterday arrested has

　　'…that among linguists，many were arrested yesterday.'/'…那些语言学家，很多被警察抓走了。'

在上述例句中，没有经过宾语漂移(或宾语攀爬)的 a 句和经过宾语漂移(或宾语攀爬)的 b 句有不同的语义解读。在(111a)和(112a)中，留在原位

---

①　严格来说，对于 OV 语序的语言，比如德语、荷兰语等，如果宾语出现上移，我们不会将其称作"宾语漂移"，而称作"宾语攀爬"。这是因为，宾语漂移有一个附带现象，即动词必须上移。而在 OV 语序的语言中，我们无法直接观察到动词是否有所上移，因此，学者们用"宾语攀爬"这一术语以视区别。此处，我们主要探讨的是宾语移位对语义的影响，就这个问题而言，荷兰语与冰岛语、把字句显示是有可比性的。

的宾语是无定、非特指的解读：(111a)中的'三本书'可以是任意三本书；(112a)中'最长的书'可以是任意一本很长的书，不一定需要是现实中存在的实体。而当宾语移到 VP 外之后，它们就变成了特指名词，在说话人发出言语之前就已经存在了。对于(113)来说，当宾语'很多语言学家'处于原位时，既有存在义的解读(existential interpretation)又有部分义解读(partitive reading)，但当它移动到时间副词'昨天'之前时，只能有部分义的解读。

汉语中也存在例(113)的现象①：

(114) a. 警察抓走了很多语言学家。

　　　b. 警察把很多语言学家抓走了。

在(114a)中，当宾语"很多语言学家"留在 VP 内时，比较凸显的解读时存在义，表示有很多语言学家被警察抓走了，部分义的解读也有，但相对较弱；当宾语"很多语言学家"变成把—NP 后，部分义变成了凸显解读，表示语言学家中的很多人都被警察抓走了，而存在义则变成了弱势解读。

综上所述，把字句和宾语漂移句在宾语的语义限制和语义解读上有很大的相似之处：当宾语是有定名词时，移位是可选的，并且移位后不会对语义产生多少影响；当宾语是无定名词时，只有通过语境能够得到特指解读的名词才能移位，否则移位将被视为不合法；当宾语是量化名词时，移位和不移位会对宾语的语义产生影响。

不少语言学者尝试对宾语漂移语言所表现出来的语义现象做出阐释。Jonas (1996)从句法角度做出解释，认为宾语的移动是为了核查 D 特征，后者的语义含义是有定或特指。Diesing (1996)为代表的其他学者建议将移位宾语的语义特点和"新奇效应"联系起来，后者又跟话语的信息结构有关，Bobaljik (1995)则直接将移位宾语看作焦点。De Hoop (1996)区分了"强名词"(strong nouns)和"弱名词"(weak nouns)，并认为只有强名词才

---

① 汉语中带数词的名词不能充当把—NP，因此不存在(111b)中的语义现象。另外，汉语中的形容词最高级只有有定的解读，没有无定解读，因此(112b)的语言现象在汉语中不存在。

可移动。① 在汉语这边，学者们也提出了类似的概念。Sybesma（1992，1999）和 Zou（1995）认为把—NP 是有定名词或特指名词。在话语功能层面，Tsao（1977）将把—NP 看作次级话题（secondary topic）。

总而言之，就移位宾语的语义诠释及语义、语用效应来看，跨语言的宾语漂移现象和把字句有极大的相似之处。虽然把字句同时还会受到体貌、汉语特异性等其他因素的影响，但这不妨碍我们得出下列结论：在移位假设成立的前提下，把—NP 和漂移宾语在句法和语义上都有对等性，换言之，把字句和宾语漂移很有可能是同一个语法现象的两种变体。另外，值得一提的是，经历漂移的宾语可以在不需要额外标记的情况下和把—NP 产生同样的语义效应，这似乎意味着把—NP 的特殊语义并不一定（全部）来自"把"这个成分，而很大程度上来自移位本身，因为移位会改变宾语的语义范域（scope）。

3.7.2 区别性宾语标记和把字句

世界上一些语言拥有一种专门标记宾语的语法机制以实现某种区别性功能。George Bossong 将这种现象称作"区别性宾语标记"（Differential Object Marking，下文简称 DOM）现象。这种语法现象存在于不同语系、语族的语言中，如西班牙语、波斯语、土耳其语、印地语等，在本节中，我们将着重观察西班牙语中的 DOM 现象。西班牙语里的 DOM 通常涉及特指和有生（animacy）这两个概念。有些学者则认为还有第三个维度的概念对 DOM 起作用，即完结性（telicity）（参见 Torrego，1998 等）。

在西班牙语中，如果一个及物动词的宾语同时带有[+animate]（有生）和[+specific]（特指）这两个特征，那么必须用介词 *a* 对它进行区别性标记。如果一个及物动词的宾语只带有[+animate]（有生）的特征，那么区别性标记则可有可无。如果一个及物动词的宾语是无生的（即带有[-animate]

---

① 最先用"强""弱"这对术语来区分名词的是 Barwise & Cooper（1981）。Sybesma（1992）是第一批将这个概念引入把字句分析的学者。

特征），那么无论它是否是特指的，都不允许带有区别性标记。观察下面的例句（引自 Rodríguez-Mondoñedo，2007：91-92）①：

(115) a. Juan besó **a** María. ［+animate，+specific］

John kissed A Mary

'John kissed Mary.'/'约翰吻了玛丽。'

b. *Juan besó María. ［+animate，+specific］

John kissed Mary

Intended meaning：'John kissed Mary.'/欲表达：'约翰吻了玛丽。'

(116) a. María quiere **a** un abogado. ［+animate，+specific］

Mary wants A a lawyer

'Mary wants a lawyer.'（specific）/'玛丽想要一个律师（特定的人）'

b. María quiere un abogado. ［+animate，-specific］

Mary wants a lawyer

'Mary wants a lawyer.'（no matter which one）/'玛丽想要一个律师（随便哪个）'

(117) a. *Juan destruyó **a** la ciudad. ［-animate，+specific］

John destroyed A the city

Intended meaning：'John destroyed the city.'/欲表达：'约翰毁灭了那座城市。'

b. Juan destruyó la ciudad. ［-animate，+specific］

John destroyed the city

---

① 不少学者注意到，在某些情况下，无生、特指名词也可以被 *a* 标记（引自 Molho，1958）：

(1) Los ácidos atacan (a) los metals.

The(M, PL) acids(M, PL) attack A The(M, PL) metals(M, PL)

'Acids attack metals.'/'酸性物质腐蚀金属。'

'John destroyed the city'/'约翰毁灭了那座城市。'

(118) a. *Juan destruyó **a** una ciudad. ［-animate，-specific］

John destroyed A a city

Intended meaning：'John destroyed a city.'/欲表达：'约翰毁灭了一座城市。'

b. Juan destruyó una ciudad. ［-animate，-specific］

John destroyed a city

'John destroyed a city.'/'约翰毁灭了一座城市。'

大多数研究此问题的学者把 *a* 看作特指标记。Torrego 提供了多条论据支持这一观点。他采纳了 Enç（1991）的观点，即所有的有定名词本质上都是特指名词，这使得无定名词变得特殊起来，因为它可以成为特指性的指示标。具体论证思路如下：如果 *a* 真的是特指标记，那么 *a* 不能出现于无定、非特指名词之前，而只能出现于无定、特指名词之前。

证据一来自西班牙语的一个习语——*todo bicho vivente*'所有人、所有生物'。这个习语是一个量化名词，因此根据 Milsark（1974）的分类，属于强名词范畴。Torrego 采纳了 Enç（1991）的观点，认为量化名词 *todo bicho vivente* 固有特指的解读。动词 *esconder*'隐藏' 允许无定名词不被 *a* 标记（见（119a））。然而，当它选择无定名词 *todo bicho vivente* 作宾语时，该名词必须被 *a* 标记，否则语句不合法（见（119b））。

(119) a. Escondieron (**a**) un amigo.

hid-3PL A a friend

'They hid a friend.'/'他们藏了一个朋友。'

b. Han escondido *(**a**) todo bicho vivente.

have-3PL hiden A all animal living

'They have hiden everyone.'/'他们把所有人都藏起来了。'

Torrego 提供的第二个证据来自部分（partitive）结构。区分性标记 *a* 的必要与否与部分义的强弱有直接关系：（120a-b）中的宾语部分义很强，因此必须被 *a* 标记；而在（120c）中，由于数词后的名词短语隐现，部分义被削弱，所以 a 标记既可出现，也可不出现；(120b)则介于两者之间，部分义的倾向弱于(120a-b)而强于(120c)，因此母语者更倾向于带 a 标记的宾语。

(120) a. Escondieron *(**a**) cinco de ellas.

   hid-3PL　　　　A　five of them

   'They hid five of them.'/'他们藏了他们中的五个。'

   b. Escondieron *(**a**) cinco de tus　　alumnos.

   hid-3PL　　　　A　five of your　students

   'They hid five of your students.'/'他们藏了你学生中的五个。'

   c. Escondieron ? (**a**) cinco de los alumnos.

   hid-3PL　　　　A　five of the　students

   'They hid five of the students.'/'他们藏了学生中的五个。'

   d. Escondieron (**a**)　　cinco.

   hid-3PL　　　　A　　five

   'They hid five.'/'他们藏了五个。'

　　证据三：当宾语是无定名词时，是否加标记 a 会对语义造成相应的影响。当宾语带有标记 a 时，我们可以在句子后面加上一个目的性从句，对宾语进行进一步的补充说明，说明此时的无定宾语是有特指解读的(见(121a))。当宾语没有标记 a 时，我们不能做同样的操作，说明，此时的无定宾语是非特指的(见(121b))。

(121) a. Buscan　　　**a** un　narcotraficante (de modo que no pueda

   salir　des país).

   look. for-3PL a a　drug. dealer　　so　　　　that no can-3SG

   go. out of country

   'They are looking for a certain drug dealer (so that he cannot leave the country).'/

   '他们正在搜寻某名毒贩(使他不能[轻易]离境)'

b. Buscan   un   narcotraficante（*de modo que   no pueda

salir   des país）．

look. for-3PL a   drug. dealer   so   that   no can-3SG

go. out of country

Lit：'They are looking for a drug dealer（so that he cannot leave the country）．'/字面意思：'他们正在搜寻一名毒贩（使他不能[轻易]离境）'

证据四来自感官动词 ver'看见'。我们知道感官动词"看见""听见"等除了可以选择名词宾语外，还可以选择一个小句（small clause）作补足语。由于西班牙语的形容词可直接充当小句的谓语，而同时，形容词作定语时，又遵循"中—定"的语序，所以，当 ver 后出现"名—形"组合时，就会产生歧义，既可将其理解为小句，又可理解为带有形容词的普通宾语。但是，要使"名—形"组合中的名词充当小句的主语，它必须是有定名词或无定、特指名词，无定、非特指名词不能做小句的主语。在（122）中的两个例句中，ver'看见'后面的成分都是由一个无定名词 una mujer'一个女人'和一个形容词 muerta'死了/死的'组成的，但只有被 a 标记过的宾语有小句解读（见（122a））。这又一次证明了 a 是一个特指标记。

（122）a. Allí   vieron   **a** una mujer   muerta.

there   saw-3PL A a   woman   dead

'They saw a woman who was dead there．'/'他们在那里看见一个女人死了。'

b. Allí   vieron   una mujer   muerta.

there   saw-3PL A   woman   dead

'They saw a dead woman there．'/'他们在那里看见一个死了的女人。'

证据五来自处所副词 aquí'这里'的不同解读。（123a）和（123b）中的 aquí 有不同的解读：当宾语不带 a 标记时（见（123a）），地点副词 aquí 只是一个普通的处所副词，表示在战争期间，他们曾经把一个朋友藏在这里，比如这个柜子里、这片窗帘后等。总之，*aquí* 单纯指代地点。当宾语带有 *a* 标记时（见(123b)），*aquí* 除了有上面的解读外，还多了一种解读，表示他们在战争期间藏过的那个朋友此刻就在现场。说话人在说出这句话的时候可能还会有"指向这个朋友"的肢体动作。一言以蔽之，标记 *a* 的出现可以使无定名词 *una amiga*'一个（女性）朋友'带有特指解读。

(123) a. Escondieron aquí   una amiga durante la guerra.

hid-3PL   here   a   friend during the war

'They hid a friend here during the war.'/'他们在战争期间在这里藏了一个朋友。'

b. Escondieron aquí **a**   una amiga   durante   la guerra.

hid-3PL   here A   a   friend   during   the war

'They hid a friend here during the war.'/'他们在战争期间在这里藏了一个朋友。'

最后一个证据跟限制性定语从句和非限定性定语从句有关。西班牙语中，限制性定语从句的算子可以是显性的也可以是隐性的。当算子 *quien*'who'显现时，必须要在前面加上标记 *a*，否则语句不合法。观察下列语句：

(124) a. El músico   [Op$_i$ que todo el mundo ha   conocido t$_i$]

the musician   that all   the world has known

'The musician that is known by everyone.'/'所有人都认识的音乐家。'

b. El músico [[* (**a**) quien]i   todo el mundo ha conocido *ti*]

the musician   A   whom   all   the world has known

Lit：'The musician who is known to everyone./'所有人都认识的音乐家。'

然而，当定语从句的中心语指代一个类别时，不能使用显性算子 *a quien*，只能用隐性算子（见下例）①。这是因为 *a quien* 通常选择有特指解读的个体(specific individuals)，而不能是一个由模糊个体组成的一个集合。

（125）a. Esta es la clase de amigo [Op$_i$ [que [todo el mundo necesita t$_i$]]]

this is the type of friend   that all   the world needs

'This is the type of friend that everyone needs.'/'这是所有人都需要的那种朋友。'

b. *Esta es la clase de amigo [[**a** quien]$_i$ [[todo el mundo necesita t$_i$]]]

this is the type of friend   A whom   all   the world needs

Intended meaning ：'This is the type of friend whom everyone needs.'/欲表达：

'这是所有人都需要的那种朋友。'

与限定性定语从句不同，非限定性定语从句的算子只能是显性的，并且必须带标记 a ，这是因为非限定性定语从句通常有独立指称，对其修饰的中心语不起限定作用。

（126）El músico，   **al** que，   **al** cual，   **a** quien/   *que conocí   ayer…

the musician A-the what， A-the which， A whom/   *that met-1sG yesterday

'The musician whom I met yesterday'/'我昨天遇到的音乐家'

此外，Rodríguez-Mondoñedo（2007），借鉴了 von Heusinger（2002a），Lyons（1999），Fodor（1970）等的观点，认为我们不应当把特指概念仅仅看作无定名词的一个子集，而应当把它拓展到有定名词中。换言之，对 Rodríguez-Mondoñedo（2007）来说，有定性并不逻辑蕴含特指性。因此，Rodríguez-Mondoñedo 在 Torrego 所提供的论据基础上，又加入了有定名词的相关论据。观察下例(引自 Rodríguez-Mondoñedo，2007)：

（127）a. Juan está buscando   (*a)   el decano que mejor maneje su departmento.

John is   looking. for   A   the dean   that better manage-SUBJ

his department

'John is looking for the dean that could better manage his department.'/'约翰正在找能够把学院管理得更好的那个院长。'

b. Juan está buscando **al**/ *el   decano, es decir, **a** Smith.

John is   looking. for a-the/the   dean   is say   A Smith

'John is looking for the dean, that is Smith.'/'约翰正在找院长史密斯。'

例(127a)中修饰宾语的定语从句是虚拟语气，得到"从言"(de dicto)的解读，同时也会使被它修饰的中心语得到一个非特指的解读，这也就是为什么宾语 *decano*'院长'即使在形式上是有定的，依然不能被 *a* 标记。(127b)则正好相反。主句后面的语句补充说明了院长的身份，显然是一个"从实(de re)"的解读，因此，这里的 *decano*'院长'是特指，必须被 *a* 标记。

以上所有的证据都表明西班牙语宾语前的 *a* 是一个特指标记。

在对西班牙语 DOM 现象的句法分析中，*a* 通常被看作宾格标记或赋宾格的中心语，因此 *a* 又被叫作"宾格 *a*"(accusative *a*)。研究西班牙语 DOM 现象的文献不少①，我们将着重回顾两篇生成语法领域最具代表性的文献，Torrego (1998)和 Rodríguez-Mondoñedo(2007)，并为跨语言比较做铺垫。值得一提的是，即使无法观察到宾语位置的变化，这两篇文献都认为西班牙语的 DOM 句式是有宾语移位的，即宾语从 VP 内移动到了 *v*P 的外缘或者比 *v*P 更高的位置。从这一点看，西班牙语的 DOM 句式和把字句是有形式上的对等性的。

---

① 西班牙语 DOM 的详细文献回顾以及其他参考文献可参见 Rodríguez-Mondoñedo(2007：152-153)。

首先来看 Torrego（1998）的分析。Torrego 将西班牙语中的宾格 *a* 和与格 *a* 进行了类比，认为宾格 *a* 和与格 *a* 一样都是固有格标记，而非结构格标记，并指出：所有的宾语无论有没有 *a* 标记都是从轻动词 v 那里得到结构性宾格，但只有带 *a* 标记的宾语才能移动到 vP 的外指示语位置，这是因为 v 带有不可诠释特征[D]（类似于 EPP 特征）会吸引同样带有[D]特征的 *a*—宾语前移。另外，Torrego 还认为轻动词 v 的外指示语是一个很特殊的句法位置，主要表现在以下三个方面：1) 根据 Chomsky（1995b），它是特指性的所在地；2) 根据 Marantz（1984），它跟次级施事角色相关，因此解释了 *a*—宾语的有生性（animacy）限制；3) 占据此位置的宾语具有限制（delimit）语义事件的功能，换言之，它标志着事件的完结性（telicity）（Marantz 1993, Travis 1991, Hale et Keyser 1993 等）。对于标记 *a* 的强制性和可选性问题，Torrego 认为受影响（affected）的（有生）宾语会从影响它的动词那里得到固有格，因此标记 *a* 在这种情况下是强制性的，同时，受影响的宾语会移动到 Spec. vP 的位置，而不受影响的有生名词可以只接受结构格，因此标记 *a* 是可选的。根据 Torrego 的分析，DOM 推导过程如下（表层语序是通过 v 至 T 的中心语移位以及 Spec. VP 至 Spec. TP 的 NP 移位形成的。

（128）

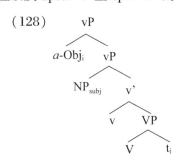

与 Torrego（1998）不同，后者将[D]（有定性和特指性）特征看作推导 DOM 现象的关键①，Rodríguez-Mondoñedo（2007）则将人称（person）特征看作关键点。基于 Béjar 2003 的观点，他提出了"赋值原则"（Condition of

---

① Torrego 在她的分析中提到过，*a*-宾语的有生限制可能跟人称特征相关，但她并未做任何具体的说明。

Valuation），即只有探针与标靶上所有的特征都匹配时，才能为标靶上的格特征赋值，并指出：西班牙语的轻动词 v 所带的 φ 特征是不完整的，没有人称特征，因此无法核查带有人称特征的宾语的宾格，而宾语却可以核查 v 上的数（number）特征。为了避免在 v 语段进行递交操作时，还有未核查特征，从而导致推导式在 CI 界面被排除，宾语必须移动到 vP 的边缘位置。这种操作被作者称为"盲移"（blind movement），与特征驱动移位（或核查驱动移位）相对立。在 v 语段后，宾语继续上移至更高的位置，锚定紧跟 v 之上的与格中心语（Dat）的指示语位置。此时，宾语和 Dat. 进行一致运算，在核查了其人称和数的特征的同时，也核查了其格位特征（它与与格中心语共享 Dat 特征），因此 *a* 标记其实是与格的语音实现（见（129））。需要注意的是，Rodríguez-Mondoñedo 的分析和 Torrego 的分析的另一个重要的区别是，前者认为即使是不带 *a* 标记的宾语，为了能够与 v 进行一致运算，得到宾格标记，也应该移动到 vP 的边缘位置，因为 Rodríguez-Mondoñedo 采纳的观点是探针在任何时候都应当成分统制标靶。即便如此，两个分析都默认被标记的宾语的位置要高于未被标记的宾语的位置。

（129）

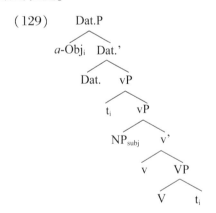

西班牙语的 DOM 现象对把字句的研究，尤其是"把"的本质有何启发呢？其中一个可能性就是将"把"也看作格标记或者赋格中心语，就像西班牙语的 *a* 标记一样。前人研究中有不少学者持这一个观点，比如 Huang

(1982)，Koopman（1984），Goodall（1987），Li（1990，2006），Huang 等
（2009）等。然而，我们认为这个观点是值得商榷的。汉语和西班牙语之间
的一个重要区别是，在西班牙语中，如果宾语是有生、特指名词，*a* 标记
必须出现；但在汉语中，"把"自始至终都是可选的。因此，将"把"看作格
标记或者赋格中心语似乎有些说不通。"把"可以出现也可以不出现，说明
汉语的轻动词 v 所带的 φ 特征是完整的，可以直接核查宾语的格位特征。
当然，我们也可以假设把—NP 基础生成于一个无法被 v 赋格的位置，因
此需要插入"把"进行赋格（见 Li，2006；Huang 等，2009），但这个假设显
然是一种特殊规定，不满足最简理念。因此，我们坚持 3.5.3 节的观点，
认为"把"跟格位没有直接关联，而跟加标和句法标签有关。

　　讨论完句法，另一个相关的问题则是：在语义上汉语中的"把"和西班
牙语中的"*a*"是否有相似性呢？我们认为答案是肯定的，即"把"跟"*a*"一
样，在语义上都是用于标记宾语的特指性的。在接下的内容里，我们将在
3.3.2 节和 3.6.1 节的基础上，提供一些新的证据（主要针对光杆名词）来
证明"把"确系特指性标记，且所有的把—NP 都是特指解读。

　　当一个名词带有量词以及"这""那""这些""那些"等指示语，那么它
一定是一个有定名词，有定名词通常也就意味着特指解读，除非该有定名
词是所谓的"描述性有定名词"（descriptive definites）①。因此，对我们来
说，更具有讨论价值的情况是带有数词和量词的无定名词和光杆名词，因
为它们既可以是特指的，也可是非特指的。对于无定名词，我们在上文中
已经提到，无定名词一般不能充当把—NP，除非可从语境中获取特指的解
读。

―――――――――――――

　　①　下面是一个描述性有定名词的例子（由于汉语中没有真正表示有定的语法成
分，我们将用英语的相关语料作说明）：
　　（ⅰ）I will marry the most beautiful girl in our company.
这里的定冠词 the 并不一定带有指称性或特指性，它有可能表示无论哪个满足所描述条
件的个体。

155

现在我们来详细考察光杆名词的情况。观察下例：

(130) a. 他交了作业。

　　　 b. 他把作业交了。

(131) a. 他吃了苹果。

　　　 b. 他把苹果吃了。

在非把字句的情况下（例（130a）和例（131a）），名词"作业"和"苹果"既可以有特指的解读，也可以有非特指的解读。具体来说，名词"作业"和"苹果"有可能是说话者和听话者都知道的个体，在这种情况，我们会得到特指的解读；如果我们想要强调的是"交作业""吃苹果"这个动作，并不强调"哪份作业"或"哪个苹果"，那我们将会得到非特指的解读。然而，在把字句中（例（130b）和例（131b）），名词"作业"和"苹果"只能有特指的解读。这说明，"把"确实和特指性有直接的关系。

现在我们来考虑另一种情况——带"把"的祈使句（由吕叔湘（1980）首次提到）。很显然在这种情况下，听话人肯定知道说话人指的是哪本书（或哪些书），否则这个句子就是无效的。因此，把—NP"书"只可能是特指的解读。

(132) ——把书拿来！

综上，我们得出结论：把是一个特指标记，把—NP（包括"指示词—量—名""数—量—名"以及光杆名词三种形式）指代特指名词①。结合我们在3.3.1节对把字句体貌特征的讨论，我们认为"把"这个句法元素带有[+D]和[+telic]的语义特征，它的[+D]特征使其必须选择带有[+D]特征的宾语作把—NP，而它的[+telic]特征则要求位于 V 和 v 之间的体貌中心

---

　　① 需要指出的是把—NP 也可以是类指名词（见（31））。这个语言事实会影响我们对把—NP 的总结吗？目前来看，很难做出确切的回答。Barwise & Cooper（1981）曾将类指名词归入强名词一类，因此对他们来说，只有强名词（有定名词、类指名词或无定、特指名词）才能成为把—NP，弱名词（无定、非特指名词）不行。或者，我们也可以将类指看作广义的特指，即类指名词指代的是某个特定的种类，而非任意哪个种类。

语 Asp 上［telic］特征与之相匹配。需要注意的是，这里"把"的两个语义特征本质上是 CI 层的选择性限制（selectional restrictions），跟句法运算无关，无法对宾语的移位进行限制。

3.7.3 跨语言差异溯源

假设宾语漂移、区分性宾语标记以及把字句是同一种语言现象的三种变体，那么这三种变体之间的差异又是从何而来呢？为什么不同语言会选择不同的编码来实现同一种语言现象呢？我们在前文中提到过，"把"的句法作用是为了给 T 下面的句法结构贴上合适的标签，使得把字句的推导式能够在 CI 界面获得正确的解读。具体而言，当宾语移动到 Spec. vP 的位置后，得到的对称结构将通过共享特征加标法加标，获得标签<φ, φ>；如果没有"把"，T 下面的句法结构将被解读为一个名词性结构（［φ］特征是名词性特征），从而违反了 T 的子范畴选择要求，因为 T 必须选择 VP 作补足语；因此，"把"作为一个动词性成分，可以将原本名词性的结构变成一个动词性成分，解决 CI 界面的解读问题。相关的句法推导过程如下：

（133）

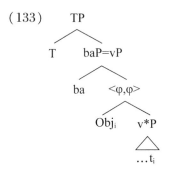

如果这个分析思路是对的，那为什么斯堪的纳维亚诸语可以在没有类似"把"的成分下进行宾语漂移，为什么像西班牙语一样的 DOM 语言，会使用一个显然非动词性质的成分来进行宾语标记？这两个问题将是本节的研究重点。

首先来看一下宾语漂移现象（OS）。假设 OS 跟把字句一样都是通过宾语移动形成的：宾语从 VP 内移动到 v^* 的外指示语位置，形成有 Obj 和 v^* P 组成的｜XP，YP｜型对称结构，跟把字句一样，这个对称结构可通过共享特征［φ］进行加标。相关推导过程如下：

（134）

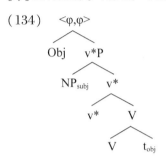

直到目前为止，OS 和把—NP 的句法推导过程没有任何区别，但到了屈折层（inflectional layer）两者的差别就开始显现了。一般认为汉语的动词最远只会移动到 v^*，不会继续上移到屈折层的 T 或更高位置，而斯堪的纳维亚诸语言的动词会上移到屈折层的 T，并继续上移至 C。我们推测很可能就是这个特征，使得 OS 语言不需要类似"把"的成分，就能使相关的句法推导式在 CI 上获得正确的解读：假设动词上移到 T 和在 v^* P 上方加上"把"产生的是相同的后果，即将原本的名词性结构变成了一个动词性结构，也就是说，v 通过中心语移位嫁接到 T 之后得到的并不是 T 而是 v。这个假设与 Neeleman & Weerman（1999）、Koeneman（2000）、Bury（2005）等的观点暗合。后者认为 V2 语言的功能词类实际上是动词自己的重新投射（reprojections）。那么，在最简方案的框架下，如何实现所谓的"重新投射"呢？有意思的是，Chomsky（2015）出于完全不同的理论动机，提出：当中心语 X 移动到 Y 后，并不是 X 嫁接到 Y，而是 Y 嫁接到 X，也就是说，X 和 Y 在经过配对合并后，得到的句法标签是 X 而非 Y。根据这一观点，在 OS 语言中，当 v 上移到 T 后，我们得到的是 v，见下图：

（135）

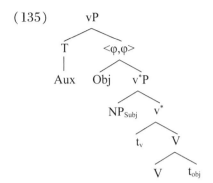

这样一来，v 到 T 的中心语移位实际上起到了重新加标的作用，将原本的 TP 变成了 vP，由宾语移位所引发的潜在的解读问题也随着标签的改变而不复存在了。

Holmberg（1986）最早观察到 OS 语言中宾语的移动和词汇动词（lexical verb）的中心语移位有着密切的联系，即后者是前者的前提条件。这一发现被称为"Holmberg 通则"。后来所有的关于 OS 的句法研究本质上都是在解释"Holmberg 通则"背后的成因。我们上文所提出的加标分析法也可用来解释"Holmberg 通则"。观察下列例句：

（136）丹麦语：

    a. Hvorfor   har   Peter aldrig $\left[\,_{VP}\right.$ læst den $\left.\right]$?

       why   has   Peter never   read   it

       'Why has Peter never read it ?' / '为什么彼得从未读过它？'

    b. *Hvorfor har Peter   den$_i$ aldrig $\left[\,_{VP}\right.$ læst t$_i$ $\left.\right]$?

        why   has Peter it   never   read

（137）冰岛语：

    a. Af hverju   hefur Pétur aldrei $\left[\,_{VP}\right.$ lesið þessa bók $\left.\right]$?

       for what   has   Peter never   read this   book

       'Why has Peter never read the book ?' / '为什么彼得从未读过这本书？'

    b. *Af hverju hefur Pétur $\left[\right.$ þessa bók $\left.\right]_i$ aldrei $\left[\,_{VP}\right.$ lesið t$_i$ $\left.\right]$?

        for what has Peter this   book   never   read

当助动词'has'位于 V2 位置时，阻挡了词汇动词'read'的上移，从而导致

宾语无法漂移到 VP 外。根据我们给出的分析方案，例(136b)和例(137b)
的句法推导过程如下：

（138）

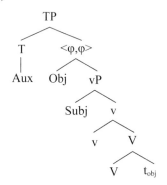

如图(138)所示，当 T 被助动词填充时，v 无法进行中心语移位，TP 不会
被重新加标，出现 T 选择名词性结构的情况，从而使相关推导式在递交到
CI 界面后无法得到正确的解读，因此例(136b)和例(137b)不合法。

此外，加标分析法还可以解释为什么在 OS 语言中，前移的必须是名
词，而不能是其他词类，比如 PP 或 VP 等。① 观察下列例句：

_____

① 但这个观察对 OV 语序的宾语攀爬语言并不适用，以德语为例(该脚注的所有
例句都引自 Vikner, 2006)：

（ⅰ）a. Ich　habe nicht für das Buch bezahlt.

　　　I　have not　for the book paid

　　　'I have not paid for the book. ' /'我没有给这本书付钱。'

　　b. Ich　habe　[für das Buch]ᵢ nicht tᵢ bezahlt.

　　　I　　have　for the book　not　　　paid

（ⅱ）a. Ich habe　nicht dafür　bezahlt.

　　　I　have　not　it-for　paid

　　　'I have not paid for it. ' /'我没有给它付钱。'

　　b. Ich　habe dafürᵢ nicht tᵢ bezahlt.

　　　I　　have if-for not　　paid

上述例句说明：德语，作为一种宾语攀爬语言，不仅允许移动 NP 还允许移动 PP。但
是，德语是不允许位于形容词攀爬的，这点跟 OS 语言的特征一致，见下例：

（ⅲ）a. Peter ist nie　krank.

　　　Peter is never ill

　　　'Peter never gets ill. ' /'彼得从不生病。'

　　b. *Peter ist　krankᵢ nie　tᵢ.

　　　Peter is ill　　 nevers

（139）冰岛语：

    a. Ég borgaði$_v$ ekki t$_v$ fyrir bókina.

       I   paid   not   for   book-the

       'I didn't pay for the book.'/'我没有给这本书付钱。'

    b. *Ég borgaði$_v$ [fyrir   bókina   ]$_i$ ekki t$_v$ t$_i$.

        I   paid   for   book-the   not

（140）丹麦语：

    a. Jeg betalte$_v$ ikke t$_v$ for   den.

       I   paid   not   for   it

       'I didn't pay for it.'/'我没有给它付钱。'

    b. *Jeg betalte$_v$ [for den]$_i$ ikke t$_v$ t$_i$.

        I   paid   for it   not

（141）冰岛语：

    a. Pétur er aldrei   veikur.

      Peter is never   ill

      'Peter never gets ill.'/'彼得从不生病。'

    b. *Pétur er veikur$_i$ aldrei t$_i$.

       Peter is ill   never

（142）丹麦语：

    a. Peter er aldrig   syg.

      Peter is never   ill

      'Peter is never ill.'/'彼得从不生病。'

    b. *Peter er syg$_i$ aldrig   t$_i$.

      Peter is ill   never

如（139b）、（140b）、（141b）、（142b）例所示，在 OS 语言中，移动 PP 'for the book/it' 或者 AdjP 'ill' 都会导致语句不合法。这是因为如果移动一个非 NP 到 vP 的外指示语位置，得到的对称结构 α 就无法加标，因为 XP 和 vP 不共享任何特征，无标签的句法结构进入 CI 界面后会违反完全诠释原则（Full Interpretation），导致语句不合法。参考下图：

（143）

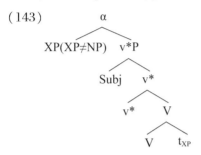

综上所述，我们认为在以斯堪的纳维亚诸语言为代表的 OS 语言中，动词的 v 至 T 移位使得这些语言在宾语漂移后不需要用类似"把"的句法成分来获得合适的句法标签，因为 v 移到 T 后，起到了重新加标的作用，使原本的 T-<φ，φ>的结构变成了 v-<φ，φ>，CI 层面的解读问题迎刃而解。这个假设除了可以解释汉语把字句和 OS 语言之间的差异，还可用来解释与 OS 相关的两个重要问题：1) 动词的中心语移位和宾语漂移的相关性问题和 2) 对漂移成分的词类限制问题。

下面来看区分性宾语标记现象（DOM）。我们知道，西班牙语的动词会上移到 T 位置。如果我们上文对 OS 现象的分析是对的，那么西班牙语应该像 OS 语言一样，允许宾语在无标记的情况下进行移位。然而，在西班牙语中，移位宾语如果带有特指性和有生性，必须被显性标记 *a* 标记。如何解释这一现象呢？我们将采纳 Torrego（1998）和 Rodríguez-Mondoñedo（2007）的基本观点，即西班牙语的宾语像把字句和 OS 句一样都移动到了 v^* 的边缘位置，虽然在表层语序上未能显现出来。① 既然移位本身就能让相关句法结构在 CI 界面上获得正确的解读，那么 *a* 标记很可能并没有句法作用，仅是一个纯粹的特指标记，或者我们也可以采纳 Torrego（1998）和 Rodríguez-Mondoñedo（2007）的观点，将 *a* 看成一个格标记。总之 *a* 的性质和"把"的性质有着根本的区别。

---

① 由于西班牙语的副词不标记 *v*P 的边缘位置，因此当动词从 *v* 上移至 T 后，无论宾语是否移到了 Spec. *v*P，表层语序一直是 V—O。这使得宾语移位只能是一个理论内部假设（参见 Torrego，1998）。

有两方面的论据可支持我们的假设。首先，西班牙语的 *a* 不是一个动词性成分，而是一个介词性成分（其他语言的 DOM 也多是如此），它除了充当区分性宾语标记外，还可以出现在由动词派生而来的名词词组中（下例引自 Richards，2010）：

（144）su amor **al**　　　dinero

　　　　his love to-the　money

　　　　'his love for money'／'他对钱财的迷恋'

在(144)中，*a* 作名词 dinero '钱' 的格标记。由此我们可以推测，*a* 很可能是一个介词，相当于英语中的 of、for、to 等介词。如果 *a* 真的用于加标的成分，那么它必须是一个动词性质的成分，但目前并没有任何语料上的佐证。

其次，西班牙语的 DOM 句式（也包括很多其他 DOM 语言）有一个突出的特点，即只有宾语满足一定的语义要求，即特指和有生，才会被区分性成分标记。那么重要的是要弄清楚是只有被标记的宾语才能移位，还是所有宾语都移位，只有少数移位的宾语能够被标记。为达到这个目标，我们必须选择一个能观察得到宾语移位的 DOM 语言。埃塞俄比亚中部的格拉盖语（Gurage language）——查哈语（Chaha）就是这样一种语言。① 查哈语是一个 OV 语言，当宾语移位时，会越过副词，落在一个更高的句法位置上，而且无论宾语是否被标记，都可以进行移位，观察下例（引自 Richards，2010）：

（145）a. Č'amʷɨt nɨmam　　　ambɨr　　　tɨčəkɨr

　　　　　Č'amʷɨt normally　　cabbage　　cooks

　　　　　'Č'amʷɨt normally cooks cabbages.'／'Č'amʷɨt 一般用卷心菜烹饪。'

　　　　b. *C'amʷɨt ambɨr　　　nɨmam　　　tɨčəkɨr

　　　　　Č'amʷɨt cabbage　　normally　cooks

---

① 理论上，我们对 OS 现象以及西班牙语 DOM 现象的分析也可以应用到查哈语中，前提是必须假设查哈语有 *v* 至 T 移位。但由于查哈语是 OV 语言，动词移位无法被直接观察到，因此无法验证我们的假设是否正确。我们只能将这个问题留作后续研究。

Intended meaning：'Č'am^{w}ɨt normally cooks cabbages.'/欲表
达：'Č'am^{w}ɨt 一般用卷心菜烹饪。'

(146) a. *Č'am^{w}ɨt nɨmam　ambɨr　　xwita　tɨčək^{w}ɨnn.

　　　　Č'am^{w}ɨt normally cabbage　the　　cooks

　　　Intended meaning：'Č'am^{w}ɨt normally cooks the cabbage.'/欲

　　　表达：'Č'am^{w}ɨt 一般用这个卷心菜烹饪。'

　 b. Č'am^{w}ɨt ambɨr　x^{w}ita　nɨmam　tɨčək^{w}ɨnn.

　　　Č'am^{w}ɨt cabbage the　　normally cooks

　　　'Č'am^{w}ɨt normally cooks the cabbage.'/'Č'am^{w}ɨt 一般用这个
　　　卷心菜烹饪。'

(147) a. Gɨyə　yə-fərəz　nək^{w}əsənɨm

　　　 dog　 yə-horse　bit

　　　 'A dog bit a (specific) horse.'/'一只狗咬了某匹马。'

　 b. Gɨyə　fərəz nəkəsəm

　　　 dog　　horse bit

　　　 'A dog bit a (nonspecific) horse.'/'一只狗咬了一匹马。'

由(145)—(147)例可知，在查哈语中，所有特指的宾语必须前移，越过标
记 vP 边缘的副词'normally/一般'(见(146))，而非特指名词则一律不能
前移(见(145))。如果前移的特指宾语是有生名词，则需要加上区分性标
记 yə。这说明，并不是只有带有显性标记的宾语才能前移，而是显性标记
的宾语是前移宾语的一个子集。

　　假设西班牙语和查哈语在宾语移位上是相同的，那么西班牙语的区分
性标记 a 应该和加标运算没有直接关系，很可能是一个语用标记或跟线性
化有关的一个区分性机制。①

---

　　① Richards (2010)不同意将 DOM 看作格标记，而是通过"区分性"(distinctness)
这一概念来分析 DOM。具体而言，Richards 指出，宾语移位后将和主语同处于句法范
域 IP，如果两者的标签一样，或有一样的语义特征，将无法在 PF 层进行线性化操作，
因此需要一个区分机制，将两者的标签区分开来。DOM 正是这样一个区分性标记。

3.7.4 小结

把字句的跨语言比较使我们发现了很多有意思的语言事实，找到了不同语言现象之间的内在联系，进一步加深了我们对把字句的理解。将把字句和以斯堪的纳维亚诸语的为代表的宾语漂移现象作对比，使我们了解到把—NP 的有定、特指，甚至"受体"（affected）的解读可能并不是跟"把"直接相关，而是宾语移位（从 VP 内移到 Spec. vP）所产生的语义效应，以你为斯堪的纳维亚语言的宾语在漂移后也会有类似的解读，但这些语言中并没有与"把"对应的成分。对区分性宾语标记现象的考察，使我们更加了解"把"的语义本质。将西班牙语的区分性标记 a 和"把"进行对比，我们发现只有"把"才起到加标的作用。

随着跨语言研究的深入，一个有趣的问题随之浮现，即：宾语漂移、区分性宾语标记和把字句是同一种语言现象吗？Torrego（1998）等一些语言学家试图将 DOM 现象向 OS 现象靠拢，认为无论是 DOM 还是 OS，本质上都是宾语的移位。López（2009）、Rodríguez-Mondoñedo（2007）等另外一些语言学家则认为 DOM 现象和 OS 现象是两种不同的现象，相比之下，OS 可能更接近于双附着词结构（double clitic constructions），而非 DOM 结构。我们对此问题的思考如下：从语义角度来看，漂移宾语、被标记的宾语以及把—NP 有着相近的语义解读，三者都必须是特指的；从句法角度来看，OS、DOM、把字句都可以通过宾语的移动推导出来；另外，这三种现象均符合 Diesing（1992）提出的匹配假设（Mapping Hypothesis），即如果宾语有预设性的解读，那么它必须从 VP 内的位置移动到限定范围（restrictive domain），也就高于 VP 的句法位置，因为 VP 所对应的是核心范域（nuclear domain）。根据这三个标准，我们认为宾语漂移、DOM 以及把字句很可能隶属于同一种语言现象。

承认以上三种现象可以通过宾语移位统一起来，我们即可为宾语移位语言建立一个初步的类型学观察：斯堪的纳维亚诸语是仅有显性宾语移位而无显性宾语标记的语言；西班牙语类的 DOM 语言是仅有显性宾语标记而无显性宾语移位的语言；汉语和查哈语是既有显性宾语移位又有显性宾语标记的语言。当然，根据宾语标记的语法作用，我们还可以细分：汉语的显性宾语标记是为了满足加标的需求，而西班牙语、查哈语等典型的DOM 语言的宾语标记，无论将其看作是格标记还是语音或语用界面的标记，都与加标无直接关系。

最后，我们从加标的理论视角出发阐释了这三种子现象(或称副现象)之间的内在联系和区别。OS、DOM 和把字句都涉及宾语的移位：宾语从VP 内移动到了 Spec. v^*P 的位置，得到一个由 Obj 和 v^*P 组成的 {XP,YP} 型对称结构，由于 Obj 和 v^*P 共享一致特征 φ，对称集合 {Obj, v^*P} 将由 φ 来加标，得到标签 <φ, φ>。因此，这三种现象在 vP 层的推导是完全一样的。但是，当推导继续，T 与 <φ, φ> 进行外合并后，得到的句法结构 "T-<φ, φ>" 不满足 T 的子范畴选择要求，无法在 CI 层获得正确的解读。面对这一加标问题，不同语言选择了不同的应对策略，一边是以汉语为代表的动词不上移至屈折层的语言，另一边则是以斯堪的纳维亚诸语言以及西班牙语为代表的动词必须上移至屈折层的语言。汉语中，由于动词最高只能移动到 v^*，因此需要在 T 的下方插入一个动词性成分"把"，使其先与 <φ, φ> 合并形成一个 vP，以满足 T 的子范畴选择要求。在 OS 语言以及以西班牙语为代表的 DOM 语言中，v 会上移至 T，并与 T 进行配对合并，根据 Chomsky(2015)，配对后得到的集合将被标记为 v，从而使 "T-<φ, φ>" 结构变成了 "<v-<φ, φ>"，原先的子范畴选择问题得到解决。简言之，T 到 v 的移位起到了扩展动词范域的作用。另外，DOM 结构和把字句不同，虽然两者均带有"标记"，但标记的作用有所不同，"把"是为了加标，而 DOM 则是出于格位或界面性质的标记。

3.8　把字句和重动句之间的互动

3.8.1　对等关系？

在上一节中，我们将把字句与其他语言中的相关现象做了对比研究。本节将着重探讨把字句与汉语中的其他句型，尤其是重动句，之间的互动关系。

把字句和重动句一样，也可以在动后选择补语，也就是我们在3.2节说的"把—宾—V（—体貌标记）—XP"型把字句（第二种把字句）。观察下面的例句：

（148）a. 他把那匹马骑得很累。

b. 他骑那匹马骑得很累。

（149）a. 他把那篇课文读了一下午/好几遍。

b. 他读那篇课文读了一下午/好几遍。

（150）a. 他把那个水管抓得很紧。

b. 他抓那个水管抓得很紧。

（151）a. 他把那匹马骑累了。

b. 他骑那匹马骑累了。

上述例句说明，带补语的把字句都有相对应的重动形式。① 那么，把字句和重动句有何关系呢？它们在句法推导上是对等的吗？这就是本章要回答的问题。据我们所知，Cheng（2007）是最早讨论过这个问题的学者。她认为带补语的把字句和宾语指向的重动句在结构上是对等的。根据她的分析，（148）中的a句和b句的句法推导分别如下：

（152）a.

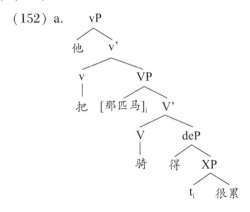

---

① 虽然把字句和重动句的动后都可以加上"得"引导的结果补语句或结果语素，但两者在解读上有所区别。把字句倾向于宾语指向的解读，而重动句则倾向于主语指向的解读。以（148）为例，a句表示"那匹马很累"，而b句则倾向于表示"他很累"。但Cheng（2007）认为（148b）是由宾语指向的解读的，即它和a句一样也可以表示"那匹马很累"，我们对此持保留意见。

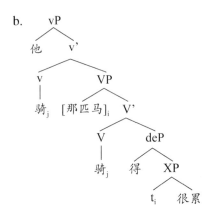

由上图所示，两种句式都是通过"那匹马"的移位得到的："那匹马"基础生成于结果补语的主语位置，为了满足动词"骑"的题元特征，移动到了Spec. VP 的位置。两者的区别仅在于，在把字句中，轻动词 v 由"把"直接填充，动词保留原位，不上移；而在重动句中，动词"骑"从 V 上移动了 v。(152b)之所以会产生重动形式是因为在 PF 层，"骑"的下层拷贝和"得"进行了形态融合，逃脱了拷贝删除机制，最终在表层结构形成了双拷贝拼读的情况。

然而，Cheng 又指出，虽然把字句和宾语指向的重动句在结构上有对等性，但两者也存在显著的区别：当谓语是不及物动词时，只有把字句是合法的。观察下例：

（153）a. 他哭得手帕很湿。

b. 他把手帕哭得很湿。

c. *他哭手帕哭得很湿。

对此，Cheng 给出的解释是：（153c）不合法是因为动词"哭"是一个不及物动词，没有题元特征需要满足，因此位于结果补语主语位置的"手帕"没有移位动机，如果强行将"手帕"移动到 Spec. VP 位置，将违反移位的"最后手段"（Last Resort）原则；对于不及物动词来说，结果补语句的主语必须保持原位，不可能出现动词拷贝现象（见（153a））。然而，Cheng 并未解释为什么（153b）中的把字句是合法的。

Cheng 认为她对结果补语重动句的分析可以扩展到其他类型的重动句。①
由此，我们也可以推测，对 Cheng 来说，把字句和其他类型的重动句之间也
有结构上的对等性。以(149)为例，a 句和 b 句的句法结构可表示如下：

（154） a.

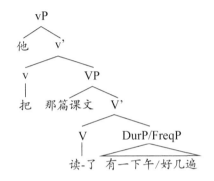

b.

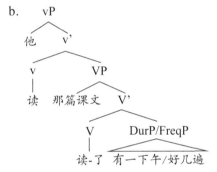

然而，有不少语言事实可以证明把字句和重动句在结构上是没有对等
性的。第一，(152)中的结构预测把字句和重动句是互斥的、呈互补分布，
但事实上，把字句和重动句是可以同时出现在一个语句内的：

（155） a. 他吃海鲜把肚子吃坏了。

　　　 b. 他骂小孩把嗓子都骂哑了。

第二，句法位置较高的副词在把字句和重动句中的分布是不一样的，

———————

　　① 根据 Cheng 的分析，把字句只能跟涉及标准移位的重动句(包括宾语指向的结
果补语重动句以及带有定宾语的时量/动量补语、方式补语重动句)有对等性。另外，在
Cheng 的分析中，动结式都是通过侧向移位生成的，因此(151)中的两个句子是没有结构
上的对等性的。

参见下列例句(=第二章(65)—(67))：

(156) a. 他唱那首歌总是唱得很好。

　　　 b. *他把那首歌总是唱得很好。

　　　 c. 他总是把那首歌唱得很好。

(157) a. 他看那部小说一定能看一下午。

　　　 b. *他把那部小说一定能看一下午。

　　　 c. 他一定能把那部小说看一下午。

(158) a. 他读那篇课文没读几遍(就会背了)。

　　　 b. *他把那篇课文没读几遍(就会背了)。

　　　 c. 他没把那篇课文读几遍(就会背了)。

第三，对于结果补语(包括"得"引导的补语从句和表结果的附着语素)，把字句和重动句通常会得到相反的解读：把字句只允许宾语指向的解读而重动句则倾向于主语指向的解读。观察下例：

(159) a. 他$_i$把李四$_j$骂得[$pro_{*i/j}$直哭]。

　　　 b. 他$_i$骂李四$_j$骂得[$pro_{i/??j}$直哭]。

(160) a. 他$_i$把李四$_j$骂得[$pro_{*i/j}$嗓子都哑了]。

　　　 b. 他$_i$骂李四$_j$骂得[$pro_{i/??j}$嗓子都哑了]。

(161) a. 他把新手机摔坏了。

　　　 b. ??／*他摔新手机摔坏了。

(162) a. *他把车开累了。

　　　 b. 他开车开累了。

综上所述，把字句和重动句虽然都允许动后接补语，但1)两者并不是互斥关系，可以同时出现在一个句子中；2)高位副词在这两种句子中的分布不一样；3)它们在结果补语中有相反的解读。因此，我们认为 Cheng (2007)提出的类似于(152)和(154)的对等结构假设是站不住脚的。另外，上述讨论也从侧面论证了我们的假设，即把字句是通过 NP 移位生成的，而重动句是通过 VP 移位生成的。

3.8.2　同样的触发机制？

假设把字句和重动句的结构不是对等的，一个是通过 NP 移位形成的，一个是通过 VP 移位形成的，那么随之而来的问题则是这两种移位是否是由同一个原因触发的。我们在第二章提到过，VP 移位是解决 vP 内的加标困境，那么 NP 移位有没有可能也是出于加标的原因呢？本节的目的就是找到这个问题的答案。

首先来看第一种和第三种把字句：

（163）a. 他把他的战友出卖了。（=2）

　　　b. 我把他免了职。（=7a）：

它们在移位前的基础结构分别如下：

（164）a. $[$ 他 $[_{v*P} v^* [_{VP}$ 出卖了 $[_{NP}$ 他的战友$]]]]$

　　　b. $[$ 我 $[_{v*P} v^* [_{VP}$ 免了 $[_{DP/<Gen, Gen>}$ 他 $[_{GenP}$ 的 $[_{NP}$ 职 $]]]]]]$

在（164a）中，vP 层内都是 $\{$H, XP$\}$ 型不对称结构，每一个句法成分都可直接通过加标运算直接加标，因此不存在任何加标困境。再来看（164b），唯一有可能出现加标问题的是由 DP 和 GenP 组成的 $\{$XP, YP$\}$ 型对称结构，但我们在 3.6 节中已经提到，$\{$DP, GenP$\}$ 是可以在不移位的情况下获得标签的。第一种途径是通过 DP 和 GenP 共享的 Gen 特征加标，获得 <Gen, Gen> 标签；另一种途径是认为 Gen 是一个若词类无法加标，因此加标运算将直接选择唯一可用来加标的成分 DP 来加标。这样一来，（164b）也不存在任何加标问题。那么我们为了推导出（163）中的把字句而进行的 NP 移位，即"他的战友"以及"他"的移位，就显然不是出于加标的原因。因此，我们得出以下结论：第一种和第三种把字句所涉及的 NP 移位单纯是为了满足 v^* 上 EPP 特征。值得一提的是，由于 v^* 上的 EPP 是可选的，因此当 v^* 上没有 EPP 特征时，我们得到的将是一般的及物结构：

（165）a. 他出卖了他的战友。

　　　b. 我免了他的职。

再来看第二种把字句。这类把字句跟重动句的关系更为密切，也是本节研究的重点。观察下例(＝例(3))：

(166) a. 他把李四打得很惨。

　　　 b. 他把那篇课文读了一下午/好几遍。

　　　 c. 他把水管抓得很紧。

　　　 d. 他把那个花瓶砸碎了。

首先来看(166a)和(166d)。我们知道，把字句中的结果补语都是宾语指向的，而我们在第二章中提过，宾语指向的结果补语句其实是 VP 壳结构，宾语作为次级主语，基础生成于 Spec. VP 的位置(见(167a))。虽然 Obj 和 VP 外合并后会产生一个对称结构 α，但由于 Obj 和 VP 共享一致特征 φ，因此 α 可以通过共享加标法获得标签<φ, φ>。对于宾语指向的动结式，宾语基础生成于小句的主语位置。由于动结式中的结果语素是简单成分，因此小句其实是一个{H, XP}型不对称结构，可由结果语素直接加标，因此(167b)中的结构也不存在加标问题。为了得到(166a)和(166d)中的把字句，只需要将 Obj 移动到 Spec. vP 即可。但此时的 NP 移位，跟第一种和第三种把字句一样，并不是出于加标的原因。

(167) a. $[$ Subj $[_{vP}[v[_{\alpha}$ Obj $[_{VP}$ V ResP$]]]]]$

　　　 b. $[$ Subj $[_{vP}[v[_{VP}$ V $[_{SC}$ Obj V/Adj$_{res}]]]]]$

再来看(166b)和(166c)。根据第二章的讨论，在时量/动量补语句或方式补语句中，动词首先与宾语合并，然后再与补语合并。(166b)和(166c)在 vP 层的基础结构表示如下：

(168)$[$Subj $[_{vP}[v[_{\alpha}[_{VP}$ V Obj$]$ XP$]]]]$ (XP: 时量/动量补语或方式补语)

此时，vP 内出现了一个由 VP 和 XP 组成的{XP, YP}型对称结构 α，且由于 VP 和 XP 无共享特征，α 无法通过共享加标法加标，移位成了唯一的选择。如果移动 VP，我们会得到重动句"他读那篇课文读了一下午/好几遍"或"他抓水管抓得很紧"。如果移动 Obj，我们便会得到(166b)和(166c)中的把字句，具体推导过程如下：

（169）BA $[$ Obj $[$ Subj $[_{vP}[v[_{\alpha=VP}[_{V}$ V <Obj>$]$ XP$]]]]]$

Obj 移动后，Obj 在 VP 内的拷贝变成了一个不连续体，对加标运算不可见，α 即变成了一个由 V 和 XP 组成的不对称结构，可直接获得标签 VP，α 的加标问题得以解决。因此，我们可得到结论：（166b）和（166c）中的 NP 移位是为了满足加标的需要。这个假设可以通过例（170）来证明，当 Obj 不移动时，语句是不合法的①，而对于没有加标困境的把字句来说，NP 移位是可选的。

（170）* 他抓水管得很紧。

经过上述讨论，我们现在可以来回答本节开始时提出的问题了：大多数情况下，把字句中的 NP 移位都是"自由"移位，跟加标没有直接关系；只有第二种把字句，即带有补语的把字句中（不包括结果补语和动结式）的情况下，把字句的 NP 移位才跟重动句的 VP 移位一样，是由加标驱动的。

3.9 其他类型的把字句以及把字句的重新分类

在第三类把字句中，还剩一个子类的把字句尚未处理，其特征如下：一个语句中带有两个宾语，其中一个是把—NP，另一个滞留在 v^*P 内，且两个宾语之间并没有领属或整体-部分的关系。观察下方的例句：

（171）我们把他当傻瓜。（=7a）

动词"当"的两个宾语"他"和"傻瓜"之间是主—谓关系。因此，我们认为该句的基本结构应该是一个小句结构，如下图：

---

① 值得注意的是，（166b）所对应的非把形式是合法的：

（1）？他读了那篇课文一下午/好几遍。

这并不是说明该句在 vP 层内没有形成加标问题，而是对于带有定宾语的时量/动量句，有定宾语除了可以移动到 Spec.vP 外，还可以移动到位于 V 和 v 之间的 Spec. AspP 位置（即宾语攀爬），这两种移动都可以解决加标问题。因此（i）之所以合法，是因为此时宾语进行了宾语攀爬（参见第二章 5.4.1 节）。

（172）
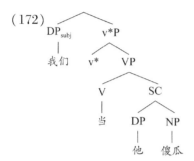

小句 SC 是一个｛XP，YP｝型对称结构，无法直接加标。因此小句 DP 主语"他"必须移位，否则推导式将在 CI 界面被判定为不合法。如果小句主语"他"移动到 VP 的姊妹节位置(173b)，那么小句 α 将由唯一对加标运算可见的成分 NP 来加标。移位造成的另一个对称结构 β 将通过共享特征加标法加标：根据 Chomsky (2008)，V 将从语段中心语 v^* 处继承所有的不可诠释特征，因此 VP 和 DP 共享一致特征 φ。最终 β 会得到标签<φ，φ>。紧接着，在进行完常规的主语移位以及动词移位后，便可得到(173a)中的句子。

（173）a. 我们当他傻瓜。

　　　b. $[_{\delta=<\varphi,\varphi>}$我们$_j[_{TP}$ T $[_{\gamma=v^*P}$ t$_j[_{v^*P}$当 $[_{\beta=<\varphi,\varphi>}$他$_i[_{VP}$ t$_V[_{\alpha=NP}$ t$_i$傻瓜]]]]]]]]

如果小句主语移动到更高的位置，最终落在 v^*P 的边缘位置，我们将会得到(171)中的把字句，相关推导过程如下：

（174）
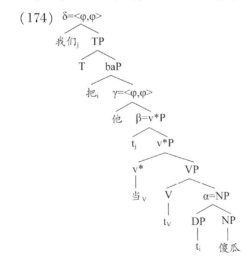

虽然(171)这种子类型的把字句没有对应的重动形式，但它们跟(166b)、(166c)中的把字句本质上是一样的，在 v^*P 内都有加标问题，NP 移位是由加标驱动的。

另外，在第二类把字句中，我们还可以找到把—NP 不是动词的宾语而是补语从句的主语的情况。观察下例：

(175) a. 他把我哭得整晚都睡不好。

    b. 他把肚子吃坏了。

首先来看(175a)。谓语"哭"是一个不及物动词，因此这里的把—NP"我"只做结果补语"整晚都睡不好"的主语。在句法上，"我"也只能基础生成于结果补语从句的主语位置，但是结果补语是一个有限从句，即 CP，那么补语从句的主语为什么会对 v^* 可及呢？其中一个可能就是"我"从 Spec.TP 的位置移到了 Spec.CP 的位置，因此在 TP 递交到 PF 和 LF 层后，依然对 v 语段可见。接着，"我"又从 Spec.CP 的位置移动到了 Spec.vP 位置，生成出(175a)中的把字句，具体推导过程如下：

(176) $[_{baP}$ 把 $[_{<\varphi,\varphi>}$ 我$_i$ $[_{v^*P}$ 哭 $[_{VP}$ t$_V$ $[_{CP}$ t$_i$ $[_{CP}$ 得 $[_{TP}$ t$_i$ 整晚都…$]]]]]]]]$

虽然整个推导的过程比较复杂，涉及两次"我"的移位，但由于"哭"本身是一个不及物动词，不带宾语，因此 vP 内并没有加标问题，"我"的移位是自由的。

再来看(175b)。虽然"吃"本身是一个及物动词，但把—NP"肚子"显然不是"吃"的宾语，这里"吃"的宾语并没有在句法中实现出来。与上例一样，"肚子"是基础生成于结果补语小句的，但由于小句不是完整的句子，因此小句主语"肚子"从一开始就是对 v^* 可及的。将"肚子"从小句主语的位置移动到 Spec.vP 的位置便推导出了(175b)中的把字句，具体推导过程如下：

(177) $[_{baP}$ 把 $[_{<\varphi,\varphi>}$ $[$ 肚子$]_i$ $[_{v^*P}$ 吃$_j$-坏$_k$-了 $[_{VP}$ t$_j$ $[_{SC}$ t$_i$ t$_k$$]]]]]$

跟(175a)一样，(175b)中的动词"吃"也没有句法宾语，因此 vP 内也不存在任何加标问题，"肚子"的移位是自由的。

跟其他不存在加标问题的把字句一样，(175)中的把字句是有对应的

非把形式的：

(178) a. 她哭得我整晚都睡不好。

b. 他吃坏了肚子。

在全面考察了所有类型的把字句之后，我们可以对把字句进行重新分类。我们在本章第二节对把字句的分类是纯描述性的，没有任何理论的预设。但是，在完成把字句的分析后，我们觉得有必要从理论的角度对其进行重新分类。按照把字句中 NP 移位的性质，可将把字句分为两大类：1）无外力驱动的可选性移位和 2）加标驱动的强制性移位。大多数把字句属于第一类，因此绝大多数把字句有与之对应的非把形式；而少数把字句属于第二类，在这类把字句中，由于"把"下方的 v^*P 内有加标问题，NP 移位是由加标驱动的强制性移位。

3.10 总结

在本章中，我们讨论了汉语的把字句。我们支持移位假设，认为把—NP 是通过移位形成的而非基础生成于某个特定的句法位置，同时，我们认为"把"是一个轻动词，生成于 v^*P 之上，与 v^* 不在同一个语段内。紧接着，我们又提出：动词的宾语或动词所选择的小句/从句的主语，从 VP 内部移动到 v^*P 的外缘位置这一移动本身是独立于"把"的；但是，NP 移位客观上使得"把"的子范畴要求得以满足，如果 NP 不移位，"把"选择的就是 vP，违反了"把"的子范畴要求，相关推导式会在 CI 层面被排除。

我们对把字句研究最大的贡献是将加标理论融入了整个把字句的分析中。把字句的推导主要有两个方面涉及了加标理论。第一个方面跟 NP 移位相关：NP 移动到 Spec. v^*P 之后形成了一个对称结构，由于 NP 和 v^*P 共享一致特征 φ，该对称结构可以获得标签$<\varphi, \varphi>$；得益于此标签，"把"的子范畴选择要求被满足。第二个方面跟"把"的句法作用有关："把"的出现是为了给 T 下方的结构贴上动词的标签，以满足 T 的子范畴选择要求，没有"把"，T 选择的将是一个带$<\varphi, \varphi>$标签的名词性结构，导致相关的推导式在 CI 界面无法得到适当的解读。

　　为了更深入地理解把字句，我们还对其进行了跨语言的对比研究。我们将把字句与宾语漂移现象以及区分性宾语标记现象进行了句法和语义层面的比对。我们发现这三种语言现象都有着相同的本质——宾语移位，并且无论是漂移的宾语、被标记的宾语还是把—NP 在语义上都具有特指性。同时，我们还从加标的视角解释了这三种语言现象的差异性。在汉语中，由于动词最高只移动到 v，不上移至 T，因此为了解决由宾语移位造成的加标问题，汉语语法必须在 T 和 vP 之间插入一个动词性成分"把"；而在斯堪的纳维亚诸语以及以西班牙语为代表的 DOM 语言中，同样的加标问题可以直接通过动词的 v 至 T 移位解决，因为 v 上移至 T 后得到的是 v，而 v 选择带<φ, φ>标签的名词性结构不会造成任何的解读问题。

　　在本章的最后，我们试图探索把字句和重动句之间的关系。经过分析，我们发现 Cheng(2007)的假设是不成立的，把字句和重动句之间并没有句法上的对等性。尽管如此，我们认为把字句和重动句之间并非毫无关联，虽然大多数把字句中的 NP 移位都是自由移位，不受外力驱动，但带有补语的把字句(结果补语和动结式除外)中的 NP 移位和重动句中的 VP 移位有着同样的驱动力——都是由加标驱动的强制移位。

第4章　容量型翻转句

4.1　容量型翻转句的定义和分类

汉语在语言类型的属性上有两个亮点。其一是缺乏明显语法标记的光杆句式特别多：如"狗看门，鸡报晓""谁去，谁倒霉""自己犯错，自己负责""你办事，我放心"等。这点可能跟汉语的孤立性（isolatingness）和隐性范畴（silent categories）有关（参见蔡维天，2019）。其二是有为数众多的倒装句式，尤其是在小句子（IP）的层次异常发达，如"我看医生"对上"医生看我"，又如"我们淋了雨"对上"雨淋了我们"，"大叔围著一条浴巾"对上"一条浴巾围著大叔"（参见李临定，1983）。这点可能跟汉语的分析性（analyticity）和论元结构的安排有关（参见 Huang，2015）。

本章要考察的结构既是光杆又是倒装，在文献中有光杆数量句、供用句、容纳句、容量型翻转句等称呼。我们将其中具有模态义（modality）的句式单独拿出来讨论，称之为容量翻转句（flip-flop sentences with capacity meaning）：其特征为光杆动词带两个论元，皆为数量名词组，如（1a）为翻转 B 句，（1b）为翻转 A 句。

（1）a.　一部车坐五个人。（翻转 B 句）

　　　b.　五个人坐一部车。（翻转 A 句）

此处需要说明的是，本章关注的重点是只含有光杆动词的翻转句，而不讨论下列带有体貌标记的倒装句型(参见陆俭明，2011)[①]：

  (2) a. (昨天)一部车坐了五个人(，但那部车其实可以坐七个人)。

    b. (昨天)五个人坐了一部车(，但实际上七个人也塞得进去)。

  这是因为一旦触及特定事件，类指性模态义便消失不见，变成了偶发句(episodic sentences)，属于对事实的描述，而非对其容量、供用的评估。

4.2 容量型翻转句的研究现状

  翻转句一直是学界关注的热点问题，各领域的研究成果相当丰硕。学者们已从传统语法(朱德熙，1982；宋玉柱，1991；任鹰，1999 等)、构式语法(陆俭明，2004 等)、认知语言学(丁家勇，2006)、生成词库(汪昌松、靳玮，2016；周韧，2017)等诸多维度对容量型翻转句的语义、语用特征做了深入探讨。概括而言，以上学者们认为容量型翻转句主要具有三个基本语义特征：1)容量型翻转句中的谓语具有弱事件性；2)两个涉事的名词成分具有数量配比义；3)容量型翻转句带有供用义、容纳义等语用含义。鉴于本章主要探讨的是容量型翻转句的句法结构，暂不对上述研究作细致评论，仅对生成语法领域的相关研究进行一些回顾和探讨。

  相较于容量型翻转句的语义、语用研究，学界对该现象的句法研究相对较少，且主要集中在生成语法领域。韩流、温宾利(2016)主张翻转 B 句中的动词在词库中进行了"去施事化"操作，变成了一个非宾格动词，相当于英语的 *weigh*、*cost*、*measure* 类动词，其句法推导过程如下：(3a)中的去施事性动词"吃"在进入句法后，选择"五个人"作补足语，名词"一锅

---

  ① 依此理念，完全没有模态诠释的句式也不在本文考虑之列，如下列表地域存在义的倒装句(参见许歆媛、潘海华，2019)：

  (i) a. 台上坐着主席团。

    b. 庙里住着一位神仙。

    c. 水里游着两条鱼。

饭"占据 Spec. VP 的位置，从而构成了翻转句的底层结构，随后，时态中心语 T 与"一锅饭"进行一致运算，为自身的不可解读特征[φ]赋值，同时也为名词"一锅饭"赋格，一致运算完成后，"一锅饭"为了满足 T 上的 EPP 特征移动到 Spec. TP 位置，从而得到(3a)表层语序，见下图：

（3）a.　一锅饭吃五个人。

b. $[_{TP}$　$[_{T'}$ T $[_{vP}[_{V'}$ Φ $[_{VP}$ 一锅饭$[_{V'}$ 吃 五个人$]]]]]$

根据韩流、温宾利的观点，翻转 A 句"五个人吃一锅饭"中的动词"吃"是一个典型的二元及物动词，未在词库中进行任何词汇操作，因此它的句法结构与正常的及物动词结构"小李吃了苹果"无异。

两位作者虽然对翻转 B 句和翻转 A 句的句法结构做了深入的分析，却忽略了两个重要的语法事实。其一，翻转 A 句在表达数量配比义时，其动词的事件性和施事性与在翻转 B 句中一样，同样是未凸显的，而我们通常所说的"翻转"其实指的是这种特殊情况下的"翻转"，而不是指带有动作含义的动词和不带有动作含义的动词之间的"翻转"。其二，动词的"去施事化"并不会直接产生出表度量的二元非宾格动词，而是出现一个与原及物动词语义相匹配的、"去施事化"的一元非宾格动词(参见英语中的 *break*、*sink* 等词)，而汉语翻转 B 句的基础语义则主要依赖于句中的数量短语，这就说明动词的"去施事化"很可能是在句法中，而非词库中完成的。

朱佳蕾(2017)认为翻转 B 句(朱文中称为施受倒装句)在结构上类似于带准宾语的受事主语句"书看了两个小时"。具体来说，作者认为翻转 B 句"一锅饭吃十个人"的施事在词汇的论元结构中被充盈，无法投射到句法层；动后的数量短语"十个人"不是指称性名词，不能充当论元，因而无法占据动词的补足语位置，只能像准宾语(如"两个小时")一样嫁接在动词上，而另一个数量短语"一锅饭"则基础生成于 Spec. VP 的位置，随即移至 PredP 的指示语位置：

（4）

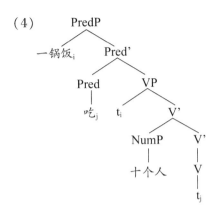

作者提出的"翻转 B 句与带准宾语的受事主语句具有平行性"的主张颇具原创性，扩展了容量型翻转句的研究思路。然而，将动后数量短语处理为嫁接语面临的一个明显的困境就是嫁接语的可选性（optionality）问题。众所周知，嫁接语与论元不同，并不是一定要出现在句法中。换言之，嫁接语出现与否并不会影响句子的合法性。但是，如果将（4）中的嫁接语"十个人"去掉，句子显然不合法（见（5a））。这点与真正的准宾语受事主语句有所不同，后者如果去掉时量短语，受事主语句依然成立（见（5b））。

（5）a. ＊一锅饭吃~~十个人~~。

　　 b. 书看了~~两个小时~~。

另外，作者关于施事题元在词汇的论元结构中被充盈的说法也有待商榷。根据生成语法的主流观点，论元结构是一个句法概念，指的是带有题元角色的成分投射到句法后所产生的结构，词汇中的动词只有题元栅而无论元结构，因此也无所谓"充盈"之说。

蔡维天（2020）在 Tsai（2001）、蔡维天（2009）的基础上，指出容量型翻转句其实是一种隐性的模态句，翻转 B 句内有一个隐性的容量模态投射 ENO（"够"），动词通过中心语移位移至隐性模态词的位置，从而获得相应的语义：

（6）

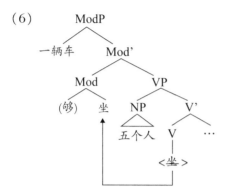

作者通过容量模态词的隐现清晰地呈现了内在于翻转 B 句之中的句法语义特征，并指出了翻转 B 句和翻转 A 句在模态诠释方面的不同，即只有翻转 B 句可以和容量模态词"够"共现。由此我们可以看出，作者的着眼点依然在乾、坤二句的区别上，并未对容量型翻转句的论元结构以及乾、坤二句之间的联系进行深入的探讨。

田启林(2020)运用加标理论对翻转句 B 句中动词后成分的移动限制(见(7b—c))提出了原则性解释。

（7）a. 一锅饭吃三个人。

b. *［三个人］$_i$，一锅饭吃＿＿$_i$。

c. *一锅饭吃＿＿$_i$的［三个人］$_i$。

田认为翻转句 B 句(7a)中的及物动词"吃"已在词库中变成了非宾格动词，在进入句法后只选择受事成分"三个人"作为论元；"一锅饭"则是"吃"的非核心论元，由特殊轻动词 V_{mesure} 引入，在 V_{mesure} 之上还有一个轻动词 v 充当语段中心语。(7a)的生成过程如下：

（8）[$_{vP}$ Spec [$_{v'}$ v-吃 [$_{V\text{ }measure\text{ }P}$ 一锅饭 [$_{V\text{ }measure'}$ $V_{measure}$-吃 [$_{VP}$ 三个人 [$_{VP}$ 吃 三个人]]]]]]]

在动词"吃"上升至 v 的同时，还需将受事论元"三个人"移动至 V 的指示语位置，这是因为根据 Chomsky (2015)，V 是一个弱中心语，无法独立加标，必须将它的补足语移至 V 的指示语位置辅助 V 加标。例句(7b—c)不合法是因为为了让"三个人"进行长距离的移位，必须将其移到语段的边缘位置，因此，当加标运算开始时，"三个人"已经不在 V 的指示语位置了，使得 VP 无法获得句法标签，如下图所示：

(9) $[_{vP}$ Spec $[_{v'}\,v\text{-吃}\,[_{V measure P}$ 三个人 $[_{V measure P}$ 一锅饭 $[_{V measure'}\,V_{measure}\text{-}$ 吃 $[_{VP}$ 吃 三个人$]]]]]]$

A 句之所以"逃过一劫"是因为翻转 B 句不包含表度量的轻动词 V_{mesure}，使得 V 直接继承 v 的不可诠释特征，成为语段中心语，位于 Spec. VP 的"一锅饭"也正好是语段的边缘位置，如下图所示：

(10) $[_{vP}$ 三个人 $[_{v'}\,v\text{-吃}\,[_{VP}$ 一锅饭 $[_{VP}$ 吃 三个人$]]]]$

首先，从宏观来看，田启林（2020）全盘接受了 Chomsky（2015）关于移动限制的加标解释，并将其运用于汉语的翻转句中，使得该解释在承袭了加标理论的诸多优势的同时也承袭了它的很多潜在问题。Chomsky（2015）在用加标理论解释 ECP 原则时，加入了很多未经证实的假设，而该解释方案能在多大程度上优于之前的研究成果仍有待商榷。以其中两个理论假设为例。第一，Chomsky 认为词汇动词 V 其实是一个词根，无法作为句法标签，必须将宾语从补语位置移到 V 的指示语位置，得到集合｛DP VP｝，再通过一致运算获得标签$<\varphi, \varphi>$。然而，就连 Chomsky 自己也承认这个假设的反例太明显了，因为选择 CP 的动词（比如 think）都无法通过这个方式获得标签，因为 CP 和 VP 根本无法进行一致运算。另外，同一个范畴内的补语至指示语的移位操作其实是违反移位的反局域性原则（Antilocality Condition）的。第二，Chomsky（2015）指出当 V 移到 v^* 时，是 v^* 嫁接到 V，而不是 V 嫁接到 v^*，这使得 v^* 不可见，在 v^* 下方的 V 则变成了一个语段中心语，这其实是 Chomsky 为了将 CP 和 vP 统摄在一个解释框架内所做的一个理论内部假设，并无任何事实根据。

其次，按照田的假设，翻转句 B 句动词后的论元之所以无法移位，是因为在这个结构中，v 和 V 之间多了一个功能语类 V_{mesure}，后者的介入，使得 v^* 将语段特征遗传给了 V_{mesure} 而不是 V，如果此时将受事论元移至语段的边缘位置，弱词类 V 就会失去加持，无法加标。这个解释方案本质上是同时借用了加标理论和制图理论的观点，但这两者在很多理论假设上其实是不兼容的。加标理论能够成立很大程度上倚赖功能投射的简约性，即 C 直选择 TP，v 直接选择 VP，而制图理论更关注功能投射之间的层级关系，对功能投射的数量不作限制。如将两者混为一谈会带来很多问题。比如，田的解释方案告诉我们，只要在 v 和 V 之间存在另一个(或多个)功能投射，动词的论元就无法移动了，这显然有悖于语言事实。

　　从微观来看，田的解释方案也存在不少问题。第一，一般来说，非宾格动词既不选择外论元，也不赋宾格，因此在论元结构中不包含轻动词 v。根据田的分析，翻转句 B 句中的及物动词已在词库中变成了一个非宾格动词，因此(8)中的 v 投射显然缺乏理论根据。①第二，紧跟上个问题，非宾格结构没有 v，也就不构成语段，对受事成分的移位也不会做任何限制，这将直接导致田文的分析失效。第三，"度量"这类语义功能应归属于名量词(个、张、片等)或动量词(下、次、场等)，而不宜分析为轻动词，而且也无法找到对应的显性范畴作为佐证。

　　综上所述，学者们在研究容量型翻转句的句法结构时，都倾向于强调翻转 B 句和翻转 A 句的差异性，将两者分而治之，缺乏对两者关联性的考察。本章将从加标理论的角度入手，围绕以下三个问题来探究翻转句 B 句和 A 句之间的关联性和共性：

　　第一，翻转 B 句和 A 句是否共享同一个基底结构？

　　第二，翻转 B 句和 A 句之间是相互独立的关系还是同源关系？

　　第三，如何解释翻转 B 句和 A 句在语义、语用诠释上的异同？

---

　　①　即使作者采纳的是普遍 v^* 语段理念(即任何一个动词结构都包含语段中心语 v^*，及物动词选择的是强语段中心语，非宾格动词或被动式选择的是弱语段中心语)，那么也应该是轻动词 V_{mesure} 充当弱语段中心语，实在无须再设一个额外的 v。另外，弱语段中心语与强语段中心语不同，前者不对语段内成分的移位做任何限制，因此(9)中的"三个人"完全可以不移至语段边缘位置，直接在下个语段进行移动。也就是说，(9)中并不存在加标问题，作者的分析无效。

4.3 理论框架

在接下来的章节中，我们将基于 Chomsky（2013）提出的加标理论，探讨容量型翻转句完整的生成过程。在进入具体的句法分析前，有必要再次重述一下加标理论的理论背景。

所谓句法标签，指的是像 N、NP、V、VP 这类的短语标记，是生成语法理论构件的一部分，直接参与句法运算。但到了最简方案阶段，合并（Merge）成为句法的核心运算，合并的内核也不断简化，不再包含句法标签的任何信息，句法元素 α 和 β 合并后形成的是一个无序对称集合 {α, β}。然而，为了使句法表征在 CI 接口上获得解读，仅靠合并运算是不够的，我们还需要知道这个集合是关于 α 的集合还是关于 β 的集合。因此，如何为合并后的集合加标就成了最简方案阶段最为重要的课题之一。

Chomsky（2013）认为句法标签可以通过最小搜索（minimal search）推导出来，并提出了相应的加标算法：

(11) Chomsky（2013）加标算法：

> 假如 SO = {H, XP}（SO 即 synactic object 句法对象），H 是中心语，XP 不是中心语，那么加标运算将会选择 H 作为标签，且 SO 会在接口获得相应的解读。

当我们遇到中心语和短语合并时，可直接通过(11)进行加标。真正的加标问题出现在短语和短语合并的情况，即所谓的 {XP, YP} 类结构中，因为在这种情况下，我们无法通过(11)中的加标算法直接加标，最小搜索会同时搜索出 X 和 Y，产生加标困境。对此，Chomsky 提出了两种解决方案：1)通过移位加标；2)通过共享特征加标。加标理论对句法最大的影响是改变了移位的驱动机制。自此，移动将由加标失败来驱动（labeling-failure driven），而不再由句法特征来驱动（feature-driven）。

我们将以(12)中的系动词结构（copular construction）为例来阐释加标理论的操作过程。根据 Moro（2000），（12）的底层结构是一个小句（small clause)结构：系动词 *is* 直接选择一个由 lightening（NP）和 the cause of the fire（DP）组成的小句（见(13a)）。然而，根据 Chomsky（2013）的加标理论，NP 和 DP 的合并将会形成一个 ⎰XP, YP⎱ 型的对称结构 α（见(13b)），无法通过(11)中的加标算法直接加标。为了解决 α 的加标困境，必须移动 NP 或 DP。如果移动 NP，位于 α 内的 NP 拷贝将成为一个非连续体（discontinuous element），对加标算法不可见，因此 α 将由唯一对加标算法可见的 DP 来加标，得到(12a)；如果移动 DP，那么 α 将由 NP 来加标，得到(12b)。

(12) a. Lightening is the cause of the fire.

　　 b. The cause of the fire is lightening.

(13) a. is [lightening, the cause of the fire]

　　 b. copular ⎰$_\alpha$ NP, DP⎱

　　 c. NP…copular ⎰$_\alpha$ <NP>, DP ⎱

　　 d. DP…copular ⎰$_\alpha$ NP, <DP> ⎱

　　 e. [$_\beta$ NP/DP [T…]]

另外，NP 或 DP 上移后，会在屈折层形成另一个无法加标的对称结构 β（β=⎰NP/DP, TP⎱）（见(13e)），但由于 NP/DP 与 T 共享 φ 特征，因此 β 可通过共享加标法获得标签<φ, φ>。至此系动词结构的推导就完成了。在后文的论述中，我们将会看到汉语的容量型翻转句和(12)这种系动词结构其实是异曲同工。

4.4　容量型翻转句的句法分析

4.4.1　翻转 B 句和翻转 A 句的基底结构

当前的句法研究多倾向于认为翻转 B 句和翻转 A 句拥有不同的论元结构，即翻转 B 句是一种特殊的受事主语句，而翻转 A 句则是正常的表施受关系的及物动词结构(韩流、温宾利，2016；田启林，2020 等)。然而，如果以数量配比这一核心语义作为判定标准，我们会发现翻转 B 句和 A 句其实有诸多相似之处。首先，翻转 B 句和 A 句中的动词都具有"去施事化"的特点，试比较：

(14) a. *一锅饭假装/故意十个人吃。（翻转 B 句）

　　 b. #十个人假装/故意吃一锅饭。（翻转 A 句）

翻转 B 句(14a)不能与具有施事倾向的状语"假装"或"故意"连用，说明此句中的动词"吃"已不再是一个带有施事的事件性动词了。翻转 A 句(14b)虽然可以说，但一旦加上施事指向的状语，主语位置的数量短语"十个人"便明显有了指称性，不再带有数量配比的语义，且动词也只能当作事件性动词来解读。若要(14b)表达数量配比义，则必须去掉相应的状语。

其次，正如陆俭明(2011)所言①，无论是翻转 B 句还是翻转 A 句，最终都表达"容纳量—容纳方式—被容纳量"的语用含义，两者的否定形式也趋于一致：

(15) a. 一锅饭吃不了十个人。（翻转 B 句）

　　 b. 十个人吃不了一锅饭。（翻转 A 句）

最后，翻转 B 句和翻转 A 句中的动词具有"弱事件性"的特征。换言之，动词的语义已在一定程度上抽象化了，它表示的并不是具体的动作或事件，而是容纳或供用的方式。在一些特定的语境下，甚至可以直接省去动词(亦可参见任鹰，1999；朱佳蕾，2017 等)：

(16) a. 一辆车∅五个人。（翻转 B 句）/五个人∅一辆车。（翻转 A 句）

　　 b. 一间房∅三个人。（翻转 B 句）/三个人∅一间房。（翻转 A 句）

翻转 B 句和翻转 A 句在语义上的这些相似之处说明两者很可能共享同一个基底结构。那么，这个基底结构拥有怎样的句法表征呢？首先来考察

---

① 陆俭明(2011)认为乾坤挪移句类型的句式其实具有双重语义关系："施—动—受"的语义关系是一种潜在的语义关系，而"容纳量—容纳方式—被容纳量"的语义关系则是凸显的语义关系。

动词，容量型翻转句中的动词呈"弱事件性""去施事化"的语义特征，因此与其说它们是动词，不如说是两个数量短语的联结项，与系动词有着某种结构上的对等性。再来看名词，容量型翻转句的一个基本特征就是动后成分必须是数量名词，而该数量名词是不具有指称性的，因此不能充当动词的论元，无法直接映射到动词的论元位置。对此，朱佳蕾（2017）已经做了相当充分的论证。根据以上分析，我们认为容量型翻转句的基底结构应当是一个小句结构（small clause）。在这个小句结构中，两个数量短语首先合并形成一个小句，再与动词合并，如下图所示：

（17）　V $\left[\text{NumP}_1, \text{NumP}_2\right]$

在(17)中，动词并不直接管辖任何一个数量短语，两个数量短语均不直接充当动词的论元，而是通过相互合并构成独立的数量配比意项，再与动词合并。此处的动词仅起到联结两个数量短语的作用，但与系动词不同的是，容量型翻转句中的动词其本身的语义并没有完全消解，而只是抽象化了，用以说明联结的方式。

接下来需要探讨的问题是：一个有带有动作含义的动词是如何实现"去施事化"和"语义弱化"的呢？对于这个问题，一般的解释是翻转 B 句中的动词在词库中进行了"去施事化"操作，从而变成了一个非宾格动词（韩流、温宾利，2016；朱佳蕾，2017 等）。然而，这种处理方式仅能解释动词的"去施事化"特征，而无法解释动词"语义弱化"的问题。以英语中的典型非宾格动词 *break* 为例，*break* 作为及物动词的时候可以选择施事主语，而当它变成了一个非宾格动词后，就只能选择一个宾语论元：

（18）　a. I broke the window.

　　　　b. The window broke.

在(18b)中，*break* 虽然变成了一个非宾格动词，但其本身的动词含义并没有丝毫的改变，依然具有明显的事件性。

因此，相较于词库说，我们认为 Huang et al. (2009) 提出的题元理论更具有解释力。后者认为一个词汇动词（lexical verb）是由词根 √ 和少量的轻动词（Lv）组成的。词根是各类事件集合的概念化表征，包含事件参与者的所有信息，而轻动词则是将事件类型具象化，并筛选出与该事件类型直接相关的参与者。英语与汉语的差异在于前者动词进入句法时必须带轻动词(Lv)，其指派的论旨角色须与事件参与者形成严格的对应关系；后者则允许动词以词根的形式进入句法，由于词根包含各类事件及参与者的信息，论旨角色的自由度也随之增加。此类型区别可形式化如下：

(19) $V \in \{(\checkmark), [Lv1\ \checkmark], [Lv2\ \checkmark], [Lv2\ [Lv1\ \checkmark]]\}$，其中只有汉语允许 $V = \checkmark$ 的情况。

回到容量型翻转句，与其说动词"吃"在词库中经历了"去施事化"，变成了非宾格动词，不如说"吃"在这种特殊句式下，是以词根的形式进入句法的，因此只要句法中的名词性成分能与动词形成某种特定的语义关系，且不违反格理论，那么语句就是合法的。换言之，容量型翻转句的特有语义是在句法中形成的，而非通过词汇操作直接变成的。

4.4.2　容量型翻转句的加标新解

在4.1节中，我们已经论证了容量型翻转句中的翻转 B 句和 A 句共享同一个基底结构，即两者都是由一个小句结构推导而成的。然而，小句结构在传统的 X 阶标理论阶段是备受争议的。这是因为根据 X 阶标理论，每一步投射都必须是中心语的投射，所以，据此原则所产生的短语必然具有不对称性和向心性两个基本特征。小句结构却是由两个最大投射组合而成的对称性短语，因此无法通过投射原则确定其句法标签。这个理论难题直到加标理论阶段才真正得以解决。这是因为到了加标理论阶段，合并运算和加标运算彼此分离，前者只负责将两个句法对象组合在一起，而后者只负责在语段层面对合并而成的短语结构进行加标运算，因此，加标理论在原则上是允许对称结构进入句法的，只要它在递交(transfer)到语音和语义接口前获得句法标签即可。本节我们就将从加标理论入手，具体探讨容量型翻转句的推导过程。

根据4.1节的结论可知，(20a)和(19b)的基底结构是(20c)，即"五个人"与"一锅饭"首先合并形成一个小句结构 α，再与动词"吃"合并。

（20）a. 一锅饭吃五个人。

　　　b. 五个人吃一锅饭。

　　　c. $[_{VP}$吃$[_{α}$五个人，一锅饭$]]$

　　　d. $[_{β}$一锅饭$[_{FP}$F$[_{VP}$吃$[_{α=NumP}$五个人，<一锅饭>$]]]]$

　　　e. $[_{β}$五个人$[_{FP}$F$[_{VP}$吃$\{_{α=NumP}$<五个人>，一锅饭$]]]]$

　　但在对（20c）中的结构进行加标运算时，运算系统会发现 α 是由两个数量短语组成的$\{$XP，YP$\}$型对称结构，无法通过（11）中的加标算法直接加标。为了使 α 获得标签，只有通过移动或者共享加标法来加标。由于"五个人"和"一锅饭"之间不共享任何一致特征（agreeing features），因此无法通过共享加标法加标，移动成为了唯一的可能。如果移动的是"一锅饭"，α 内"一锅饭"的拷贝就变成了一个非连续体，对加标运算不可见，α则可由剩下的句法成分——"五个人"的标签来加标，α 的加标问题也就迎刃而解，得到翻转 B 句（19a）。相反，如果移动的是"五个人"，通过同样的推导程序，便可得到翻转 A 句（19b）。

　　我们虽然通过移位解决了 α 加标的两难困境，但移动 NumP 后又会在屈折层形成另一个无法加标的集合 β（β＝$\{$NumP，FP$\}$），那么应当如何为β 加标呢？要解决这个问题，必须先确定屈折层 F 的性质。根据蔡维天（2019，2020）的观点，汉语是语气显著性语言，容量型翻转句其实包含一个隐性的模态范畴，因此，我们不妨假设 F 对应的就是模态范畴 Mod。根据 Chomsky（2008）的特征继承假说（Feature Inheritance），Mod 会从语段中心语 C 处继承 φ 特征。由于前移的 NumP 和功能范畴 ModP 共享一致特征φ 中的数（Number）特征，β 即可通过共享特征加标法获得句法标签<Num，Num>，至此，翻转 A 句的推导便可圆满达成：

　　（21）$[_{β=<Num,Num>}$ NumP$_i$ $[_{FP=ModP}$ **Mod** $[_{VP}...t_i...]]]$

　　那么，为什么只有翻转 B 句和 A 句这种带有数量配比义的语句才允许主宾"翻转"，而一般的及物动词句式无法实现主宾"翻转"呢？比如，为什么"小李吃苹果"不能说成"苹果吃小李"呢？这是因为在一般的及物动词句式中，宾语是及物动词的受事，按照题元角色的"可见性"（Visibility）理论，它必须获得宾格。由于只有轻动词 v 才能赋宾格，所以动词必须和 v

一同进入句法。一旦有了轻动词，论元也就有了内外之分，按照论元和句法的对应原则，外论元只能占据 v 的指示语位置，语义上对应施事，而内论元则占据 V 的补足语位置，语义上对应受事。这种语义和句法上的不对称性使得主宾"翻转"不再可能。

综上所述，我们认为容量型翻转句中的主宾"翻转"现象是以形成数量配比义的两个数量短语为先决条件的，是后者在句法上形成的对称小句结构，使得"翻转"成为可能。翻转 B 句和翻转 A 句的两种表层语序则体现了解决小句加标困境两种逻辑可能性，但无论是翻转 B 句还是翻转 A 句最终还需借助隐性模态范畴 Mod 来解决更高一层的加标困境，以实现屈折层的时空锚定(tense anchoring)。

4.4.3 翻转 B 句和翻转 A 句在语义上的异同

4.1 节中我们已经详尽阐述了翻转 B 句和 A 句在底层语义上的相似性和关联性。在这一节中，我们将着重谈谈翻转 B 句和 A 句在模态语义上的异同点。

无论是翻转 B 句和 A 句都带有一种隐性模态义，更确切地说，是一种用以表示"某种环境下的客观能力或可能性"的动力模态义(dynamic modality)(参见 Huddleston & Pullum，2002)，其隐含的模态词是"可以""能""能够"等。因此，当我们用这些词来补出隐现的模态范畴时，容量型翻转句的语义保持不变：

(22) a. 一锅饭(可以/能/能够)吃十个人。

　　 b. 十个人(可以/能/能够)吃一锅饭。

前文中提到的否定形式本质上即是对这种动力模态词的否定：

(23) a. 一锅饭吃不了十个人。(=(15a))

　　 b. 十个人吃不了一锅饭。(=(15b))

然而，虽然翻转 B 句和 A 句都表示动力模态义，但并不是所有表示动力模态义的数量配比句都允许主宾挪移，只有具体表示容量、容纳的动力模态义才允许主宾翻转，试对比：

(24) a. 十个人煮一锅饭。/ *一锅饭煮十个人。

　　b. 四个人抬一架钢琴。／ *一架钢琴抬四个人。

　　另外，正如蔡维天（2020）中所言，只有翻转 B 句才能够与显性的容量模态词"够"共现：

（25） a. 一锅饭够吃十个人。

　　　b. *十个人够吃一锅饭。

　　以上语言事实说明，虽然在句法层面上，翻转 B 句和翻转 A 句有着相同的底层结构，并且都涉及隐性模态义，但在语言使用层面上，可能出于主宾调换的缘故，翻转 B 句受到了更强的语用限制，仅能表示动力模态义下属的容量、容纳义。

　　值得一提的是，根据语境的不同，容量型翻转句除了表示动力模态义外，还可以表示道义模态义或祈使义，在这点上，翻转 B 句和 A 句在语义和语用上又有了一致性：①

（26） a. 一部车可以坐五个人。

　　　b. 一部车应该坐五个人。

　　　c. 一部车必须坐五个人。

　　　d. 一部车坐五个人！

（27） a. 五个人可以坐一部车。

　　　b. 五个人应该坐一部车。

　　　c. 五个人必须坐一部车。

　　　d. 五个人坐一部车！

4.5　容量型翻转句的类型特质

　　生成语法探究的是语言的普遍性规律和本质特征，然而，从跨语言角度来看，容量型翻转句可以称得上是汉语语法中特有的一种语言现象。虽

---

　　① 应当将例（25）和（26）中的"可以"与例（21）中的"可以"区分开，前者中的"可以"指的是一种客观的可能性或能力，属于动力模态的范畴，而后者中的"可以"取的是"允许"的含义，具有主观性，属于道义模态的范畴。

然我们也能在其他语言中找到分别用来表达翻转 B 句和 A 句含义的语句，但这两种语句之间并没有任何句法意义上的关联性，也无法通过主宾交换来实现。以英语为例：

(28) a. One car can *seat* five people.

b. Five people can *sit* in one car.

由例(28a)可知，英语的翻转 B 句不能直接用动词 *sit* 作谓语，必须使用从名词派生而来的动词(denominal verb) *seat* 作谓语，才能直接选择数量词组作宾语，获得容量义。

那么，如何解释语言之间的这种差异性呢？我们认为造成这种差异的原因并不在于语言的运算系统(computational system)，而在于语言的外在形态：由于汉语缺乏形态变化，更倾向于借用句法，即词序的铺排，来达到词法的效果，而英语则更倾向于借助词法的运作来体现语义的移转。换言之，汉语允许动词以词根的形式进入句法，不受轻动词的约束，使得其在论元结构上更自由，因此会出现"主宾对调""非核心论元充当主宾语"等语言现象。相较之下，英语的动词必须伴随相应的轻动词进入句法，使得其在论元关系上更加紧密严格，无法作灵活的语义解读。汉英之间的类型学差异说明汉语应属典型的强势分析性语言(robust analytic language)。

4.6 小结

本章从加标理论的角度对容量型翻转句做了深入的剖析，得出以下结论：1) 汉语容量型翻转句中的翻转 B 句和 A 句共享同一个基底结构，即两者都是从两个数量短语合并而成的小句结构推导而来；2) 翻转 B 句和 A 句的表层语序代表了通过移位解决小句加标困境的两种逻辑可能性，因此"翻转"这一术语恰好道中了这类句式的本质，而容量型翻转句在屈折层的功能范畴应当贴上模态(Mod)这一句法标签，以实现语句在屈折层上的时空锚定；3）翻转 B 句和翻转 A 句都带有隐性模态义，但翻转 B 句所受的语用限制更强，要求语义诠释中必须带有容量、容纳义；4）从跨语言角度看，汉语容量型翻转句的特殊性在于汉语缺乏形态变化，属于强势分析性语言，而英语类语言倾向于用词法和形态来表征语义的转化。

第5章　存　现　句

5.1　存现句的基本介绍

存现句是语言中普遍存在的一种特殊句式。英语类语言的存现句一般有两种编码方式，一种是"赘词（expletive）-V-NP-（PP）"形式，比如英语的 there be/V 句型，另一种是通过处所倒装（locative inversion）的形式来表达。汉语由于缺乏补位赘词，一般只采用处所倒装（即"LocP-V-NP"）的形式来表达存现义。本章所探讨的汉语存现句包括"存在句"和"隐现句"两部分，用以表达人或事物的存在、出现或消失。

（1）There are three foreign students in my class.

（2）There lived many great poets in this country.

（3）花园里种着各种各样的植物。

（4）家里来了几位重要的客人。

（5）村里死了不少老人。

存现句因其特殊的句法、语义、语用特征吸引了汉语语法学界广泛的关注。对此问题的专文研究始于陈庭珍的 1957 年的《汉语中处所词作主语的存在句》一文，此后不断有新的研究出现，大大加深了我们对存现句的理解。近年来，生成语法领域也出现了不少相关的研究，学者们对存现动词的非宾格性、存现动词后名词词组的赋格方式、处所短语的句法性质、存现句的生成机制等问题进行了深入探讨。

本章将在前人研究的基础上，重新审视存现句的一系列核心议题，从加标理论的角度切入，分析存现句的生成机制，为存现句的句法语义特征提供原则性的解释。

5.2　存现句的句法语义特征

5.2.1　存现句的动词类型

语言中，存现句的典型动词类型是非宾格动词（unaccusative verbs），汉语亦是如此。存现句中常见的非宾格动词包括："来""跑（取逃跑义）""躺""死""出现"等，而带有施事义非作格动词（unergative verbs）一般不能出现在存现句中：

（6）a. ＊楼下哭着一个孩子。

　　　b. 一个孩子正在楼下哭。

（7）a. ＊会议室里争吵着几个人。

　　　b. 几个人正在会议室里争吵。

（8）a. 树荫旁笑着一群人。

　　　b. 一群人在树荫旁笑着。

然而，与其他语言一样①，汉语中也存在一类特殊的非作格动词可出

---

①　Levin & Rappaport Hovav（1995）曾指出英语允许一些特殊的非作格动词进入存现句，包括内因发射性动词（internally caused verbs of emission）、表运动方式的施事型动词、表示身体内部动作动词以及其他的一些活动动词，如 *work*（工作）、*chatter*（喋喋不休）、*sing*（唱）以及 *doze*(打盹)等 。观察下面的例子：

（ⅰ）… in this lacey leafage fluttered a number of grey birds…［Z. Grey, *Riders of the purple sage*］

　　　……在这花边的叶子上飞舞着一些灰色的鸟儿……（Z. Grey，《紫艾草骑士》）

（ⅱ）on the folds of his spotless white clothing, above his left breast, glittered an enormous jewel.［N. Lofts, Silver Nutmeg, 460］

在他一尘不染的白色衣服的褶皱上，在他的左胸上方，闪烁着一颗巨大的宝石。（N. Lofts《银肉豆蔻》，第 460 页）

现在存现句中，包括"爬""坐""站""靠""蹲""住""闪烁"等：

（9）床下爬满了蟑螂。

（10）沙发上坐着几个陌生人。

（11）墙角靠着一个人。

（12）街上闪烁着五颜六色的霓虹灯。

除此之外，汉语还允许大量及物动词进入存现句，包括"写""刻""印""画""漆""镶""绣"等二元动词，也包括"放""挂""装""摆""堆"等三元动词，但像另一类及物动词，如"看""听""吃""修""脱""忘"等则不能出现在存现句中：

（13）黑板上写着几行字。

（14）本子上画着几个几何图形。

（15）桌上放着两三本书。

（16）阳台上摆着几盆绿植。

（17）a. *餐馆里吃着一碗面。

　　　 b. 小王在餐馆里吃着一碗面。

（18）a. *邻居家忘了两本书。

　　　 b. 小王忘了两本书在邻居家。

Pan（1996）将可以进入到存现句中的及物动词称为定位动词（verbs of placement）。顾阳（1997）对定位动词的概念进行了补充，认为语义上可以表示结果以某种方式存在下去的定位动词才可进入存现句。

允许及物动词以原本的形态进入存现句是汉语的特性。其他语言虽然也允许及物动词进入存现句，但这些及物动词必须采用被动形式（英语语料摘自 Bresnan 1994：77，齐切瓦语语料摘自 Bresnan & Kanerva 1989：16ff）：

（19）英语：

　　　a. My friend Rose seated my mother among the guests of honor.

　　　b. *Among the guests of honor seated my mother my friend Rose.

　　　c. *Among the guests of honor seated my friend Rose my mother.

  d. My mother was seated among the guests of honor.

  e. Among the guests of honor was seated my mother.

（20）齐切瓦语（Chichewa）：

  a. Mâyi   a-na-péz-á   mw-aná   kú-dâmbo.

   1A：mother 1-RECPST-find-IND 1-child   17-5：swamp

   妈妈在沼泽地里找到了孩子.

  b. *Ku-dâmbo   ku-na-péz-á   mâyi   mw-ăna.

    17-5：swamp 17-RECPST-find-IND 1a：mother 1-child

   欲表达：沼泽地里找到了孩子。

  c. Mw-ăna a-na-péz-édw-á kú-dâmbo（ndí mâyi）.

   1-child 1-RECPST-find-PAS-IND 17-5：swamp by 1a：mother

   字面义：孩子（被妈妈）发现在沼泽地里。

  d. Ku-dâmbo ku-na-péz-édw-á mw-ána.

   17-5：swamp 17-RECPST-find-PAS-IND 1-child by mother

   字面义：沼泽地里被找到了孩子。

  最后，需要指出的是，汉语虽然允许及物动词进入存现句，但施事主义不能出现在存现句中：

（21）*黑板上张三写着/了几个字。

（22）*桌子上妈妈摆着/了几盆花。

  综上所述，汉语存现句对动词的句法类型并没有特殊的限制，在适合语境下，非宾格动词、非作格动词、二元及物动词、三元及物动词均可以固有的形态出现在存现句中。

5.2.2 存现句的语义分类

  有不少学者指出存现句中的动词需要与处所相关，顾阳（1997）认为仅有上述条件还不够，一个与处所相关的动词能否成为存现动词的关键在于该动词所描述的动作的结果能否着落于某处所，并持续保持某一状态。他列举了下列语料为证：

(23) a. 小明在床上脱袜子。

    b. 弟弟在厨房喝牛奶。

    c. 叔叔在院子里修车。

(24) a. *床上脱着一只袜子。

    b. *厨房里喝着一杯牛奶。

    c. *院子里修着一辆车。

根据顾文的分析，（23）中的处所短语表示的是动作发生的场所，而非动作结果的处所。这些动词与（13）—（16）中的动词形成了鲜明对比，后者中的处所短语可以出现在动词后，表示动作结果的处所，而（23）中的处所短语只能出现在动词前面。我们认为顾阳（1997）的这一观察是非常具有启发性的，从句法角度来说，这一观察告诉我们汉语的存现句并不是通过动前处所短语的移位以及介词删除推衍而来的，而很可能是通过动后处所短语的移位生成的；另外，据此观察，我们也可推测动前处所短语和动词形成的是修饰关系，而动后处所短语与动词形成的是述补关系。

聂文龙(1989)的观察到汉语除了上述的"静态处所句"之外，还存在一种"动态处所句"，存现动词表达的是一种不断运动的状态。在这些存现句中，处所短语对应的则是动前的处所短语：

(25) a. *一只蜜蜂飞在屋子里。

    b. 一只蜜蜂在屋子里飞着。

    c. 屋子里飞着一只蜜蜂。

(26) a. *一个小火柴盒滚在院中。

    b. 一个 小火柴盒在院中滚着。

    c. 院中滚着个小火柴盒。

综上所述，汉语存现句可分为动态存现句和静态存现句两大类，相比之下，后者在汉语中更为普遍。动态存现句表示的是动作的持续，而静态存现句表示的则是动作的结果，即一种静态的持续。

5.2.3 存现动词的体标记

存现动词的体标记主要有两种："着"和"了"。在一些情况下，动词也可以选择经验体标记"过"：

(27)桌上摆着两个苹果。

(28)家里来了两个朋友。

(29)这个偏远的村子里出现过外星人。

大多数存现句的动词既可以用"着"来标记也可以用"了"来标记，但表示出现或消失的非宾格动词只能用"了"来标记，而动作动词则只能用"着"来标记。表存在义的动词"有"不能带任何体标记：

(30)黑板上写着/了几个字。

(31) a. 家里来了几个客人。

      b. *家里来着几个客人。

(32) a. 蜂蜜周围飞着几只苍蝇。

      b. *蜂蜜周围飞了几只苍蝇。

(33) a. 院子里有两棵桂花树。

      b. *院子里有着/了两棵桂花树。

5.2.4 存现句动后名词短语的定指效应

通常情况下，汉语存现句动后名词短语会表现出定指效应(definiteness effects)，即在语义上是无定的：

(34)?? / *院子里有那颗桂花树。

(35)?? / *床下爬着那些蟑螂。

但在一些特定的语境下，存现句动后名词词组也可以是有定的。一般来说，有定名词的内容越丰富，接受度也就越高。

(36)客厅里坐着你最要好的朋友，(你却在自己的房间里打游戏)。

(37)墙上挂着那幅他刚买来的画。

(38)村里发现了警方一直在追捕的那个逃犯。

5.2.5　存现句的信息结构

存现句和带有处所状语或补语的普通主谓句在信息结构上存在显著的差异。存现句的话语功能是引入呈现式焦点（presentational focus），即通过已知或预设的一个处所或方位布景引入相关的人或事物，用以表达存在或隐现的含义。而在普通的主谓句中，主语一般充当话题信息，而处所短语充当的是一种信息焦点。因此，当我们对处所提问时，处所就是新信息，只能用普通的主谓句作答而不宜用存现句作答：

（39）那几本我新买的书放在哪儿呢？

　　　a. ——那几本新买的书放在桌上了。

　　　b. ——我把那几本新买的书放在桌上了。

　　　c. *——桌上放着/了那几本你新买的书。

类似地，当我们对存现句的动后名词词组提问时，我们只能用存在句作答，而不能用普通的主谓句作答：

（40）桌上放着什么？

　　　a. ——桌上放着几本漫画书。

　　　b. *——有几本漫画书放在桌上了。

5.3　存现句的研究现状

自 20 世纪 50 年代至今，存现句一直是学界研究的热点，不断有学者推陈出新，从不同的理论视角或语料视角对存现句展开讨论，研究成果也日益丰富。受篇幅所限，无法一一回顾，下文中，我们将聚焦于生成领域中具有代表性的研究和思考，并指出前人研究中尚存在的一些不足之处。

5.3.1　存现动词的非宾格性问题

上文已经提到，从跨语言角度来说，存现句中最典型的动词是非宾格性动词，除了非宾格性动词外，有些语言还允许少量的非作格性动词进入存现句。汉语的特殊性在于，它除了允许不及物动词进入存现句外，还允许及物动词以原有形态进入存现句。因此，探讨这些非典型存现动词的性质就成为了学者们争论的一大重点问题。

整体看来，生成语法学派的学者倾向于认为存现句中的非典型存现动词虽然本身不是非宾格动词，但均具有非宾格性。Pan（1996）援用词汇主义的方法（lexicalist approach）强调了未完成体标记"着"对定位动词（verbs of placement）的词汇操作。具体来说，Pan 文认为"着"可以在词汇层删除定位动词的施事论旨，将动词非宾格化：

（41）<施事，客体，处所> $\xrightarrow{+着}$ <客体，处所>

同时，Pan 指出，带完成体标记"了"的处所倒转句并非真正意义上的存现句，而是一种主语缺省句。这里有两个问题，首先，如果"着"是一种词汇操作，为何它只对带有处所基本义的动词，即定位动词起作用，而不是像英语的被动语素一样，对所有的及物动词起作用？因此这一假设有特设之嫌。其次，如上文所示，带有"了"标记的处所倒装句同样带有存现义，此处的"了"体现的是一种动作结果的状态（参见顾阳，1997），而非仅强调动作的完成。

顾阳（1997）对 Pan（1996）进行了修正和补充。她重新定义了定位动词，认为动词本身除了需要带有处所的基本义外，还需要保证动作的结果能保持一种持续的状态。同时，她援引 Jackendoff（1983，1987，1990）、Levin & Rappaport Hovav（1988）、Zubizarreta（1982，1987）的理论假设，认为词汇表达式和句法层面之间存在一个词汇句法表征层，而定位动词的处所论旨和客体发生了倒置，使得含处所意义的论旨角色指派给了域外论元，成为句法表层的主语，而含客体意义的论旨角色指派给了域内论元，成为句法层面的宾语，最终形成了存现句的表层语序。与 Pan（1996）不同，顾阳认为及物动词的非格化并非源自施事论旨的删除，而是来自词汇句法表征层中，论旨角色的重新排铺；但两位作者都将存现句动词的非宾格性看作一种词汇层的操作，与句法无关。顾文提出的处所—客体论旨倒置假说虽然解释了汉语存现句为何能允准及物动词进入存现句，却不具有普遍性，无法解释为何同样的词汇操作无法作用于其他语言的定位动词。

隋娜、王广成（2009）也指出存现句中的方式类运动动词和及物动词都表现出非宾格性，并指出这些动词的非宾格性源于事件谓词 OCCUR。然而，事件谓词 OCCUR 只适用于隐现类动词，并不适用于带有处所基本义的二元或三元及物动词。

5.3.2 存现句中的动后名词短语的赋格问题

存现句的典型动词是非宾格动词。在生成理论中，非宾格动词是无赋格能力的（参见 Burzio，1986），那么，存现句中动后名词短语是如何获得各位的呢？

1. 部分格假说

顾阳（1997）援引了 Belletti（1988）的部分格假说来解释汉语存现句动后名词短语的赋格问题。根据后者，动词一般可以给宾语指派两个格位，一个为结构格（structural Case），另一个为固有格（inherent Case）。虽然非宾格动词无法为其内域论元提供结构格，但却能为其提供固有格。固有格取自语言中的部分格（partitive Case）标记，因此对名词有一定限制：只有无定名词或非全称量化名词才能被赋予固有格。部分格假说的优势在于可以解释汉语中的一些特殊句式中的赋格问题：

（42）我把橘子剥了皮。

（43）张三被李四打断了腿。

在（42）中，由于"橘子"已经从动词那里获得了结构宾格，那么"皮"则可以看作从动词那里获得了固有格。在（43）中，被动动词"打断—了"的逻辑宾语"张三"在移位后，从 T 那里获得了（结构）主格格位；由于"打断—了"无赋结构宾格的能力，因此"腿"则可以看作从该动词那里获得了固有格。

　　然而，上文中我们已经提到，虽然存现句的动后名词短语常常为无定名词，但在一定语境下也由有定的名词短语来充当。除了我们在上文提供的汉语例句之外（参见(36)—(38)），韩景泉(2001)还指出了不少英语中的相关例句：

(44) a. There followed the 1914—1918 war.

　　　b. — And how can we get to the match?

　　　　　 — There's the bus, of course, but it takes ages.

　　　c. — Is there anyone coming to dinner?

　　　　　 — Yes, there's Harry, and there's also Mrs. Jones.

　　　d. — Who of all our friends can we trust?

　　　　　 — There's only John, I'm afraid.

(45) a. There are all sorts of other false definites.

　　　b. There is every reason to study them.

2. 逻辑式词缀赋格说

　　韩景泉(2001)援用 Chomsky (1991)的逻辑词缀假说来解释汉语存现句的动后名词短语的赋格问题。根据后者，英语中的存现句在深层结构中是一个无主句(见(46a))，由于 V 是非宾格动词无法为 NP 赋格，因此为了满足格鉴别要求，深层逻辑宾语的逻辑词缀 *there* 移动至 Spec. IP 的位置(见(46b))，从 I 处获得主格格位；逻辑词在移位后与原位的语迹形成语链，主格格位即由语链传递给动后的深层逻辑宾语，称为"语链传递格位假说(Case Transmission via Chain Hypothesis)"。汉语的存现句①与(46)的推导类似，只是汉语没有显性的逻辑词缀(见(47))。

(46) a. $[_{CP}[_{IP} e\ I\ [_{VP} V\ [_{NP} \text{NP-there}]]]]$

---

　　①　韩景泉（2001）中的存现句与本章所说的有所不同，指的是"来了一位客人"这种非宾格句。作者将带有处所短语的存现句称为"方位语倒装句"。

b. $[_{CP}[_{IP}$ there$_i$ I $[_{VP}$ V $[_{NP}$ NP-t$_i]]]]$

(47) a. $[_{CP}[_{IP}$ *e* I $[_{VP}$ V $[_{NP}$ NP-LF affix $]]]]$

b. $[_{CP}[_{IP}$ LF affix$_i$ I $[_{VP}$ V $[_{NP}$ NP-t$_i]]]]$

韩景泉还指出，方位语倒装句(韩文中的术语)是从(47)推导出来的；方位语基础生成于动词后，然后通过 A' 移位，到达话题位置，动后 NP 的赋格方式与(47)完全一致：

(48)$[_{CP}$ LocP$_j$$[_{IP}$ LF affix$_i$ I $[_{VP}$ V $[_{NP}$ NP-t$_i$ t$_j]]]]$

韩文的这一分析虽然在理论上可行，但并无事实上的有力证据。这点在汉语上表现得尤为明显：汉语中没有任何显性的逻辑词缀。①

3. 无格位说

李京廉、王克非(2005)认为汉语的存现句涉及复杂述谓结构，动后的NP 为名词谓语，位于次级谓语位置，缺少结构格特征，不需要进行格位核查。我们将在 5.3.3 节中对此分析做进一步的评述 。

5.3.3 存现句的句法推导

汉语学界对存现句句法推导的看法可分为动词分裂说(VP-split hypothesis)、复杂述谓说和信息结构说三种。

1. 动词分裂说

近年来，学界有不少学者援用动词分裂假说来解释存现句的句法语义特征(Lin，2001；隋娜、王广成，2009；马志刚，2012；Zhang，2019；汪昌松，2021 等)。Lin（2001）指出汉语中的处所短语并不是通过移位生成的，而是由两类不同的轻动词——EXIST 或 OCCUR 允准的，直接基础生成于轻动词的指示语位置。隋娜、王广成（2009）也提出了类似的观点。

---

① 关于对 Chomsky（1991）提出的"语链传递格位假说"的质疑，可参考 Groat（1995）。

Zhang（2019）和汪昌松（2021）则更极端，干脆将存现句中的轻动词看作主要动词。具体来说，Zhang（2019）主张存现句的主要轻动词是 $Pred_{exist}$，后者选择 LocP 为指示语，存现对象为补足语；但存现对象并不是基础生成的，而是先与词汇动词 V 在另一个句法树（Tree 2）中进行外合并，然后通过侧向移位移入第一个句法树内（Tree 1）$Pred_{exist}$ 的补足语位置的；Tree 2 在 Tree1 内的 $Pred_{exist}$ 完成相关句法操作后嫁接到 PredP 上；最后，LocP 从 Spec. PredP 上移到 Spec. IP 的位置，得到存现句的表层语序：

（49）a. $[_{XP}\dots$ he-le $t_i]$　　　　　$[_{Pred}$ $Pred_{exist}$ $[_{DP}$ henduo shui$]_i]$

　　　　　Tree 1　　　　　　　　　　　　　Tree 2

b. $[_{PredP}$ wode duzi-li $[_{Pred'}$ $Pred_{exist}$ $[_{DP}$ henduo shui$]_i]]$

c. $[_{PredP}[_{XP}\dots$ he-le $t_i]$ $[_{PredP}$ wode duzi-li $[_{Pred'}$ $Pred_{exist}$ $[_{DP}$ henduo shui$]_i]]]$

d. $[_{IP}[_{DP}$ wode duzi-li$]_k$ $[_{I'}[_{PredP}[_{XP}\dots$ he-le $t_i]]$ $[_{PredP}$ t_k $[_{Pred'}$ $Pred_{exist}[_{DP}$ henduo shui$]_i]]]]$

　　Zhang（2019）的分析虽然解释了存现句的句法语义特征，但句法操作过于复杂，且很多操作的动机不明。况且侧向位移本身大大增加了合并的自由度，其在理论上是否可行仍有争议（参见 Chomsky et al., 2019）。汪昌松（2021）则从分布式形态学的理论框架出发，主张存现句的主要动词是表存在、隐现的轻动词 $\emptyset$ HOLD/OCCUR，动词 V 不带任何题元信息，只有语类特征，在句法完成后的形态/音系层才引入句中，以词根的形式与轻动词进行外部形态合并，以满足轻动词的词缀特征，充实其语义，词根 V 的选择会受到轻动词及"着/了"的语义语用限制。汪文的这一分析存在两个方面的问题。第一，分布式形态学理论的根本就在于词根无词类假说，即所有词根的词类都由定类轻动词来提供。因此，汪文中"动词 V 不带任何题元信息，只有语类特征"的这一假设违背了分布式形态学的基础假设，而作者也没有为这一假设提供充分的论据，这不得不使我们质疑这一分析的可行性。第二，如果动词 V 不带任何题元信息，就不免会生成出符合轻动词语义却不符合动词题元信息的句子，比如："花园里爬着很多花"，

"湖里死了很多船只"等。

2. 复杂谓语说

李京廉、王克非（2005）提出了一种全新的思路，他们援用 Bowers
（1993）、Gu（1992）的观点，运用述谓结构来推导汉语的存现句：

（50）a. 台上坐着主席团。

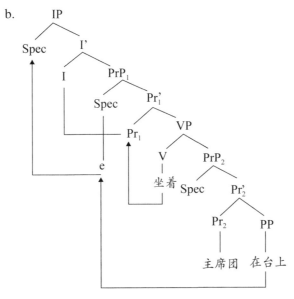

根据作者的观点，动后名词短语"主席团"和处所短语"在台上"形成了
一种述谓结构，即图（50b）中的 PrP_2，充当动词"坐着"的次级述谓短语；
由于汉语缺少与英语 *there* 对应的虚位成分，主要述谓结构 PrP_1 的指示语
位置是一个空位，因此，处所短语"在台上"移至该位置，省掉介词"在"，
并进一步上移至 Spec. IP 的位置，得到（50a）的表层结构；由于"主席团"
在 PrP_2 中是一个名词性谓语，不需要进行格核查，自然也就不存在赋格问
题了。

李京廉、王克非的这一分析思路颇具启发性，为汉语存现句的研究
提供了新视角。然而，该研究也存在一些理论层面上的问题。首先，正
如作者自己所言，"主席团"和"在台上"形成的是一种主谓逻辑关系，

那么按照常理，"主席团"应当充当次级述谓短语 PrP_2 的主语，占据 Spec. PrP_2 的位置，而处所短语"在台上"充当的是谓语，占据 PrP_2 的补足语位置。因此不宜将名词性短语"主席团"放置在中心语 Pr_2 的位置上，更何况名词性短语是一个复杂成分(complex element)，不满足生成语法对中心语的基本假设，即中心语必须由简单成分(simple element)来充当。如果说"主席团"不是名词性谓语，而是一个名词性主语，那么它就依然有格位上的需求，赋格问题依然未能解决。其次，对于处所介词短语"在台上"为何在移至 PrP_1 的指示与位置后就需要删除掉介词"在"，作者也未能提供合理的解释。

3. 信息结构说

许歆媛、潘海华(2019)从信息结构的角度重新探讨了汉语存现句的生成机制，并指出"主席团坐在台上"和"台上坐着主席团"这两个同义句是有同源关系的。具体而言，前者是通过常规的推衍路径生成的，即基础生成于 Spec. VP 位置的名词首先移动到 Spec. TP 位置，从 T 处获得主格，再通过 A' 移位，移至 Spec. TopP 位置，同时，作者沿用了 Baker (1988) 的"并入理论(incorporation theory)"，认为介词中心语"在"并入动词 V，形成"坐—在"。存现句"台上坐着主席团"则由两个关键步骤——处所短语"台上"的话题化和名词词组"主席团"的焦点化操作推导而成的。具体而言，动后名词组"主席团"从其基础生成的 SpecVP 位置首先移至 Spec. TP 位置，从 T 处获得主格；根据"离位焦点优先实现原则"，由于"主席团"是离位，将会抢先右移至 FocP 的指示语位置，实现为离位焦点；此时，TopP 的位置空置，因此动后 PP 的补足语"台上"可直接通过 A' 移位，移至 Spec. TopP，实现为话题；另外，在中心语移位方面，当"坐在"作为一个并入后的整体移至体标记"着"占据的 Asp 位置，由于"着"的状态持续义涵盖了"在"的存在义，出于经济原则，后者被删除。

（51）a.

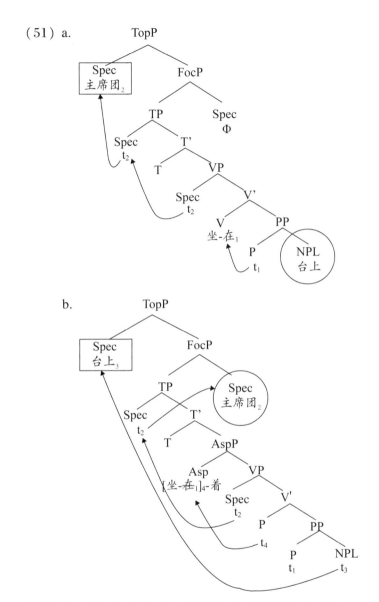

许歆媛、潘海华的分析向我们清晰地展示了存现句的生成机制，很好地解决了动后名词短语"主席团"的赋格问题，同时还揭示了"主席团坐在台上"和"台上坐着主席团"之间的深层同源关系，颇有理论价值。然而，（51b）中"主席团"的右向焦点化移位这一步操作却有待商榷。不可否认，存现句的动后名词短语确实具有焦点义，但是即使"主席团"不移位，在原位也可获得信息焦点义，赋格也可以直接通过与 T 的一致运算来实现，无须将名词移动到 Spec. TP 位置。况且从本质上说，"主席团"的右向焦点化移位其实是一种"空缺移位(vacuous movement)"，无法通过存现句本身的语序加以证实，而且汉语语法中也没有其他的句式能够切实论证右向焦点的存在。除此之外，作者也没有提供证据论证存现句的句首处所短语确系话题而非主语。事实上，学界已经有很多证据表明，处所短语其实应当处理为主语而非话题(参见陈庭珍，1957；范芳莲，1963；宋玉柱，2004；Paul 等，2019 等)。

5.3.4 小结

综上所述，经过 20 年的研究，生成语法领域对汉语存现句的研究已经相当深入，学者们对汉语存现句的论元结构、生成机制以及存现对象的赋格方式等理论问题进行了分析和探讨，成果斐然。然而，在生成语法已经发展到最简方案阶段的今天，我们需要在达到解释完备性的同时，追问："如何通过更高效、简洁地运算方式推导出汉语存现句？汉语存现句又在多大程度上反映了人脑的内在运算机制？"当我们用最简思想重新审视上述研究时，不禁会问：我们真的需要利用增设轻动词的手段才能解释存现义吗？这种方式到底是解释还是更深层次的描述？句法和语义、语用之间的界限又该如何划定？文章将带着上述问题，重新审视存现句涉及的一系列理论问题，探讨汉语存现句的共性和个性问题。

5.4 存现句的句法分析

5.4.1 处所短语的句法性质

要对存现句进行句法分析，首先要弄清楚位于句首的处所短语的句法性质。汉语学界对处所短语大致有三种看法：早期的学者们倾向于将处所短语看作状语，而将存现句看作无主句；而近年来，学者们的分歧则主要体现在主语与话题上。一部分学者将处所短语看作存现句的主语，并将存现句视作主谓句（黄正德，1987；李艳惠，1990；顾阳，1997；Lin，2001；李京廉、王克非，2005；Paul 等，2019 等）。另一部分学者将处所短语看作存现句的话题，并将存现句视作话题—述题句（韩景泉，2001；许歆媛、潘海华，2019 等）。在本节中，我们将对处所短语的句法性质做一番细致的考察，并提供充足的论据论证处所短语应当处理为主语而非话题。①

1. 话题说的支持论据

第一，一般认为主语不能是介词短语，而方位名词之前却可以加上一个介词（例句摘自韩景泉 2001）：

(52) a. 床上躺着一位病人。

     b. 在床上躺着一位病人。

(53) a. 房子里住着一位老人。

     b. 在房子里住着一位老人。

然而，这个论据并不严谨。不可否认，当我们在方位词前加上介词之后，该成分就不再是主语，而是话题，方位词后面的成分就变成了一个无主句：

(54) $[_{CP}$在床上，$[_{TP}[e]$躺着一位病人。$]]$

但这并不意味着，不带介词的方位词短语不能充当句子的主语，相反，很可能正是因为方位词短语要充当主语，才需删除介词，毕竟存现句的非标记(non-marked)形式是不带介词的。

第二，韩景泉援引范晓(1998)的观点，指出主语必须是动词的论元，而方位词短语并不是动词的论元，因此不是主语。这一论据同样缺乏说服力：

其一，几乎所有的三元及物定位动词都选择方位词短语作论元：

---

①   关于存现句中的处所短语非状语的论据，可参考陈庭珍(1957)。

(55) a. 我放了一本书(*在桌上)。

      b. 桌上放着一本书。

其二，根据顾阳(1997)的说法，处所短语多表示动作结果的一种持续状态，是动词语义的一部分，所以并不一定不能充当主语。

第三，不少学者将"啊(呀)、呢、嘛、吧"看作话题标记，如果句首成分与句子其他成分可以由这些停顿语气词隔开，那么该句首成分就是话题，而非主语。汉语存现句的处所短语后可以加上这些语气词，因此处所短语系主题(例句摘自韩景泉，2001)：

(56)床上呢/嘛，躺着一位病人。

(57)房子里呢/嘛，住着一位老人。

同样，这一论据只能说明(56)—(57)中的处所短语是话题，而不能说明(52a)和(53a)中的处所短语是话题。另外，我们知道被动句是典型的主谓句而非话题句，但被动句的主语也可加上停顿语气词：

(58)张三啊，被李四叫到办公室了。

2. 主语说的支持论据

第一，话题多是可选的（optional），去掉话题，句子依然成立，而主语则具有强制性，句子若没有主语则不合法。①存现句中的处所短语是强制性的，因此是主语而非话题：

(59)（在北京），我有很多朋友。

(60) a. (*床边)趴着两条小狗。

      b. (*墙上)挂着/了一幅画。

第二，存现句的处所短语虽然可以加介词，但加上之后，一般需要与句子其他成分之间有语气上的停顿，或加上表停顿的语气词，否则不符合语用规则。但不加介词的处所短语则无须停顿：

---

① 动词本身不选择主语的情况除外，例如下面的非宾格存现句：

（i）（家里）来了几位客人。

（61）a. 在墙上#挂了一幅画。

b. ?? 在墙上挂了一幅画。

第三，Paul et al.（2019）指出，我们虽然可以用疑问词"哪里"对处所短语进行提问，却不能用"哪里"对处所话题进行提问，这说明处所短语是主语而非话题：

（62）a. 哪里有小说?

b. *[ₜₒₚₚ哪里 [ₜₚ你们有小说]?

（63）a. 哪里来了客人?

b. *[ₜₒₚₚ哪里 [ₜₚ客人来了]?

综上所述，我们认为前人提出的关于存现句处所短语为话题的论据缺乏说服力，而关于其为主语的论据则更具有普遍性，因此我们认为存现句中的处所短语应当处理为主语而非话题。

5.4.2 存现句的论元结构

关于存现句的论元结构，学界大致有以下三种假设：

（64）a.
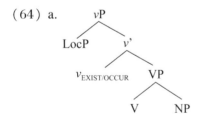

b.
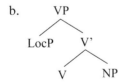

c.
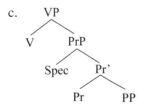

213

第一种论元结构是轻动词式的论元结构，主张处所短语不是词汇动词 V 选择的，而是由表示 EXIST 或 OCCUR 的轻动词引入的。这一论元结构可以很清晰地呈现汉语存现句的语义特征，然而问题是：轻动词本身是否具有普遍性呢？如果这类轻动词是所有语言共有的，为何英语类语言中的及物动词无法进入存现结构？

第二种论元结构是一种传统的论元结构，主张处所短语直接基础生成于词汇动词 V 的指示语位置。虽然这种论元结构更简约，不必专门设立不同类型的轻动词，但也显然面临一个问题，即在很多情况下，处所短语并不是动词的论元，因此将其放置在动词的指示语位置上并不合适。

第三种论元结构是一种述谓论元结构，主张将动后 NP 看作名词性谓语，占据中心语 Pr 的位置，而处所短语则占据 Pr 的补足语位置，PrP 的指示语位置是空位。大体上，我们赞同这一思路，并且我们将在稍后论证述谓结构是最符合存现句语义的论元结构。然而，这一论元结构本身却显然存在一些技术问题。首先，如 5.3 节所述，存现句的动后名词组是一个复杂成分，不宜放在中心语位置上，后者只能由词项（lexical item）来填充。第二，主谓结构在 PrP 上的分布，应该是述谓成分（即 NP）位于 PrP 的指示语位置，而谓语成分位于 PrP 的补足语位置，而中心语 Pr 类似于连接项功能，将述谓成分和谓语成分连接起来。如果 PrP 的指示语位置空置，那么 PrP 这一功能投射也就失去了存在的意义。

那么，我们究竟应当如何表征存现句的论元结构呢？援引 Hoekstra & Mulder（1990）的观点，我们认为存现句本质上是一个小句结构（small clause，SC）。根据前者，英语中的某些作格动词可通过小句结构进入存现句，当非作格动词与处所短语共同出现时，前者会产生语义转换，由非作格动词转换为非宾格动词（下列例句引自 Hoekstra & Mulder，1990）：

（65）a. Into the room entered a man.

b. Down the street rolled the baby carriage.

c. Round and round spins the fateful wheel.

(66) [~VP~ V [~SC~ NP PP]]

根据聂文龙(1989)和顾阳(1997)，汉语的存现句主要分为两类——静态存现句和动态存现句；静态存现句表达的是动作结果的一种持续状态，而动态存现句则主要体现的是动作的一种持续的动态。因此两者都可以用(66)中的小句结构来表征。在小句中，存现对象和处所短语形成的是一种述谓关系，前者为小句的主语，后者为小句的谓语。另外，由于存现对象和处所短语单独构成了一个次级述谓结构，因此处所短语与动词之间只存在间接的语义关系，不需要一定是动词的论元。

然而，小句结构虽然能够解释为何非作格动词能够进入存现句，却无法解释为什么及物动词也可以直接进入存现句。因为小句结构无法将及物动词转换为非宾格动词，因为及物动词的语义通常含有致使含义(cause someone to be/become…)，可进一步分解为致使和非宾格两部分。因此，我们完全可以在小句之上通过轻动词 v 引入致使论旨(参见Sybesma 1999, Cheng 2007 等)：

(67) a. He shot him dead.

    b. [~vP~ he [~v'~ v [~VP~ shot [~SC~ him dead]]]]

(68) a. 他骂哭了李四。

    b. [~vP~ 他 [~v'~ v [~VP~ 骂 [~SC~ 李四 哭-了]]]] ①

这也就解释了为什么绝大多数带有处所倒装式存现句的语言不允许及物动词充当存现动词(见(69a))。一方面，如果存现动词为及物动词，那么该及物动词势必要指派一个域外论元充当施事或致使论旨。如果为了构成存现句，强行删除或不实现域外论元，而直接将处所短语 PP 移至 Spec. TP 的位置，就会违反题元准则，导致推导失败(见(69b))。另一方面，如果为了满足题元准则，让域外论元出现在句法中，那么移动到

---

① 在后续的句法推导中，小句中的谓语"哭—了"会与动词"骂"进行形态融合，得到例(67a)的表层语序。

Spec. TP 位置的就只能是域外论元，最终得到的是一个三元及物动词句，而非存现句。

（69） a. *On the table placed some flowers.

b. *$[_{TP}[$On the table$]_i[_{T'}$ T $[_{vP}$ **e** $[_{v'}$ v $[_{VP}$ placed $[_{SC}$ some flowers t$_i]]]]]]$

（70）a. He placed some flowers on the table.

b. $[_{TP}$ he$_i$ $[_{T'}$T $[_{vP}$ t$_i$ $[_{V'}$v $[_{VP}$ placed $[_{SC}$ some flowers $[_{PP}$ on the table]]]]]]]

那么为什么汉语允许及物动词充当存现动词呢？这一问题还要从汉语的类型学特征讲起。众所周知，汉语是一个弱形态语言，主要依靠句法来实现语义、语用特征（参见 Huang，2015）。根据 Huang et al. (2009) 的论旨理论，一个词汇动词（lexical verb）是由词根√和少量的轻动词（Lv）组成的。词根是各类事件集合的概念化表征，并包含事件参与者的所有信息，而轻动词则是将事件类型具象化，并筛选出与该事件类型直接相关的参与者。英语与汉语的差异在于前者动词进入句法时必须带轻动词（Lv），其指派的论旨角色须与事件参与者形成严格的对应关系；后者则允许动词以词根的形式进入句法，由于词根包含各类事件及参与者的信息，论旨角色的自由度也随之增加。此类型区别可形式化如下：

（71）$V \in \{(\checkmark)$，$[Lv1 \ \checkmark]$，$[Lv2 \ \checkmark]$，$[Lv2 \ [Lv1 \ \checkmark]]\}$，其中只有汉语允许 $V = \checkmark$ 的情况。

回到汉语的存现句，汉语的及物动词之所以可以不带施事论元，是因为它是以词根形式进入句法的，不必收到轻动词语义的约束。只要各句法成分能够与动词形成某种特定的语义关系，且不违反格理论，那么语句就是合法的。反观英语，由于英语的及物动词进入句法时必须带轻动词，因此无法在不违反题元准则的情况下得到存现句。当然，英语类语言还拥有另一种语法策略使得及物动词得以充当存现动词，那就是通过形态手段将及物动词被动化（见（72））。被动化之后的及物动词无法再选择域外论元，当然也就完全符合存现动词的非宾格性要求了。

（72）On the table was placed some flowers.

综上所述，我们通过对比发现，小句结构所表征的述谓结构最符合汉语存现句的句法语义特征，因此我们推论汉语的存现句是通过小句结构推导而来的。另外，我们也论证了汉语和英语类语言在存现句上的差异性主要来自句法外因素，即汉语为弱形态、强分析性语言，因此主要依靠句法来体现语义，而英语却依然倾向于借助形态标记来体现语义。

5.4.3 存现句的加标分析

在上节中，我们论证了存现句的基底是一个由存现对象和处所短语结合而成的小句结构。然而，该结构的合法性在传统的 X 阶标理论阶段是备受争议的，因为根据后者的规定，短语的每一层投射都必须是中心语的投射，换言之，短语结构必须具有不对称和向心性这两个基本特征，但小句结构却是由两个最大投射组合而成的对称性短语，因而无法通过投射原则确定其句法标签。这个理论难题直到加标理论阶段才得以真正解决。根据 Chomsky（2013）的加标理论，合并和加标彼此分离，成为两个独立的句法运算，前者只负责将两个句法对象组合在一起，而后者负责在语段层面对合并而成的短语结构进行加标运算，换言之，从某种意义上来说，加标运算是滞后于合并运算的。因此，加标理论在原则上是允许对称结构进入句法的，只要能在其递交（transfer）到语音和语义接口前获得句法标签即可。下文中，我们就将从加标理论入手，详细分析汉语存现句的句法生成机制。

以"台上坐着主席团"为例，其基本结构可展示如下：

（73）

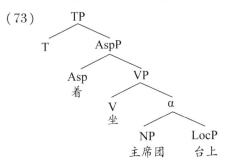

首先，存现对象"主席团"和处所短语"台上"进行外合并，形成集合α。然后，集合α与V合并形成一个动词短语VP，在VP和TP之间存在一个体貌功能投射AspP，持续体标记"着"是AspP的中心语。由于动词层缺少语段中心语v^*，整个句法推导式直到到达语段C才会进行加标运算。①此时，运算系统会发现α是一个由NP和LocP组成的⎰XP，YP⎱型对称集合，无法通过加标算法直接得到句法标签。根据Chomsky（2013）加标理论，只能通过移位加标法或共享加标法进行加标。由于NP和LocP无共享的一致特征，移位便成了唯一的选择。当LocP移出α后，原本在α内的LocP拷贝就变成了一个非连续统，对加标算法不可见。α将由唯一对加标算法可见的NP的标签来加标，α层的加标问题也就迎刃而解。LocP在移至TP的姊妹节位置后（即Spec. TP）会在TP层形成一个新的对称集合β，由于LocP和TP共享一致特征φ②，β可通过共享加标法获得句法标签<φ，φ>，TP层的加标问题也得到了妥善的解决。同时，V经过中心语移位移至Asp，与"着"融合，得到"坐—着"，最终得到"台上坐着主席团"的表层语序。整个推导过程如下图所示：

（74）

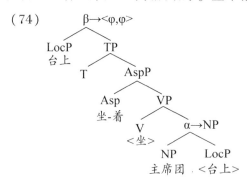

回到（73），如果为了解决α层的加标问题，我们移动的是NP"主席团"，运用同样的推导模式即可得到与此存现句相对的转换句式"主席团坐在台上"。当然，这里存在介词"在"的问题，对于该问题我们会在下

① 图（73）中的句法标记只是为了表述上的便利，实际上所有的句法标签都是在到达C语段，经过标签运算才能得到的。

② 我们会在5.4.4节中详细探讨处所短语的性质。

节中详细论述。

现在来看施事主语的问题。我们知道，存现句的一个跨语言共性即是施事主语和存现句的不相容性：

（75）*On the table he placed some flowers. / *On the table placed he some flowers.

（76）*桌上他摆着一些花。/ *桌上摆着他一些花。

Alexiadou & Anagnostopoulou（2001）曾提出过一个通则，即域外论元和域内论元不可同时滞留于 VP 内（下文简称为 A&A 通则）。在（75）—（76）中，存现对象是动词 V 的域内论元，施事则是 V 的域外论元，将它们同时置于动词层内，显然违反了 A&A 通则，因此（75）和（76）不合法。在最简方案的理论框架下，我们显然不能满足于一个描述性的通则，下面我们将用加标理论来重释这一通则。以（75）为例，其句法结构可表示如下：

（77）a. $[_β$ he $[_{vP}\ v\ [_{VP}\ V\ [_α\ [_{NP}$ some flowers $]\ [_{PP}$ On the table $]]]]]$

　　　b. $[[_{PP}$ On the table $]_i [_{TP}\ T\ [_β$ he $[_{vP}\ v\ [_{VP}\ V\ [_{α→NP} [_{NP}$ some flowers $]\ t_i]]]]]]]$

首先，存现对象 *some flowers* 和表处所的介词短语 *on the table* 进行外合并，形成小句结构 α。其次，α 和 V 合并再和轻动词 *v* 合并，得到 *v*P。最后，施事成分 *he* 和 *v*P 进行外合并形成另一个对称结构 β。假设为了给 α 加标，我们将 PP 移至 TP 的姊妹节位置（见（77b）），此时 α 可由唯一对加标算法可见的 NP 来加标，α 的加标问题得到解决。然而，β 的加标问题却无法解决。一方面，*he* 和 *v*P 不共享任何一致特征，因此无法通过共享加标法加标。另一方面，TP 的姊妹节位置已被 PP 占据，因此亦无法通过移位解决加标问题。由于（77b）的句法表达式中带有未加标的句法成分，在被递交到 CI 界面后会因为违反完全解读原则（Full Interpretation）被判定为不合法。

由此可见，通过加标理论，我们可以 1）在不借用 EPP 这一特设原则的情况下顺利推导出汉语的存现句；2）为"台上坐着主席团"和"主席团坐在台上"之间的同源关系提供原则性的解释；3）解释施事主语和存现句的不相容性。

5.4.4 存现对象的赋格问题

存现对象的赋格问题一直以来都是国内外学界的一大理论难题。笔者认为要解决这一难题就不能不关注不同语言中处所短语的形式差异。相信细心的读者已经观察到，英语中的处所短语是一个不折不扣的介词短语，而汉语则不一样，汉语中的处所短语用的是一个定位词短语（Localizer Phrase）而非介词短语。那么汉语的定位词短语有哪些特殊的句法特征呢？

首先，定位词是名词性的短语，与普通名词的句法分布完全一致，既可充当句子的主、宾语又可充当名词性的定语，与修饰语标记"的"共现：

（78）a. 房间又脏又乱。

　　　b. 房间里又脏又乱。

（79）a. 李四正望着小猫出神。

　　　b. 李四正望着窗外出神。

（80）a. 李四的书。

　　　b. 桌上的书。

其次，定位词无法独立作状语，必须加上介词"在"：

（81）李四 *（在）房间里做作业。

由此可见，汉语的定位词与名词一样均带有完整的 φ 特征，需要被赋予格位。这也就是说，汉语存现对象的格位不能像英语一样由 T 赋予，因为 T 必须为位于其指示语位置的定位词短语赋格。如果我们回到 Belletti（1988）的部分格假设，又会面临动后有定存现对象无法赋格的情况，因为根据前者，不带及物性轻动词的词汇动词只能为无定短语赋部分格。至此，我们似乎陷入了一个理论上的死循环。

要打破这个死循环就必须重新思考固有格的问题。芬兰语是一个有显性部分格形态标记的语言，这门语言中的部分格的句法分布颇具启发性（例句摘自 Kiparsky，1998）：

（82）a. Hän   kirjoitt-i   kirjee-t.

        he/she write-past. m. 3sg letter-pl. **acc**.

        他/她写了那些信。

     b. Hän   kirjoitt-i   kirje-i-tä.

        he/she write-past. m. 3sg letter-pl-**part**

        他/她正写着那些信。

例（82）中的宾语都是有定名词，当它被标记为宾格时，动词"写"被解读为完成体，当它被标记为部分格时，动词"写"被解读为未完成体。这说明部分格与未完成体的体貌之间有直接的联系。

回到汉语的存现句，我们发现汉语的存现动词无论是由"着"还是"了"来标记，都表示一种状态，带有未完成体的体貌含义：

（83）a. 墙上挂着/了那幅我最喜欢的画。

     b. *墙上挂那幅我最喜欢的画。

因此，我们不妨假设存现对象是从 Asp_{imperf} 处而非词汇动词处获得的部分格，这样一来，存现对象就无须受到有定限制效应的约束了。仍然以"台上坐着主席团"为例，其完整的赋格机制可表示如下：

（84）[$_{TP}$ [$_{LocP}$ 台上]$_i$ T[$_{AspP}$ 坐-着 [$_{VP}$ t$_V$ [主席团 t$_i$]]]]

          主格   部分格

上节中，我们提到，如果移动的是 NP"主席团"，即需要在定位词短语"台上"之前插入介词"在"。这很可能是因为在移动 NP 之后，T 和 V 之间不再有体貌的功能投射，为了满足"台上"的格位要求，只能求助于介词"在"，为其赋上结构旁格（structural oblique Case），如下图所示：

（85）[$_{TP}$ 主席团$_i$ T [$_{VP}$ 坐 [t$_i$ 台上]]]

          主格   "在"

"在"之所以能够插入结构中，是因为介词"在"并不具有实质的语义含义，处所短语的核心语义由定位词"上"以及由它选择的名词短语提供，"在"仅起到赋格的作用。

在解决了汉语存现对象的赋格问题之后，一个随之而来的问题是：为什么汉语和英语会选择不同形式的处所短语，以致需要两种完全不同的赋格机制来为存现对象赋格呢？我们认为导致这种语言差异的根本原因在于加标问题，更确切地说是时制中心语 T 的加标问题。根据Chomsky（2015），语言中 EPP 和 ECP 原则可由 T 的强度（strength）来推导出来。在以意大利语为代表的代词脱落型语言中（pro-drop languages），动词形态丰富，T 可以无须其他成分的加持独立加标，因此可以自由违反 EPP 和 ECP 原则，相比之下，英语的动词形态弱，无法独立加标，必须靠其他的成分移动到 TP 的姊妹节位置对 T 进行加持方能加标，因此英语类语言严格遵守 EPP 和 ECP 原则。相较之下，汉语则是一个动词无任何词属折变位的语言，因此汉语的 T 比英语的 T 更弱。据此，我们提出以下假设：由于汉语缺乏属折变位，其时制中心语 T 需要带有完整 φ 特征的句法成分方能加标，换言之，汉语的主语必须是名词性成分；而英语中的 T 虽然也无法独立加标，但只需要带有部分 φ 特征的句法成分对其进行加持即可。根据 Chomsky（2000，2001），副词性赘词"there"仅带有人称（Person）特征，虽然可以与 T 进行一致运算，却无法删除 T 上的不可解读的 φ 特征，因此 T 还需与动后名词进行远距离一致，才能完成句法推导。同理，我们可以假设在英语的处所倒装型句式中，PP 也只带有部分 φ 特征，因此还需与动后的存现对象进行远距离一致才能完成推导，具体推导过程如下：

（86）a. $[_{<\text{Person,Person}>}$ PP_i $T_{[u\text{-}\varphi]}$ $[_{VP}$ V $[NP_{[i\text{-}\varphi]}$ $t_i]]]$

一致运算

b. On the table *was/were placed many books.

在介词性处所短语移动到 TP 的姊妹节位置之后，虽然只有人称特征，依然可以通过共享特征加标法获得<Person，Person>的句法标签，解决 T 的加标问题。T 上的不可解读特征 φ 可在与动后名词短语 NP 进行远距离一致运算后被赋值并删除，同时 NP 获得主格格位。这也解释了为何（86b）中的动词必须与动后名词进行数的配合。

由于汉语的 T 比英语的 T 更弱，因此仅带有部分 φ 特征的介词短语无法对 T 进行有效的加持，因此汉语存现句的处所短语只能是名词性的定位词短语。T 与带有完整 φ 特征的 LocP 进行一致运算后，其对应的不可解读特征被顺利赋值并删除，不再需要进行进一步的一致运算，同时 LocP 从 T 出获得主格格位（见本章（74）和（84））。至此，汉语和英语在处所倒装式存现句中的处所短语和赋格机制的差异也得到了原则性解释。

5.5　小结

在本章中，我们秉承最简方案的基本思想，重新审视了汉语存现句中包括论元结构、句法生成机制、存现对象的赋格在内的一系列理论问题，得出了以下几个重要结论：

1）汉语存现句的底层构造是一个由存现对象和处所短语组成的小句结构，无须另外增设轻动词层。

2）"台上坐着主席团"和"主席团坐在台上"这两种句式代表了解决小句层加标问题的两种逻辑可能性。

3）施事主语和存现句的不相容性来自施事主语和 νP 合并后所导致的加标问题。

4）我们对汉语存现对象的赋格问题提出了新的见解，修正了现有的部分格假设，认为存现对象是从表示未完成语语义的 Asp 处获得的部分格。

5）在讨论汉语存现句的同时，本章也致力于解释不同语言之间存现句的共性和差异性问题，提出英、汉存现句的差异主要来自两个方面：a）汉语允许词根直接进入句法，而英语要求词根和轻动词一同进入句法；b）汉语的时制中心语 T 比英语的 T 更弱，前者需要带有完整 φ 特征的句法成分才能加标，而后者只需要带有部分 φ 特征的句法成分即可加标。

　　由此可见，在我们践行最简化思想进行汉语句法研究时，不但可以通过更简洁、更优雅、更符合生物性的原则重释汉语存现句的诸多理论问题，还能对语言间的共性和差异性问题有更深入的理解。当然，本章提出的看法和观点仅仅是一种尝试性的探索，还有很大的精进和改善的空间。

第6章　上古汉语中的"者""所"关系从句

6.1　上古汉语关系从句的基本介绍

在现代汉语中，无论被修饰的名词在关系从句中是充当主语还是宾语，也无论关系从句是有核的还是无核的，只要是关系从句一律由同一个结构助词——"的"来引导：

(1)[e_i 卖房子给我的][那个人]$_i$。

(2)[我买 e_i 的][那栋房子]$_i$。

(3)[e_i 爱我的]和[我爱 e_i 的]

与现代汉语相比，晚期上古汉语（从公元前5世纪到3世纪）在关系化操作上有更丰富的语法编码。上古汉语的关系从句可由"者""之""所"三个不同的结构助词来引导。"者"只能提取从句内的主语成分，因此通常用于引导主语性的无核或有核关系从句，其中前者更为常见（见(4)—(5)）。与"者"不同，"所"则用于提取除了从句内名词外的其他成分，比如动词后宾语或介词后宾语等，可以引导宾语性的有核或无核关系从句，也可引导旁格关系性的关系从句（见(6)、(7)和(8a)）。除此之外，我们还可以在"所"从句内的主语和谓语之间插入一个属格标记"之"（见(8b)），或者在"所"从句和被修饰的名词之间插入一个连接性的"之"（见(8c)）。作为关系从句标记的"之"既可以引导主语关系从句也可以引导宾语关系从句，但不能引导无核关系从句（见(9)—(10)）。"所"和"之"引导的关系从句都是后置型关系从句，而"者"引导的关系从句是前置型关系从句。

"者"关系从句:

(4) 欲战者可谓众矣。(《左传·成公六年》)

(5) 马不出者, 助之鞭之。(《左传·哀公六年》)

"所"关系从句:

(6) 圣人之所不能胜也。(《庄子·人世间》)

(7) 此昔吾先王之所以霸。(《吕氏春秋·长功》)

(8) a. 著范宣子所为刑书焉。(《左传·昭公二十九年》)

　　 b. 亡人之所怀挟缨纕 (《国语·晋语二》)

　　 c. 仲子所居之室 (《孟子·滕文公下》)

"之"关系从句:

(9) 岂若从辟世之士哉? (《论语·微子篇》)

(10) 不贵难得之货 (《老子》)

在传统的古汉语语法中, 语言学家们倾向于将语素"者""所"视为代词, 将语素"之"视作结构助词或介词 (马建忠, 1898; 王力, 1980; 吕叔湘, 1982; 朱德熙, 1983; 冯胜利, 2012; 陈丹丹, 2014 等)。在这一章, 我们将着重考察"者""所"作为关系从句标记的用法, 运用加标理论来解释"者""所"这两个语素为何既可用来引导有核关系从句又可用来引导无核关系从句。

6.2　"者 "关系从句

6.2.1　"者"关系从句的基本特征

在所有由"者"引导的主语关系从句中, 无核关系从句是最常见的。上节中的例(4)就是一个典型的例子, 其他的相关例句列举如下:

(11) 杀人者死, 伤人者刑。(《荀子·正论篇》)

(12) 是故恶夫佞者。(《论语·先进篇》)

(13) 仁者不忧。(《论语·子罕篇》)

在上面的例句中，关系从句的核心名词都没有明显地表达出来。"者"从句中的谓语可以是一个动词性成分(见(4)和(11))，也可以是一个形容词性成分(见(12)—(13))。"者"从句作为一个整体既可以充当主句的主语或话题(见(4)和(11))，也可以充当主句的宾语(见(12))，其中前者更普遍。

"者"还可用于引导一个有核的关系从句。上节中的(5)就是一个典型的例子，其他的相关例句列举如下：

(14) 大夫先归者皆反。(《左传·襄公十九年》)

(15) 此存乎王公大人有丧者。(《墨子·节葬下》)

(16) 有人好扬人之恶者 (《战国策·楚策一》)

在上面的例句中，"者"从句的核心名词都被明确地表达出来了。以(14)为例，NP"大夫"即为从句"先归者"的先行词。从语义方面来看，"者"从句是一个限制性的定语从句，它对核心名词起到了修饰和限定作用。"者"引导的有核关系从句作为一个整体可以充当主句的主语或话题(见(5)和(14))，也可以充当主句的宾语(见(15)和(16))。

6.2.2 有核关系从句真的有核吗？

然而，并不是所有的学者都将例(5)及(14)—(16)这类关系从句看作有核关系从句(参见马建忠，1989：97；Liu，1996 等)，他们主张这类关系从句实际上跟由"之"构成的整体—部分句式是同构的：

(17) 乡人之善者好之，其不善者恶之。(《论语·子路》)

(18) 于是，军帅之欲战者众……其不欲战者三人而已。(《左传·成公六年》)

以(17)为例，句中的 DP"乡人"应当理解为整体—部分关系中的整体，而 NP"善者"则是部分，相当于现代汉语里的"乡人中的善者"的意思。"之"则是一个属格标记作用于"乡人"。后半句的结构与前半句完全一样，只是用第三人称属格代词"其"代替了表整体的名词性短语。(17)的句法结

227

构如下:①

(19) [$_{DP}$[$_{DP}$乡人-之] [$_{DP}$ D [善者]]]

基于以上观察，这些学者认为例(5)以及(14)—(16)的句法结构与(19)完全一致，只是在后者中，语素"之"并没有显性的表征:

(20) [$_{DP}$[$_{DP}$马- ∅] [$_{DP}$ D [不出者]]]

因此，对于支持这种观点的学者来说，所有的"者"关系从句都是无核关系从句，因为"者"关系从句和它前面的名词性成分并不是修饰与被修饰的关系，而是部分与整体的关系，该名词性成分在句法上占据 DP 的指示语位置。虽然这种解释方案在理论上是可行的，但却无法获得语料上的佐证。通过文献检索，我们发现"NP—者—RC"可以出现在无法形成整体—部分关系的语境中。

我们知道在整体-部分型句式中，表示整体的名词性成分必须是有定的，因此该句式无法与存现句共现。我们的文献检索结果也证实了这一推论:我们没有发现一例"NP—之—者—RC"与"有"字存现句共现的情况。换言之，我们没有在文献中发现类似(21)这样的句子。然而，"NP—者—RC"与"有"字存现句共现的情况却非常常见:

(21) *有军帅之欲战者。

(22) a. 南门之外，有黄犊食苗道左者。(《韩非子·内储说》)

　　　b. 有人日攘其邻之鸡者。(《《孟子·滕文公下》》)

逻辑上，表整体的名词性成分不能包含数词"一"。我们文献检索的结果也证实了这一点:我们没有找到任何像例(23)这样的表述，但我们却发现了不少带数词"一"的"NP—者—RC"形式:

---

① 在此，我们将"之"看作附着于领属 DP 上的属格标记。有两个论据可以支持这一处理。其一，当我们用第三人称属格代词"其"时，"之"不会出现。如果"之"占据中心语 D 的位置，那么两者的共现就不应受到限制(见例(17)，例(18))。再者，"之"可以在一个没有 D 的结构中标记属格，与 T$_{[+N]}$ 一起出现，形成"主之谓"结构(参见 6.3.4 节)。

（23）＊一军帅之欲战者。

（24）a. 睹一异鹊自南方来者。（《庄子·山木》）

      b. 有一史后至者。（《庄子·田子方》）

另外，虽然"NP—者—RC"形式中的"者-RC"可以叠加（见（25）），但是我们没有找到整体—部分型句式中"者—RC"叠加的情况，即"NP—之—者—RC—（之）—者—RC"这种形式：

（25）贾人与市者坐当死者（《史记·汲郑列传》）

（26）＊乡人之善者（之）贤者。

在某些情况下，我们可以通过上下文得知"者"关系从句和它前面的名词并不是部分和整体的关系（见（27））。根据上下文，我们可得知宋国的五大夫鱼石、向为人、鳞朱、向带和鱼府都在彭城。因此，"宋五大夫"和"在彭城者"之间只能是修饰关系，而非整体与部分的关系。

（27）晋人以宋五大夫在彭城者归。（《左传·襄公元年》）

以上这些上古语料足以证明虽然"NP—者—RC"和"NP—之—者—RC"这两种形式有时在语义上确有相似之处，但两者在句法上并不是同构的。因此，我们认为应当将"NP—者—RC"看作真正的有核关系从句，而不是隐现的整体—部分型句式。

6.2.3 对 Aldridge（2009）分析的回顾

Aldridge 追随 Basilico（1996）的想法，将"者"处理为限定词 n，后者同时充当关系化算子约束语句内的语义变量——关系从句的核心名词。具体而言，在无核关系从句（28a）中，"者"约束从句内主语位置的空语音形式 *pro*（见（28b））。在有核关系从句（29a）中，"者"约束的对象则是从句中的显性主语"人臣"（见（29b）），此处，主语名词是无定的，可以充当关系化算子的语义变量，被其约束，得到关系化的解读。因此，对于 Aldridge 来说上古汉语中"者"引导的有核关系从句实际上是一种"内核心词关系从句"（Internally Headed Relative Clause，IHRC）。

(28) a. 欲战者可谓众矣。(《左传·成公六年》)

　　 b. [[$_{TP}$ pro_i T [$_{*v*p}$ 欲战]] 者$_{i*n*p}$]

(29) a. 此四王者，人臣弑其君者也。(《韩非子·说疑》)

　　 b. [[$_{TP}$ 人臣$_i$ T [$_{*v*p}$ 弑其君]] 者$_{i*n*p}$]

为了证明这一"者"关系从句的非移位分析，Aldridge 给出了两个具体的论据：

(30) a. 我未见力不足者。(《论语·里仁篇》)

　　 b. [$_{TP}$[$_{DP}$ e_i 力] 不足] 者$_i$

(31) a. 莫之为而为者 (《孟子·万章上》)

　　 b. [[$_{TP}$ 莫之为] 而 [$_{TP}$ e_i 为]] 者$_i$

首先看(30a)，Aldridge 指出(30a)中的"者"从句是对"力"的领有者的关系化，而根据"左分叉条件"(Left Branch Condition, LBC)，我们不可以移动位于 Spec.DP 位置的领有者成分，(30a)是合法的就说明"者"从句不是通过"者"的算子移位生成的，而是原位生成的。再来看(31a)，Aldridge 指出从句中的"莫之为"和"为"分别是并列结构的两个组成部分，而"者"从句只是针对并列结构的后半部分，也就是"为"的主语的关系化；根据"并列结构限制"(Coordinate Structure Constraint, CSC)，移位操作必须同时针对并列结构的两个组成部分，不能只针对其中的一个部分，(31a)是合法的，就说明"者"从句不是通过移位生成的。

然而，Aldridge 的这两个论据都存在一定的漏洞。首先来看她的第一个论据。(30a)并不一定要分析成领有者关系化从句，我们完全可以将其分析为一个"主谓谓语句"，而"者"只是针对"主谓谓语句"中的主语的关系化(见(32))。事实上，"主谓谓语句"是汉语中非常常见的一种句型。这样一来，关系化算子"者"的移位就不存在任何问题了。

(32) 我未见[$_{TP}$ e_i [力不足者]] 者$_i$

另外，需要指出的是，Aoun & Li (2003)已经论证过现代汉语中"的"引导的关系从句是通过移位生成的，因此(32)的现代汉语说法"我没见过力气不足的人"是合法的，充分说明(30a)的结构是(32)而非(30b)，否则该移位就会违反"左分叉条件"。①

再来看她的第二个论据。Aldridge认为(31a)中的"者"是针对并列结构的第二部分的关系化。但是，如果我们补出(31a)后面的小句，就不难发现Aldridge对(31a)的解读是有问题的。根据(焦循，1987：649；杨伯峻，1988：223等)的注释，(33a)中的后指照应词(cataphroic referent)"天"的语义范域涵盖整个并列结构，而不仅仅针对其后半部分。因此这里的"者"严格说来并不是一个具有量化功能的关系化标记，而是一个单纯的限定词，选择一个完整的语句充当其补语(参见(33b))。由于(31a)/(33a)不属于关系从句，所以不具有相应的参考价值。

(33) a. 莫之为而为者，天也。(《孟子·万章上》)

　　 b. [[$_{CP}$莫之为而 pro 为 pro]者]

除此之外，Aldridge的分析还存在其他问题。根据Aldridge的分析，"者"引导的有核关系从句实际上是一种"内核心关系从句"。这一假设的优势在于可以自然地解释有核关系从句的语序问题，即为何只有"者"引导的关系从句是后置关系从句，而"所"和"之"引导的关系从句却是前置关系从句。然而，这一分析与上古汉语的语料不符。我们知道，"内核心关系从句"必须遵循一个语义上的限制条件——无定解读限制条件(Indefinite Restriction)(参见Williamson，1987)。该条件规定被关系从句修饰的核心名词必须是无定的，否则无法充当量化限定词的语义变量。但是，经过文献检索，我们发现有核关系从句的核心名词可以是一个有定的专有名词：

(34) a. 申蒯侍渔者，退，谓其宰曰……(《左传·襄公二十五年》)

　　 b. 叔向贤者，平公礼之。(《韩非子·外储说》)

例(34)中的两个有核关系从句是非限定性定语从句，其核心名词"申蒯"和"叔向"均为有定名词，显然不符合"内核心关系从句"的语义限制。

---

① 现代汉语是遵循"左分叉条件的"：

(1) ＊我遇到了[我欣赏[e_i勇气]的]那个人$_i$

其次，虽然"者"引导的关系从句大多都是后置型关系从句，但我们在春秋和西汉的文献中找到了一些"者"的前置型关系从句：

(35) a. 有卷者阿，飘风自南。(《诗经·大雅》)

　　b. 项王怒，将诛定殷者将吏。(《史记·陈丞相世家》)

在这些例句中，核心名词"阿"和"将吏"均位于句尾，不在从句的主语位置，因此可以推论，核心名词在"者"关系从句之外。

最后，根据 Aldridge 的分析，"者"是一个关系算子，通过约束从句内的显性或隐性的核心名词得到关系从句，那么理论上，"者"应该可以关系化从句内的任何成分。这样一来，Aldridge 的分析就无法解释为什么"者"关系从句只能关系化从句的主语成分，而不能关系化其他成分。而且，其他拥有"内核心关系从句"的语言也并无类似的限制。

综上所述，Aldridge 将"者"关系从句看作非移位的"内核心关系从句"的分析方案是值得商榷的。在下面的章节中，我们将从加标理论的角度为上古汉语的"者"关系从句提供一个新的解释方案。①

6.2.4 "者"的句法本质

在这一节中，我们将列举出理论上可用来解释"者"的句法性质以及"者"关系从句的分析方案，再运用归谬法，推导"者"的句法本质。

Citko (2004)，Caponigro (2021) 等将带有显性的限定词中心语，且从句中带有疑问代词、关系化标记标句词或者不带任何标记的句式看作"轻核关系从句"(Light-Headed RCs)：

(36) I like [those who/that/∅ you like].

根据这一观点，我们可对"者"引导的无核关系从句作如下分析："者"

---

① Aldridge 也注意到了这个问题，并试图通过语段不可渗透条件(Phase Impenetrability Condition, PIC)来解释这一现象。她指出"者"之所以不能对 VP 内成分进行关系化，是因为当"者"进入句法时，VP 已经被递交到了语音和语义界面，使得其内部的空语类对"者"不再可见。然而，这种解释显然是不成立的，因为算子的语义约束是不受到语段不可渗透条件的限制的。

是一个限定词，占据中心语 D 的位置，从句内的主语位置有一个空算子，无核关系从句的语义解读可通过空算子的 A' 移位(Spec. TP 至 Spec. CP 的移位)来实现，见下面的表达式：

(37) $[[_{CP} Op_i] C [_{TP} t_i T [_{vP}...]]]$ 者 $_{DP}]$

对于"者"的有核关系从句，我们可以采用类似的分析，用核心名词代替空算子进行 A' 移位：

(38) $[[_{CP} NP_i] C [_{TP} t_i T [_{vP}...]]]$ 者 $_{DP}]$

这一分析方案的优势在于我们可以为"者"的无核和有核关系从句提供一个统一的解释方案，"者"自始至终都是一个纯粹的限定词并不参与关系从句的推导。然而，这种分析方案的缺陷也很明显。首先，如果将"者"处理成限定词，我们就无法解释为什么"者"关系从句只能对主语而不能对句中的其他成分进行关系化操作，因为限定词是无法对关系化的成分(即空算子或 NP)做任何限制的。其次，这一分析方案只能生成出限定性定语从句而无法生成(34)中的非限定性定语从句，对(35)中的前置型定语从句则更无能为力，因为在后者这种句型中，"者"显然是在从句 CP 之内的。由此可见，将"者"处理成纯粹的限定词是不可取的。

另外一种分析方案是将"者"处理为关系化标记，占据中心语 C 的位置。这样一来，"者"引导的有核关系从句则是通过与核心名词同指的空算子进行 A' 移位生成的，同时，只要我们假设 C 上的"者"带有未核查的主格特征，就可以解释"者"关系从句为什么只能对主语进行关系化操作，因为只有从句的主语带有主格特征，可以与"者"进行一致运算，核查"者"的格位特征。相关的推导过程可表示如下：

(39) $[_{NP} NP_i [_{CP} Op_{i[NOM]} [[_{TP} t_i T[_{vP}...]]$ 者 $_{[NOM]CP}]]]$

为了生成"者"引导的无核关系从句，我们需要同时设定两个空语类，一个空 D 和一个空算子(见(40))。虽然这种带有两个空语类的无核关系从句(有的学者称其为"超级自由关系从句")在语言中并不常见，但我们还是可以在爱尔兰语、马耳他语、哈普(Hup)语中找到了类似的形式(参见 Caponigro，2021)。

(40) $\left[_{DP}\varnothing\left[_{CP} Op_{i[NOM]}\left[\left[_{TP} t_i\, T\left[_{vP}\ldots\right]\right]\right]\, 者_{[NOM]\, CP}\right]\right]$

目前看来，第二种解决方案似乎可以顺利地生成"者"关系从句。但是，当我们将上古汉语所有类型的关系从句都纳入考虑范围，这一解决方案就会立刻陷入困境。在 5.1 节中，我们已经提到，上古汉语除了"者"之外，还有另一个关系化标记——"之"，且"之"在关系化过程中没有"主—宾"的不对称性，它既可以对主语进行关系化，也可以对宾语进行关系化。这就意味着"者"的关系化功能完全隶属于"之"。一种语言同时拥有两个功能有重叠性的关系化标记显然有悖于语言的经济原则。另外，运用这种解决方案，我们无法解释为何在这两种完全同质的关系化标记中，只有"者"能构成无核关系从句，而"之"不行。

以上论述说明，"者"在句法上更有可能是一个关系代词，而非原位生成的限定词或者标句词。根据 Vries（2002）对跨语言的关系化成分的分类，语言中的关系代词主要有三种类型：1）wh-形式的关系代词，例如英语中的 who、塞尔维亚—克罗地亚语中的 koje、拉丁语中的 quis 等；2）d-形式的关系代词，例如运用指示词的核心部分充当关系代词的丹麦语的 den、德语的 die 等；3）特殊形式的关系代词，比如印度语中的 jo、斯洛文尼亚语中的 kdòr 等。那么上古汉语的关系代词"者"属于哪种类型呢？上古汉语的疑问词体系主要由"何""焉"等词素构成，"者"显然不属于此类，因此"者"不属于 wh-形关系代词。鉴于"者"在上古汉语中可以接名词性短语，如"之二国者"，因此"者"应当属于 d-形式的关系代词。

6.2.5　"者"关系从句的加标分析

上节中，我们运用归谬法推导出了"者"作为关系从句标记的句法本质，即"者"是一个 d-形的关系代词。本节我们将运用加标理论，探讨"者"从句的生成模式。

我们认为"者"作为关系代词，原位生成于从句的主语位置，然后经过 A'-移位移动到了 CP 的边缘位置，建立了算子—变量关系，从而得到关系从句的解读。推导过程如下图所示：

(41) $[[[_{TP} t_i[_{vP}...]] C_{CP}$ 者$_{i\alpha}]$

为了使 α 获得标签，就必须要弄清"者"的性质。一般来说，关系代词的语类应该是个 DP，然而"者"的情况比较特殊，它本身其实是一个简单语素。因此，我们认为"者"类似于附着词(clitics)，既可充当 DP 又可充当 D。假设(41)中的"者"是一个词项 D，那么 α 即是由 CP 和 D 组成的一个不对称集合{CP, D}，可通过加标算法直接获得标签 DP，从而得到一个"者"引导的无核关系从句(见(42a))。假设(41)中的"者"被看作一个复杂短语 DP，那么 α 即是由 CP 和 DP 组成的一个对称集合{CP, DP}，无法通过加标算法直接获得标签。由于 DP 是一个关系代词，因此带有[Rel]特征，而 C 也带有[Rel]特征，因此可通过共享加标法获得标签<Rel, Rel>；同时 DP 与核心名词 NP 同指，从而得到"者"的有核关系从句(见(42b))。

(42) a. $[[[_{TP} t_i[_{vP}...]] C_{CP}]$ 者$_{iDP}]$

b. $[_{NP} NP_i[[[_{TP} t_i[_{vP}...]] C_{[Rel]CP}]$ 者$_{iCP}]]$

目前，我们只是通过简单的类比，将"者"的语类直接确定为 D，但经过对古汉语语料的细致考察，我们发现需要对上古汉语的名词性结构作进一步的细分。在 5.2.1 节，我们提到过"者"关系从句可以内嵌于一个带"之"的整体—部分结构中，而后者无疑是一个 DP(参见(17)—(18))。鉴于 D 无法选择 DP 作补足语，"者"只能是一个低于 D 的功能语类。另外，"者"的无核关系从句可以与"有"引导的存现句共现(参见(43)，亦可参见(22)和(24b)))，这也说明"者"不能是 D，因为 DP 一般无法与存现句共现。

(43) a. 有出者，有居者，臣不能贰，通外内之言以事君。(《左传·襄公二十六年》)

b. 有先登者，臣从之，暂愦而衣狙制。(《左传·定公九年》)

从跨语言的角度看，有些语言中的无核关系代词可以出现在一个显性的限定词之后。以下是尤卡坦玛雅语(Yucatec Maya)和易洛魁语言中的塔斯卡罗拉语(Tuscarora)中的语料(摘自 Cinque, 2020: 102):

(44) a. [le [ba'ax k-in   tsikbal-t-ik-∅   te'ex]-a'
          det what hab-erg-1sg chat-trns-ind-abs. 3sg 2pl   cl
          我告诉你的这个[事]

     b. Nyękwa'tikęhriyúhθe ha' tawé: te kakurihwíhs'ę.
        it. is. pleasing. to. us det what they. have. promised
        我们对他们所承诺的感到满意。

根据以上论述,可推得上古汉语中的主语代词"者"不是 D,而是一个位于 D 和 N 之间的功能语类。我们将采用 Cinque (2010, 2020)的观点,将"者"看作一个弱限定词 d,指涉类指和特指的语义解读。因此,(42a)的结构应作如下修改:

(45) $[[[_{TP}\ t_i[_{vP}\ldots]]\ C\ _{CP}]\ 者_{idP}]$

6.2.6 "者"的其他用法

然而,众所周知,充当主语关系代词并不是"者"唯一的功能,它还具有其他功能。朱德熙(1983)将"者"的用法分为两类,一类是自指"者",一类是转指"者"。本章所关注的"者"的关系化用法在朱德熙的语法体系中属于转指"者"的类型。与朱德熙(1983)不同,何乐士(2004)主张根据"者"前面的词组的语类,将"者"的用法划分为名物化的"者"和语气助词"者"两类。我们认为,从形式上看"者"有两种不同的用法,一类是关系化的"者",在语义上充当关系化算子,约束从句主语位置的语义变量,另一类是限定词"者",在语义上充当 ι-算子。作为 ι-算子的"者"又可根据其约束的变量是事件还是个体,进一步划分为两个子类别。

1)"者"选择一个完整的语句

除了充当关系从句中的主语关系代词外,"者"还可以选择一个完整的语句:

(46) a. 秦功梁者,是示天下要断山东之脊也。(《战国策·魏策四》)

b. 以顺为正者，妾妇之道也。(《孟子·滕文公下》)

在(46a)中，"者"从句中没有空缺，主语位置被显性名词"秦"占据，因此，"者"在这里不可能充当关系从句代词。在(46b)中，虽然主语是空的，但我们从上下文中可以很容易地判断出"者"引导的从句不可能是一个主语关系从句，否则我们就会得到"妾妇应该遵循的法则是那些将顺从立为他们的法则的人"这样一个不通顺的语句。因此，此处的"者"选择的是一个带有主语 pro 的完整的句子。

基于上述事实，我们认为"者"既用作约束个体变量的关系化算子，也可用作约束事件变量的 ι 算子，前一种用法会产生一个"者"引导的关系从句，后一种用法则会产生一个名物化的完整句。需要说明的是，在"者"约束事件变量的情况中，从句内的存在性封闭(existential closure)是缺失的，也就是说从句 CP 在语义上指称的是一个从事件到真值的函数，因此，当 CP 与"者"结合时，我们便会得到(46)中的事件性解读。从句法上看，例(46)中的"者"选择一个完整的 CP 作补语，形成一个 dP。在这种情况下，"者"是原位生成于 CP 外的，不存在移位：

(47) $[[_{CP}\ldots]$ 者 $_{d}$P$]$

2)名词性短语中的"者"

"者"还可以作为一个纯粹的限定词，即约束个体的 ι-算子，出现在名词性短语中：

(48) a. 之二国者皆将亡。(《吕氏春秋·先识览》)

b. 日时五者来备，各以其叙，庶草蕃芜。(《尚书·洪范》)

c. 二者其皆得国乎！(《左传·襄公二十九年》)

d. 良人者所仰望而终身也。(《孟子·离娄下》)

根据以上语料，我们认为在名词短语中，"者"的功能投射 dP 位于 NumP 和 nP① 之间，如下图所示：

---

① 我们在 5.32 节中会对 n 的功能作具体的阐释。

(49)

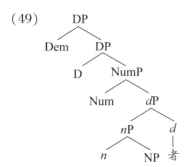

　　并不是在(49)中出现的所有功能投射都必须有相对应的语音实体。事实上，除了(48a)之外，其他的例子中都有被省略的句法元素。在(48b)中，NP 是一个空语类 *pro*，用于指称上文中提到的内容。在(48c)中，只有 Num 和 *d* 是有语音实现的，其他的两个成分——指示语和 NP 都是缺失的。在(48d)中，只有 NP 和 *d* 是有语音实现的，指示语和数量词都是缺失的。然而，需要指出的是，我们在文献中未能找到 NP 和 *d* 同时缺失的情况：

　　(50)　*之二/ *时五

6.3　"所"关系从句

6.3.1　"所"关系从句的基本特征

　　在这一节中，我们主要讨论"所"引导的关系从句。"所"既可以引导无关关系从句(见(51))也可以引导有核关系从句(见(52)和(53))。从句的主语既可以是一个空语类 *pro*（见(51a)、(52a)、(53a)），也可以是一个直接位于谓语之前的显性 NP（见(52b)和(53b)），抑或是一个带有属格标记"之"的显性 NP（见(51b)、(52c)、(53c)）。有核关系从句中的核心名词可以直接接在从句之后(见(52))，或者由连接性的"之"与从句相连(见(53))。"所"提取旁格宾语的情况，参见例(7)。

　　(51)　a. 子得所欲，众亦得安。(《左传·襄公十年》)

　　b. 民之所欲，天必从之。(《左传·襄公三十一年》)

(52) a. 所违民欲犹多。(《左传·宣公十二年》)

　　b. 郑人所献楚囚也。(《左传·成公九年》)

　　c. 亡人之所怀挟缨纕，以望君之尘垢者。(《国语·晋语二》)

(53) a. 季武子以所得于齐之兵作林钟。(《左传·襄公十九年》)

　　b. 仲子所居之室 (《孟子·滕文公下》)

　　c. 敢忘行主法令之所谓之名 (《商君书·定分》)

　　另外，虽然"所"在结构上低于从句的主语，但它可以出现在程度和体副词、否定词、情态动词和致使性动词之上，这说明"所"位于 vP 左缘内最高功能范畴的指示语位置。①

(54) a. 事君，臣之所不得也。(《左传·昭公三十一年》)

　　b. 吾所甚恶也。(《左传·昭公十五年》)

　　c. 不以所已臧害所将受。(《荀子·解蔽篇》)

(55) a. 非晋之所能及也。(《左传·哀公二十年》)

　　b. 非寡人之所敢知也。(《左传·隐公五年》)

　　c. 是所使夫百吏官人为也。(《荀子·王霸篇》)

6.3.2 "所"关系从句的研究综述

　　在生成语法领域，关于现代汉语的"所"关系从句研究可见于 Chiu (1995)、Ting (2003)、Zhang (2001)、Ou (2007)等。Aldridge (2013)专门讨论了上古汉语中的"所"关系从句。本节将简要回顾 Zhang(2001)、Ou (2007) 和 Aldridge(2013)提出的分析。

　　Zhang (2001)和 Ou (2007)采纳了 Kayne 提出的研究方法，将"的"处理为 D，把"所"看作关系代词，"所"从宾语位置经过 A' 移位移动到了 vP 的左缘位置。他们指出，关系代词"所"和它的先行词一起基础生成于 vP

---

　　① 关于存在两个左缘结构——一个高左缘结构 CP 和一个低左缘结构(vP)的论证，参见 Belletti (2004)。关于汉语的相关讨论，参见 Tsai (2015)。

内，两者一起移动到了 FP 的指示语位置；紧接着，"所"与它的先行词分开，独自移动到 CP 的指示语位置；最后，为了得到"所"从句的表层语序，还需要将 TP 移动到 DP 的指示语位置。整个推导过程如下图所示：

（56）

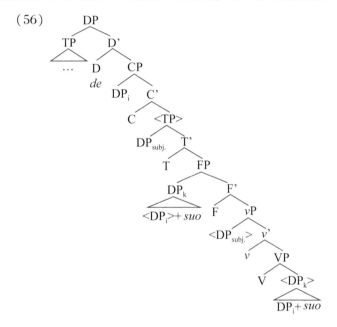

只需作一些细节上的调整，我们便可将 Zhang（2001）和 Ou（2007）的分析应用到上古汉语的"所"关系从句中。然而，（56）中的推导涉及很多无动机的移位，比如 DP_i 和 TP 的移位，这些移位的存在似乎仅仅是为了能够在 PF 上得到正确的语序，对语义解读无法产生任何影响，这也是 Kayne 的研究方法被人诟病的主要原因之一。另外，将 DP_i 从 DP_k 内提取出来显然违反了冻结效应（Freezing Effect），因此是一个不合法的操作。为了生成出"所"的无核关系从句就必须假定"所"的先行词是一个 *pro*，且位于 CP 之上的 D 没有语音实现形式。然而，这些假定显然只是根据具体情况所做的一个临时性的、规定性的假定，不具备普遍性。

再来看 Aldridge（2013）的分析。根据 Aldridge 的观点，"所"基础生成于 *v* 的位置，并有两个主要功能：一是将 VP 内的空算子吸引至 *v*P 的指示语位置，二是通过 *v* 至 T 移位使"所"从句名物化。TP 之上还有一层 DP 投射，从句内的主语从 Spec. vP 的位置移至 Spec. TP 的位置，再通过与 D 的一致运算获得属格格位，最终得到"所"引导的无核关系从句：

（57）

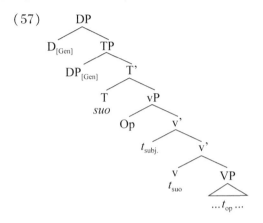

Aldridge 进一步指出，所有的关系从句都是从"者"从句推导而来的，"之"占据的是 D 的位置；"所"关系从句的核心名词基础生成于 Spec. nP 的位置，与位于 Spec. vP 的空算子同指；最后通过 TP 的移动（从 n 的补语位置移动到 D 的指示语位置）得到表层语序：

（58）

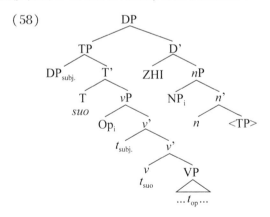

Aldridge（2013）的分析虽然成功地将"者""之""所"从句统一在了同一个句法框架下，但也存在不少理论上和实证上的问题。第一，根据作者的观点，"所"的功能之一在于将 VP 内的空算子吸引到 Spec. vP 的位置上。这个假设显然有些站不住脚，因为有证据显示上古汉语的 v 本身就带有 [EPP] 或边缘（edge）特征，可自行将疑问词或宾语代词吸引到 Spec. vP，无须再设立一个显性的吸引者"所"。第二，v 的核心功能是定类，即将其补语或补语内的词根定类为动词，这已经是学界的共识。而 Aldridge 却让一个本身带有名词性特征的语素——"所"基础生成于 v，这显然与学界对 v 的共识相悖。第三，上古汉语的语法本身就允许 T 带有［+N］的特征（即非限定 T），构成"主之谓"结构，因此无须"所"通过 v 至 T 移位来实现名物化，也无须在 T 之上额外设定一个 DP 来为主语赋属格。此外，Aldridge 的分析还存在解释力不足的问题。它只能生成出带有连接词"之"的有核关系从句，而无法解释例（52）类型的"所"从句，即核心名词直接接在"所"从句之后的情况。同时，它也无法解释带有"者"的所从句（参见（63）），因为根据 Aldridge 的分析，n 在它的补语 TP 移走之后无法再拼出为"者"。在下节中，读者将会看到我们提出的加标分析法可以生成出所有类型的"所"关系从句，并且能够有效地避免 Aldridge 分析中存在的问题。

6.3.3 "所"关系从句的加标分析

"者"作为关系从句的标记已从现代汉语中消失，完全被"的"取代，但"所"作为关系从句的标记却被保留下来，依然见于现代汉语的半正式文体中。因此，现代汉语中"所"的句法特征可在一定程度上帮助我们了解其在上古汉语中的特征，这些特征仅靠文献已经难以证实了。在接下来的内容里，我们将通过一些句法测试证明现代汉语中的"所"关系从句是通过 A'移位生成的。

首先，现代汉语中带"所"的关系从句会产生岛效应：

（59）警察所犯—$_i$ 的［那个错误］$_i$。

（60）a. 复杂 NP 岛：

  *［我遇到了［—$_i$ 所犯 —$_j$ 的］警察$_i$ 的］［那个错误］$_j$

 b. 主语从句岛：

  *［［警察所犯 —$_i$］很奇怪的］［那个错误］$_j$

 c. 附加语从句岛：

  *［［因为警察所犯 —$_i$］所有人都很生气的］［那个错误］$_i$

"所"的 A' 移位的另一证据来自汉语的被动句。Feng（1995）指出汉语的被动句根据是否有施动者的显性表达，可分为长被动句和短被动句两种，且只有长被动句涉及算子移位。有趣的是，"所"只能出现在长被动句中（例句摘自 Huang et al.，2009：132-133）：

（61）a. 这些事情不能被他们所了解。

　　　b. 你最近对他的行为恐怕会被外人所耻笑。

（62）a. *这些事情不能被所了解。

　　　b. *你最近对他的行为恐怕会被所耻笑。

由此可见，"所"是一个宾语（宾格或旁格）关系代词（亦可参见马建忠，1898；Zhang，2001；Ou，2007 等），从 VP 内的句法位置经过 A' 移位移动到 vP 的左缘位置，即 vP 的指示语位置或介于 vP 和 TP 之间的某个功能投射 FP 的指示语位置。这一 A' 移位在语义层形成了一个算子—变量关系，从而得到关系从句的解读。与"者"类似，"所"也存在歧义，既可充当词项也可充当词组。但与"者"不同的是，"所"的语类并不是 d，而是 n，以下几个事实可为这一假设提供佐证。第一，与"者"不同，"所"从来不作为限定词来使用，无法单独出现在名词性短语中。第二，"所"原初是一个名词，意为"处所、地点"。从语法化层面来看，N 到 n 的语法化比 N 到 d 的语法化要自然合理得多。第三，"者"的语义范域可以涵盖整个"所"从句（见（63）），既然"者"是 d，那么"所"占的句法位置肯定低于 d，最有可能的即是 n。

（63）其所与者，天所废也。

根据以上论述，"所"关系从句的句法结构可表示如下：

（64）[$_\alpha$ 所$_i$ [$_{vP}$ DP/pro [$_{vP}$ v [$_{VP}$ V t$_i$]]]]

如果"所"被看作词项 n，那么 α 就是由 n 和 vP 组成的不对称集合｛n，vP｝，可直接通过加标算法获得标签 nP，即得到"所"引导的无核关系从句。然而，至此关系从句的推导还未结束，还需为 vP 内的主语 DP/pro 赋格，因为后者在 T 缺失的情况下是无法获得格位的。由此可知，无核关系

从句在 nP 之上必须还有一层 DP 的投射，vP 内的主语与 D 进行一致运算，获得属格格位，然后移动到 Spec. DP 的位置，见下图：

（65）

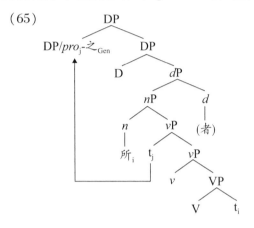

如果"所"被看作单短语 nP，那么 α 就变成了一个由 nP 和 vP 组成的对称集合 $\{n$P, vP$\}$，无法直接通过加标算法获得标签。由于汉语同时拥有 v 和 C 两个左缘结构，因此 v 与 C 一样也带有［Rel］特征，而 nP "所"本身即带有［Rel］特征，α 则可通过共享加标法获得标签<Rel, Rel>。为了使"所"引导的有核关系从句获得正确的解读，"所"在移动到 vP 的左缘位置后会在 LF 层继续上移至 Spec. CP 的位置。整个推导过程表示如下：

（66）

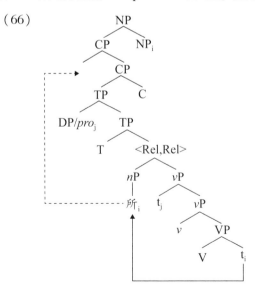

除了"所"之外，上古汉语的疑问词在句法中也只移到 vP 的左缘结构：

(67) a. 我将何求？（《左传·僖公二十八年》）

    b. *何我将求？

(68) a. 其子焉往？（《孟子·离娄上》）

    b. *焉其子往？

现在来看(52c)和(53c)。我们认为在这两个句子中，"所"从句是一个非限定句，句中的 T 带有[+N]的形式特征，主语只能获得属格，由"之"来标记（亦可参见梅广2015）。当(66)中的 C 被关系化标记"之"占据时，便可得到(53)中的有核关系从句。

6.3.4 名词化的 T

在上一节中，为了推导出例(52c)和(53c)中的有核"所"关系从句，我们提出了上古汉语中存在一个名词化的 T（$T_{[+N]}$）的假设。在本节中，我们将为这一假设提出实质性的证据。

上古汉语允许在主语和谓语之间插入一个语素"之"。这是一种非常常见的上古语法现象，在传统汉语语法中被称为"主之谓结构"，传统语法学家认为"之"的作用在于取消句子之间的独立性。这类结构的句法分布相当自由，它可以在句子中充当主语、补语或附加语：

(69) a. 霸之济否，在此会也。（《左传·昭公四年》）

    b. 不虞君之涉吾地也。（《左传·僖公四年》）

    c. 虽鞭之长，不及马腹。（《左传·宣公十五年》）

在上古汉语学界，学者们对于"主之谓"结构的语类归属问题一直争论不休。有些学者认为"主之谓"是名词性成分，其他学者则认为"主之谓"是一个句子。近年来，邓盾（2015）、田源、徐杰（2016）、杨萌萌（2018）等从生成语法的角度对"主之谓"结构进行了深入探讨，认为"主之谓"结构属于 TP 或 CP 而非 DP。其中，邓盾（2015）指出"主之谓"结构可以出现在只允许语句出现的句法环境中，例如，上古汉语的动词"恐"从来不选择名词性补语但却可以选择"主之谓"结构作为补语：

（70）恐诸大夫之不能相幼君也。（《公羊传·隐公元年》）

因此，我们有理由推断上古汉语确实存在带有名词性特征的 T（其主语必须带有属格标记"之"），而且这种名词化的 T 也可用于有核的"所"关系从句中。

6.4 小结

在这一章中，我们对上古汉语的"者"和"所"关系从句进行了深入的研究，并指出"者"是一个弱限定词 d，表达类指和特征的语义含义，而"所"则是由名词"所"语法化后形成的定类词 n，两者在关系从句中，一个充当主语关系代词，一个充当宾语关系代词，通过 A' 移位从从句内移动到相应语段的边缘位置，以构建出算子—变量关系，得到关系化的解读。更重要的是，我们通过加标理论解释了上古汉语何以用同一个关系化标记"者"和"所"同时构建有核关系从句和无核关系从句，并将有核关系从句和无核关系从句统一于一个解释框架下。具体言之，"者"和"所"本身带有歧义性，既可充当词项又可充当词组，这使得"者"和"所"在移动到左缘位置之后，出现了两种加标可能：当"者"和"所"的标签充当集合标签时，就会得到无核关系从句；而当"者"和"所"作为词组时，集合只能通过共享加标法获得标签<Rel, Rel>，从而得到有核关系从句的解读。相对于以往的研究，基于加标理论的分析显然更具有解释力，也更符合强式最简假设，能够更好地服务于古汉语语法的研究。

第7章　理论反思

7.1　Chomsky 加标理论的不足

7.1.1　关于拷贝的不可见性

根据 Chomsky（2013）加标理论的移位加标法，为了给 $\{_\alpha$ XP，YP$\}$ 型对称结构加标，必须移动 XP 或 YP。移位后，位于 α 内部的拷贝对加标算法不可见，使得 α 本质上变成了一个不对称结构，可由没有移动的成分来加标。由此可见，拷贝的不可见性就成了 α 得以加标的关键。然而，学界有不少学者对这一假设提出了质疑，认为它违背了移位拷贝理论的基本观点（参见 Takita et al.，2015；Richards，2019 等）：根据拷贝理论，一个句法成分移位后留下的是一个该成分的拷贝而非语迹（trace），因此原则上，移动的成分和它在移位过程中留下的拷贝应当具有同一性，两者拥有完全一样的句法特征，而拷贝不可见性假说本质是在说在一个由移位形成的句法链（chain）中，只有位于句法链顶部的成分（the head of the chain）才对句法运算起作用，也就是说，句法链顶部的成分和句法链上其他的成分具有不同的性质。同时，他们还指出，根据最简方案下的不可篡改条件（No Tampering Condition，NTC），当 X 和 Y 合并时，句法运算不得改动 X 或 Y 本身的结构，而拷贝的不可见性要求在 X 和 Y 内合并后，X 中 Y 成分的拷贝从可见变成了不可见，改变了 X 的性质，因此违反了不可篡改条件。

Takita et al.（2015）进一步指出，就语言事实层面来说，并不是所有

拷贝都对最小搜索不可见:

(1) a. What do they like?

  b. [$_{CP}$ what C [$_{TP}$ T [$_{v^*P}$ <what> they v^* [$_{VP}$ like <what>]]]]

(2) 冰岛语:

  a. Jóni   líkuðu þessir   sokkar

    Jon. DAT like. pl like   these. socks. NOM

    Jon 喜欢这些袜子。

  b. [$_{TP}$ Jon$_{[\,DAT\,]}$ T [$_{v^*P}$ <Jon$_{[\,DAT\,]}$> v^* [$_{VP}$ like these socks$_{[NOM]}$]]]

(3) 冰岛语:

  a. Méri   virðast   t$_i$ hestarnir   vera seinir

    me. DAT seem. PL   the. horses. NOM be   slow

    我觉得这些马好像跑得很慢。

  b. [Hvaða manni]$_i$ veist   þu   að virðist/ *virðast   t$_i$ [hestarnir

    vera seinir]

    which man. DAT know   you   that seem. 3SG /seem. PL   the. horses

    be   slow

    你觉得哪个男的觉得那些马跑得很慢?

如上例所示,当(1)中的疑问词 *what* 移动到 CP 的指示语位置时,其留在 v^*P 指示语位置的拷贝(图中第一个被< >括起来的成分)并不影响 T 和主语 *they* 之间的一致运算,没有产生干涉效应(intervention effect),说明该拷贝对最小搜索是不可见的;在(2)中,当标记为与格的主语 *Jon* 移到 TP 的指示语位置后,其留在 v^*P 指示语位置的拷贝并不影响 T 与 VP 内成分 sokkar'袜子'之间的一致运算,后者可以通过一致运算获得主格的赋格,说明该拷贝对最小搜索也是不可见的。然而,对比(3a)和(3b)可知,当移动的对象进行的是 A' 移位时,其留在 v^*P 指示语位置的拷贝会阻隔 T 和 *hestarnir* 之间的一致运算,产生干涉效应,使得 T 只能与疑问词 *Hvaða manni* '哪个男人'的拷贝进行一致运算,标记为第三人称单数。因此,Takita 等总结道,我们不能简单地规定所有移动对象的拷贝都对最小搜索不可见。

7.1.2 关于"加标驱动移位"这一说法的问题

就应用层面而言，Chomsky（2013，2015）加标理论多用来解释语言中的移位问题，因为能够通过加标算法来加标的结构，即{H, XP}型不对称结构，并不会对句法本身产生影响，只有遇到{XP, YP}型对称结构时，加标问题才真正得以显现，具备事实上的解释力。据此，Chomsky 对 EPP 原则、循环移位、冻结效应（freezing effects）等句法核心问题给出了加标上的解释。然而，Takita et al.（2015）指出，Chomsky 加标理论并不能一劳永逸地解释所有的移位问题，仍有不少"漏网之鱼"。

首先来看 A' 移位。虽然加标理论能够解释循环移位的问题，即说明为什么在长距离移位时，疑问词在移动到从句的 CP 指示语位置上必须继续上移至主句的 CP 指示语位置，也能说明为什么在 *wonder* 类动词中，疑问词在移动到从句的 CP 指示语位置上时，必须停留在原位，不能继续上移，但是无法解决移位的第一动力问题，即说明这些疑问词一开始为什么需要从动词词组内上移。以一个最简单的疑问句为例：

（4）a. What did Mary buy?

     b. ... $[$ <what> $[$ Mary $[_{v^*\text{P}} v^* [_{\text{VP}}$ buy <what>$]]]]$?

根据语段原理，*what* 在移动到 CP 的指示语之前必须要先移至 v^*P 的指示语位置。然而，如（4b）所示，在 VP 层，由 *buy* 和 *what* 组成的集合是一个不对称结构，可以直接通过加标算法获得句法标签，不存在加标问题，因此加标理论并不能告诉我们 *what* 为什么需要从 VP 内移动到 v^*P 的指示语位置，这也就意味着我们需要额外寻找一个原因来驱动这类移位，要么我们"复活"EPP 原则，说 *what* 移位是因为语段中心语 v^* 带有一个不可解读的 EPP 特征，要么我们"复活"贪婪原则（Greed）（Chomsky，1993），说 *what* 移位是因为它本身带有 wh 特征，使得它无法留在原位。

需要指出的是，Chomsky（2013）自己也意识到了这个问题，并强调凡是这种移位都是可选的。为了佐证这一说法，他给出了下面这个例子，并指出在智力问题这类特殊的场景下，疑问词是无须移到句首的：

(5) they thought JFK was assassinated in which Texas city？

然而，Chomsky 的这个解释显然有些勉强，因为在绝大多数情况下，英语的疑问词移位是强制性的，如果不移动疑问词，会导致句子不合法。此外，如果我们接受这个说法，不同语言在疑问词移位上的差异性也就无从解释了。

再来看 A 移位。Takita et al.（2015）指出，Chomsky（2013）加标理论虽然可以推导出由两个短语形成的小句结构，却无法解释由一个中心语和一个短语形成的小句结构：

(6) a. The student seems [$_{SC}$ t$_i$ good]

　　 b. The student seems [$_{SC}$ t$_i$ good at math]

在(6b)中，*the student* 和 *good at math* 合并之后形成的集合是｛NP，AdjP｝，无法通过加标运算加标，因此必须将 NP *the studen*t 移动到 TP 的指示语位置，因此得出(6b)的表层语序。然而，Chomsky 的加标理论显然无法推导出(6a)，因为 *the student* 和 *good* 合并之后得到的是一个不对称集合｛NP，Adj｝，可直接通过加标算法得到句法标签 Adj，因此我们无法通过加标来驱动 the student 的移位。

综上所述，根据 Takita et al.（2015）的说法，Chomsky 的加标理论无论是在 A' 移位中还是在 A 移位中都有无法解释的部分，这说明该理论尚未达到解释上的充分性（explanatory adequacy）。

7.1.3 关于语义解读的问题

前文我们已经提到，生成语法发展到最简方案阶段以后，短语结构的构成性规则被简化到极致，合并运算成为了唯一的句法规则。然而，这一运算仅仅起到将句法对象 α、β 合并为一个无序集合｛α，β｝的作用，却无法为 C-I 界面提供｛α，β｝的相关信息，即这个集合到底是关于 α 的集合还是关于 β 的集合。要使｛α，β｝能够在 C-I 界面获得解读，还必须为这个集合添置句法标签。因此，加标理论本质上就是为了解决语义解读上的问题。

根据加标算法，当动词中心语"研究"和名词短语"汉语语法"合并时，得到的不对称集合⏐研究，汉语句法⏐将由"研究"即 V 来加标，因此当这个句法对象递交到 C-I 界面时，就能够顺利被解读为一个动词短语。由此可见，句法标签的性质直接决定了集合的语义解读。

然而，Cecchetto 和 Donati（2015）指出，句法范畴和语义范畴并不总是一一对应的关系。DP 在语义上可以指称个体、量化成分，亦可指称性质，反过来，一个语义命题既可由 CP 表示又可由 DP 表示（比如，*I asked Mary* [*CP what time it is*] 和 *I asked Mary* [*DP the time*] 的语义含义是相同的，一个语义谓语可以由 VP、NP、AP 或 PP 等不同的句法范畴来充当。此外，有些句法标签在语义层并不参与解读（比如 *their painting of John* 中的 PP *of John* 的语义解读相当于 *They painted John* 中 DP *John* 的解读）。

现在来看一个更复杂的情况，即 TP 层的加标问题。我们知道，为了解决 α 的加标问题，必须将"张三"移动到 TP 的指示语位置，但移动过后，我们会在 TP 层得到另一个对称集合 β。根据 Chomsky（2013）的说法，由于主语"张三"和 TP 共享一致特征 φ，β 可通过共享特征加标法获得标签 <φ，φ>。

（7）C [$_β$张三[$_{TP}$ T [$_α$<张三> [$_{v*P}$ v* [$_{VP}$得知了这个消息]]]]。

φ 这一形式特征是性、数、人称等特征的总称，显然具有名词性特征。当（7）中的句法推导式递交到 C-I 界面时，会出现两个明显的问题：1）C-I 界面会根据<φ，φ>这个标签，将"张三得知了这个消息"这个语句解读成一个名词性的成分，这显然有悖于语言事实；2）标句词 C 选择的并非一个 TP 而是一个名词性的成分，这显然不符合 C 的语义选择要求。

Chomsky（2013）对<φ，φ>这个句法标签的解释比较模糊，只说当 TP 层获得了标签<φ，φ>后，CI 界面会将语句直接解读为主、谓短语。我们或许这样来理解，即对于 Chomsky 来说，共享标签<φ，φ>和其他句法标签在 C-I 界面的解读方式是不一样的，前者并不是直接为整个集合提供具体的解读信息，只是表明集合中两个成分之间的语义关系，而后者则是直接为整个集合提供解读信息。Chomsky 这种规约性的（stipulative）说法是否站得住脚还值得商榷。

7.2　其他的加标理论模型

近年来，一些学者针对 Chomsky(2013)加标理论的不足提出了一些新的加标理论模型。本节将着重介绍 Cecchetto 和 Donati 的探针加标法（Probing Algorithm）、Takita 等（2015）的拼出加标法（Labeling Through Spell-Out）和语段中心语加标法（Labeling Through Phase Heads）。

7.2.1　探针加标法

1. 理论设定

与 Chomsky 提出的最小搜索加标算法不同，Collins（2002），Adger（2003），Boeckx（2008），Cecchetto 和 Donati（2015）等提出了基于探针概念的加标运算。下文将重点阐释 Donati 和 Cechetto（2011）以及 Cecchetto 和 Donati（2015）（以下简称 C&D）的观点。C&D 采纳了 Adger（2003），Pesetsky 和 Torrego（2006），Boeckx（2008）等的观点，将探针的概念拓展到了外合并（external merge）的情况，也就是说将选择者—被选择者的关系看作是一种探针—标靶关系，并依此提出了句法标签的定义以及相关的加标算法：

> (8) α 和 β 合并后，α 或 β 的特征的子集会成为句法对象 {α, β} 的标签。标签
>
> a. 可以触发后续的句法运算，
>
> b. 对句法对象 {α, β} 外的句法成分可见。
>
> (9) 探针算法（Probling algorithm；Cecchetto & Donati 2015）①：

---

① Cecchetto & Donati（2015）探针算法的英语原文：

（ⅰ）Probing Algorithm

The label of a syntactic object {α, β} is the feature(s) that act(s) as a probe for the merging operation creating {α, β}.

句法对象$\{\alpha, \beta\}$的标签是α与β合并过程中充当探针的那个或那些特征。

从(8)中的定义可知，C&D的探针加标法是严格的句法操作，只在窄义句法(narrow syntax)层面起作用，保证句法运算得以顺利进行。(9)中的探针算法则保证了句法的不对称性，无论是外合并还是内合并，均由充当探针的那个句法成分或特征来加标。另外，词(word)在C&D的理论框架中具有特殊句法地位：词天然带有一种特殊的性质，可以强迫其他成分与之合并——换言之，词是天然的探针。当词和另外一个句法元素合并时，词总是充当合并后集合的句法标签。

现在我们来看看探针算法具体是如何起作用的。首先来两个词合并的情况：

(10) $\{$saw, John$\}$

根据合并运算的定义，合并本身并不具备不对称性，句法成分 *saw* 和 *John* 合并之后形成的是一个无序集合$\{$saw, John$\}$。但我们知道，从语义角度看这个无序集合中的两个元素是具有不对称性的，*John* 充盈(saturate)了 *saw* 的语义。这种语义上的不对称性可由探针来完成：*saw* 有一个未赋值(unvalued)的特征——选择特征，充当无序集合$\{$saw, John$\}$的探针，而集合元素 *John* 则是 *saw* 的标靶，从而形成了一个局域性(local)的探针-靶标关系。根据探针加标算法，集合$\{$saw, John$\}$由探针 *saw* 的词类范畴 V 来加标。然而，根据词的特殊性地位，名词 John 本身也可以为该集合加标，从而导致加标歧义。针对这一问题 C&D 专门给出了论述，他们认为此处并不存在加标问题，因为 saw 是双重探针(double probe)，它既是词，又是选择者(selector)，在加标过程中胜过 *John*，因此最终还是由 *saw* 来为集合加标。

再看词和短语合并的情况：

(11) $\{$read, $\{_{DP}$ the book$\}\}$

在这个集合中，$\{_{DP}$ the book$\}$是一个短语，不是词，无法充当探针，*read* 是唯一的(双重)探针，因此，根据探针算法，集合$\{$read, $\{_{DP}$ the

253

book}}应当由 *read* 的词类范畴 V 来加标。

现在来看短语和短语合并的情况：

（12）{EA, *v*P}（EA：external argument，外论元）

在这个集合中，功能中心语 *v* 必须为外论元指派论元角色，因此 *v* 是无序集合{EA, *v*P}的探针，EA 是 *v* 的标靶。根据探针算法，集合{EA, *v*P}应当由 *v* 来加标。

最后再来看加标歧义的情况：

（13）a. he likes John

b.
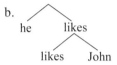

（14）a. what you read

b.
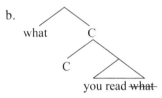

（13）和（14）的共同点在于两者都涉及一个词（13）中 *he* 和（14）中的 *what* 和一个探测性的句法对象（（13）中的 T 和（14）中的 C）的内合并。在这种情况下，没有任何一方能够在加标运算中胜出以充当集合的标签，从而导致加标歧义。此时，我们会面对三种逻辑可能性：1）词和探针均无法为集合提供标签；2）词和探针一起为集合提供标签；3）词或探针其中一方为集合提供标签。C&D 指出，第三种逻辑可能性可以很好地解释（13a）和（14a）中的语料；第一种逻辑可能性虽然存在，但在自然语言中受到了很大的限制，仅存在于根句（root clause）的最顶层；第二种逻辑可能性即是 Citko（2008）提出的"Project Both"，用于解释比较关联从句（comparative correlatives）以及 Grimshaw（1991）提出的扩展投射的情况等。

2. 探针加标法的应用

C&D 探针加标法最重要的应用就是自由关系从句。仍以（14）为例：

（15）

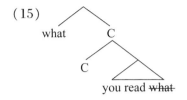

　　疑问词 *what* 从动词 *read* 的补语位置移到 C 的边缘位置得到（15）中的从句 *what you read.* 移动后的 *what* 与 CP 进行内合并，得到集合｛what, CP｝。*What* 作为一个词，是天然的探针，可以为集合提供标签。另一方面，C 是内合并的探针，促使了 *what* 的移动，因此也可以为集合提供标签。如果集合由 *what* 的词类 D 来加标，即得到（16a）中的自由关系从句。如果集合由探针 C 来加标，即得到（16b）中的间接疑问句。

（16）a. I read [₍DP₎ what you read].

　　　b. I wonder [₍CP₎ what you read].

　　同时，该理论还可准确地预测出当移动的疑问成分不是词而是短语时，不会有加标歧义产生，我们只能得到间接疑问句的解读：

（17）a. ＊I read what book you read.

　　　b. I wonder what book you read.

　　这是因为 *what book* 作为短语不再具有加标能力，此时集合的标签只能由唯一的探针 C 来提供：

（18）

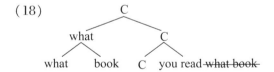

　　由此可见，C&D 的探针加标法可以顺利生成出自由关系从句，并揭示出英语的自由关系从句和间接疑问句之间的相互关系。

3. 评述

　　C&D 的探针加标理论通过将探针—标靶关系扩展到外合并的情况，为句法建立了一套严格地不对称结构，句法标签被看作合并操作得以继续的前提；同时将词看作天然的探针，可以很好地解释自然语言中像自由关系从句一类在内合并后会发生词类转变的现象。

然而，该加标理论也存在一些问题。第一，要将探针—靶标关系扩展到外合并，就必须假定"选择"和题元角色这些纯粹的语义概念具有形式意义，是形式特征，但这些形式特征显然与[φ]、[Q]这类典型的形式特征有本质区别，后者直接参与句法运算，而前者只负责为句法的词汇层提供相应的解读。况且在不少情况下，外合并并不一定要遵循"选择"和题元角色的限制，最典型的当属一系列的小句结构，例如，英语中 *drink* 这个词在大多数情况下需要选择一个 DP 充当补语，但我们也能接受 *I drank myself under the table* 这种不满足选择关系的语句。再比如，在上文谈到的汉语翻转句中，普通的及物动词在进入句法后，由于选择了小句做补语，*v* 不再投射，因此无须指派题元角色。由此可见，句法的语义解读是在完成句法推导后才进行的，因此将"选择"和题元角色看作是语义界面的概念更合适(参见 Chomsky，2004)。

第二，紧接上一点，如果选择关系本质上是一种语义关系，无法通过词类自身的句法特征决定，那么将句法标签看作是句法运算得以继续的前提就不再站得住脚了，因为我们完全可以通过反复运用合并运算来实现句法的搭建。

第三，在解决|saw，John|这种词与词外合并所产生的加标歧义时，C&D 提出了"双重探针"的假设来解决加标歧义问题。这一理论假设显然有不妥之处，因为但从 C&D 给出的探针算法定义，我们无法推得此集合应当由充当"双重探针"的那个集合元素来加标，我们必须在(9)的基础上另加一个子算法，使其能在两个集合元素都是探针的情况下，通过比较找出用来加标的探针。这显然增加了运算系统的负担，降低了运算效率，与作者的初衷不符。

7.2.2 拼出加标法

1. 理论设定

Takita 等(2015)并没有全盘否定 Chomsky(2013)的加标理论，而是对其进行了批判性继承。他们接受了 Chomsky 加标理论的一些基本主张，如：1）句法可以允许离心结构（exocentric structures）；2）对于一般的不对称性结构，即{H，XP}，可以通过最小搜索在加标；3）{XP，YP}结构可以通过共享特征加标法来加标。然而，他们否定了{XP，YP}结构的移位加标法，认为这种方法存在不少理论上和实证上的问题，不符合强式最简假说。

基于 Narita（2014）的观点，Takita 等（2015）主张通过拼出运算来解决无共享特征的对称集合的加标问题。我们将以（19a）为例，来具体说明这种加标算法的操作过程。

(19) a. I wonder which book Bob thinks John bought.

    b. ...$[_\alpha$<which book>$[_\beta C_{[-Q]}[_{TP}...]]$

    c.

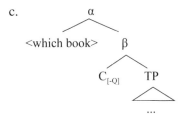

根据语段理论，在疑问词短语 *which book* 移动到 CP_2 的指示语位置之前会经过 CP_1 的指示语位置，并留下拷贝，我们关注的则是 CP_1 层的加标问题。由于 *think* 选择的是一个带有[-Q]特征的 CP，而 *which book* 带有的是[+Q]特征，因此 α 不能通过共享特征加标法加标。但由于 C 是语段中心语，根据语段不可渗透条件，C 的补语 TP 将会拼出，即被递交到语音和语义界面。这会导致集合{$C_{[-Q]}$，TP}（=β）变成一个仅由中心语 $C_{[-Q]}$ 构成的单元素集合（singleton）。整个运算过程可参见下图：

(20) a.

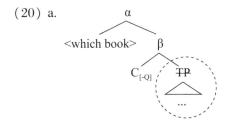

b.

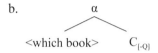

<which book>　　C$_{[-Q]}$

此时 α 变成了一个由｛which book｝和 C 组成的不对称集合，因此可通过最小搜索顺利获得标签 C（或［-Q］）。需要注意的是，在 Takita 等（2015）的理论框架中，拷贝与被移动的句法成分在本质上是完全无差别的，均对加标算法可见，所以 α 不能因为 *which book* 是拷贝而直接获得标签。

2. 拼出加标法的应用

首先来看小句问题。前文我们已经提过，Chomsky 加标理论的移位加标法最重要的一个应用就是可用来推导小句结构。现在我们来看看如何用 Takita 等的拼出加标法来推导出这一结构。

（21）The student seems $[\ _{sc}$ good at math$]$ （=6b）

作者采纳了 Dikken（2006）和 Ko（2011）的观点，认为小句并不是一个对称结构，它的两个组成部分是由一个语段中心语 H 连接而成的：

（22）

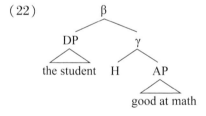

图（22）中，γ 不存在加标问题，可以直接通过最小搜索获得标签 H。那么如何为 β 加标呢？首先，HP 和 DP 之间没有共享特征，因此无法通过共享加标法加标。现在来考虑另一种可能，由于 H 是一个语段中心语，因此根据语段不可渗透条件，AP *good at math* 将会拼出。根据拼出加标法，γ 在 AP 拼出后会变成一个由 H 组成的单元素集合，此时 β 就变成了一个由 DP 和 H 组成的不对称集合，后者可直接通过最小搜索获得标签 H，至此 β 的加标问题就解决了。

至此，我们只能说 Chomsky 的加标理论和 Takita 等的拼出理论打了个平手，两者都可以解决（21）中的加标问题，而且从某种意义上说，

Chomsky 的加标理论还略胜一筹，因为它不需要在小句中额外设定一个语段中心语 H。然而，我们不要忘了 Chomsky 的加标理论通过建立移位加标法，将移位也纳入了理论范畴。这使得它无法推导出（23），因为在（23）中，小句是一个由形容词中心语 *good* 和 *the student* 构成的不对称集合，因此无须移动 *the student* 就可以加标，这使得我们必须为 the student 的移位设定一个额外的动因，导致了移位理论的冗余。在 Takita 等的拼出理论中，移位是一个完全独立于加标的体系，因此不存在冗余。

（23）The student seems $\left[\begin{smallmatrix} sc \end{smallmatrix} t_i\ good\right]$（=6a）

Takita 等的拼出理论的真正优势在于 there 结构的推导：

（24）There is a student in the room.

根据 Chomsky 的加标理论，*a student* 与 *in the room* 合并之后会形成一个对称集合 γ（$\gamma=\{DP\ PP\}$），为了给 γ 加标必须采用移位加标法，移动 DP 之后，γ 内的 DP 拷贝对加标算法不可见，因此 γ 将由唯一一对加标算法可见的成分来加标。然而，移动后的 DP 会在 β 层形成另一个对称结构 α，此时 DP 和 β 没有共享特征，无法通过共享特征加标法加标，而我们也无法继续上移 DP，因为继续移动将无法得出（24）的表层语序，所以我们无法通过该加标理论解决 α 的加标问题。

（25）

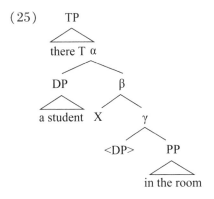

再来看 Takita 等（2015）的拼出加标法，按照此前对小句结构的设定，DP 和 PP 通过一个语段中心语 H 来连接，得到下面的结构图：

（26）

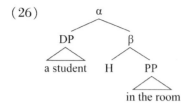

由于 H 是语段中心语，它的补语 PP 会被拼出，使得 β 变成了一个仅有 H 组成的单元素集合，α 因而变成了一个不对称集合，可直接通过最小搜索获得标签 H。*There* 在随后的推导过程中进入句法，并通过移位到达 TP 的指示语位置，从而得到（24）的表层语序。

由此可见，相比 Chomsky 的加标理论，Takita 等（2015）的拼出加标法可以更好地解释英语 *there* 句式的推导过程。

3. 评述

Takita 等（2015）用递交（transfer）运算取代了 Chomsky 加标理论中的移位加标法，规避了拷贝不可见性这一有争论的理论假设。同时，Takita et al.（2015）的拼出加标法在解释 there 句型时也更具优势。然而，这一理论框架也有其自身的局限性。其一，Takita 等（2015）的拼出加标法本质上是通过语段理论来解决加标问题，那么在实际运用中，为了解决各种不同结构中出现的加标问题，必然需要在 v 和 C 这两个基本语段之上增设其他语段，比如例（26）中的 H 语段；那么，为了保证该加标理论的有效性，就需要重新为语段下定义，说明在这个理论框架下什么样的功能投射属于语段，否则就会出现语段无限增加的现象，最终导致理论失效。其二，Takita 等（2015）加标理论继承了 Chomsky 加标理论中的共享加标部分，因此仍然面临共享加标出现的语义解读问题，比如 TP 层<φ，φ>标签的语义解读问题。

7.2.3 语段中心语加标法

1. 理论设定

相比拼出加标法，Richards（2019）对 Chomsky 加标理论的批判更彻

底，他认为无论是针对不对称集合的最小搜索加标法还是针对{XP，YP}
型对称结构的移位加标法和共享特征加标法都必须增加不必要的理论设
定，不符合最简主义的精神，因此他主张扬弃加标算法，运用合并运算本
身来加标。其具体思路如下：在分布形态学中，语类功能中心语 f（$f=v$、
n、a 等）可以为词根 R 提供句法标签，Chomsky 加标理论已采纳这种方法
为两个中心语合并后所得的对称集合{H_1，H_2}加标；Richards 主张将这种
加标方案扩展到短语结构中，并主张一个短语只需要与语段中心语合并就
可获得句法标签，不需要为每一个集合加标，否则会导致"过度加标"现
象。根据 Richards（2019）的理论框架，加标和合并的互动过程如下：

(27) 步骤一：{R，DP}（=非语段，不需要加标）

步骤二：{v，{R，DP}}（=语段，通过标签 v 来解读）

步骤三：{EA，{v，{R，DP}}}（=同一个语段，同一个标签）

步骤四：{T，vP}（=非语段，不需要加标）

步骤五：{DP，TP}（=非语段，不需要加标）

步骤六：{C，{EA，TP}}（=语段，通过标签 C 来解读）

第一步，词根 R（此处指非语段中心语 V）首先与内论元 DP 合并，得
到无序集合{R，DP}，这个集合由于不是语段，不需要加标。第二步，这
个无序集合{R，DP}和语段中心语 v 合并，得到无序集合{v，{R，DP}}，
该集合将由 v 来加标，得到 vP，并由 v 为 CI 界面提供语义信息。第三步，
集合 vP 将与外论元 EA 合并，得到无序集合{EA，vP}，由于此集合依然
属于 v 语段，因此该集合的标签仍由 v 来提供。第四步，vP 将与非语段中
心语 T 合并①，得到无序结合{T，vP}，由于这个集合不是语段，因此不
需要加标，同样的结论可以应用到第五步的推导中。第六步，首先 vP 指
示语位置的 EA 会和 TP 进行内合并（即，EA 移动到 TP 的指示语位置），
得到无序集合{EA，TP}；然后此无序集合会和语段中心语 C 合并，得到
集合{C，{EA，TP}}，该集合将由 C 来加标，得到 CP，并由 C 为 CI 界面

---

① 在 Chomsky（2015）中，T 被看作一个弱语类，无法给集合提供句法标签。

提供语义信息。

由此可见，对于 Richards 的理论框架来说，非语段的短语无论是对称集合还是不对称集合，都不会影响 CI 界面的语义解读，只要这个非语段最终能够跟一个语段中心语合并就行，而且最终这个语段的语义解读仅仅依赖语段中心语所提供的语类信息。

2. 语段中心语加标法的应用

在 Richards 的理论框架下，岛效应并不是由共享的标签导致的（Chomsky，2013），而是因为一个集合有两个标签，这种双标签的情况最终导致相关推导式无法在 CI 界面被正常解读：

(28) a. 主语岛效应（CED）：$^*\{n\mathrm{P}, v\mathrm{P}\}$

　　b. 附加语岛效应（CED）：$^*<v\mathrm{P}, \mathrm{CP}>$

　　c. 自由关系从句岛效应：$^*\{n\mathrm{P}, \mathrm{CP}\}$

　　d. 复杂名词短语岛效应：$^*\{n\mathrm{P}, \mathrm{CP}\}$

首先来看（28a）。在正常情况（也就是不需要成分提取（extraction）的情况）下，nP 在完成合并后，运算系统会直接将 nP 语段递交到界面，由 n 来给整个语段加标，然后再和位于另一个工作空间的 v 语段合并，最终得到 vP。而在需要成分提取的情况下，n 语段必须保持激活状态，会在递交之前与 v 语段合并，得到一个不统一的混合标签 $<n，v>$，形成岛效应。（28b）、（28c）中的岛效应其情况类似。

现在来看（28d）。作者采纳了 Bošković（2015）的观点，认为复杂名词短语岛效应体现了一种名词定类词和动词定类词不同的合并顺序：名词语段中心语 n 先与词根合并，再与其补语合并，使得词根与名词补语隔离开来（见（29a））；而在动词语段中，词根先与动词的补语合并，才与动词语段中心语 v 合并（见（29b））。

(29) a. $\{\{n, \mathrm{R}\}, \mathrm{XP}\}$

　　b. $\{v, \{\mathrm{R}, \mathrm{XP}\}\}$

名、动之间的结构差异来自 v 带有 φ-探针，它必须与补语或补语内的

成分进行 φ 一致和格位赋值，从而需要在语段中心语和补语之间建立探针—标靶关系，而这种结构关系只有在(29b)中才可能，所以动词性短语的补语可以被提取。如果{n，R}与名词的补语合并(如 CP)，就会导致(28d)中的加标冲突，最终导致推导失败。

3. 评述

Richards (2019)彻底摈弃了加标算法，主张句法表达式仅通过语段中心语就能获得语义解读，并运用语段中心语加标法解释了多种移位的岛效应，认为后者均是由于两个不同的语段中心语合并后所产生的加标问题而导致的。Richards 的这种极简的加标理论虽然克服了 Chomsky 加标理论的不足，但同时也大大限制了加标理论的解释力，从此，句法中唯一的加标问题就是两个语段中心语合并所产生的加标问题，其他非语段不存在任何加标问题。那么非语段是不是真的不需要句法标签呢？答案是否定的。首先，移位的一些限制性条件，比如反局域性限制(antilocality constraint)或干涉效应等，显然需要知道非语段内句法成分的标签。其次，非语段的句法成分也是可以进行移位的，比如汉语动词拷贝句中的 VP 移位，而要移动这些成分必须要知道这些成分的句法标签。

7.3　对 Chomsky 加标理论的补充和完善

7.3.1　Chomsky 加标理论的优势

在前面几个小节中，我们已经探讨了 Chomsky 加标理论在拷贝的不可见性、加标驱动移位和语义解读方面的一些不足之处，并介绍和评述了最近几年学界提出的其他的一些加标理论模型，包括探针加标理论、拼读加标理论和语段中心语加标理论。虽然这些加标理论模型都在一定程度上弥补了 Chomsky 加标理论的不足之处，但在理论的解释力、适用范围以及创新性上依旧没能超过 Chomsky (2013，2015)建立的加标理论体系。

首先，Chomsky 加标理论打破了 X-阶标理论以来学者们对句法的固有认识，即句法是严格的不对称、向心结构，认为句法本质其实是一个离心结构，最终都会生成一个｛NP，TP｝的对称集合；短语结构的不对称性只存在于词项和复杂短语合并的情况，是由最小搜索推导出来的。这一主张从根本上舍弃了 X-阶标理论中人为设定的指示语概念，回归到了 20 世纪 50 年代生成语法创立之初对句法结构的基本设想（即 S → NP VP）。而探针加标算法并未在根本上摆脱 X-阶标理论的影响，依旧将句法的不对称性和向心性作为零假设，只是借用最简方案下的探针概念对 X-阶标理论的投射规则进行了新一轮的阐释。

其次，Chomsky 加标理论提出了新的移位理论，用加标驱动（label-failure driven）移位取代了特征驱动（feature-driven）移位，从根本上解决了特征驱动句法中的两大理论难题——EPP 特征和连续循环移动的驱动问题：在特征驱动移位框架中，一致运算被看作移位的前提条件，而移位本身则是由探针上的 EPP 特征驱动的，但学界一直无法解释 EPP 的本质，也无法找到有效的手段推导出 EPP 特征；特征驱动句法的另一个问题则是长距离移位时的提前窥探（look ahead）问题，例如，主句 C 上的 wh/Q 特征是如何驱动疑问词进行长距离移位的（内嵌句的 C 并没有 wh/Q 特征）。此外，在特征驱动移位框架下，内合并必须满足激活要求（activity condition），即被移动的对象必须有不可解读特征才能移动，而在加标驱动移位的框架下，如果不存在加标问题，内合并是自由的，不受任何限制，摒弃了移位的"不得已"（Last Resort）原则。这也使得 Chomsky 加标理论更契合 Chomsk（2014）后学界对移位的看法，即移位是合并运算的一种（即内合并），内合并应当和外合并一样自由。相比之下，其他的加标理论均未能突破特征驱动移位的框架，自然也无法解决特征驱动句法本身存在的问题。

最后，与其他的加标算法相比，Chomsky 加标理论的解释力更强，能够为很多不同语言的语法现象提供新的解释思路。Chomsky 加标理论能够为包括冻结效应（freezing effects）、岛效应（island effects）、ECP 在内的诸多移位的限制条件提供原则性的解释，能够推导出各种带有小句结构的句式，例如，德语的话题分裂句式（参见 Ott，2011）、汉语的翻转句等，同时还能够解释很多在以往的理论框架下难以解决的语法现象，例如，内、外论元不得同时置于 VP 之中（参见 Alexiadou & Anagnostopoulou，2001）、汉语的重动句等。

7.3.2 补充和完善方案

尽管 Chomsky 加标理论相对于现存的加标理论来说有优势，但其自身仍有些不足之处，下面我们将针对这些不足对 Chomsky 加标理论进行一些补充和完善。

问题一：拷贝的不可见性

根据移位的拷贝理论，移位后的成分和它的拷贝确实应该是无差别的。然而，这种无差别性是相对语义解读而言的，用以解释语言中普遍存在的重建效应（reconstruction effects）。但就窄义句法层面而言，运算系统是通过自下而上的层层推导构建短语的，因此很容易区分哪些句法成分是同时经历了外合并和内合并运算的，并将移位后留在原位的拷贝看作是一个非连续统。拷贝的不可见性就是在这个前提下提出的。另外，拷贝的不可见性是针对加标运算而言的，它只会"改变"短语的标签，并不会改变短语本身的句法结构，因此并不违反不可篡改原则。汉语的重动句就是一个很好的例证。无论是移动 VP 还是移动 VP 内的 DP 都可以使原本不合法的语句变得合法，如果拷贝和移位的成分完全一致，且都对加标算法可见，那么移动就不会对语句的合法性造成任何影响。

那么如何解释冰岛语中的干涉现象呢？

（30）冰岛语：

a. Méri virðast t$_i$ hestarnir vera seinir =（3a）

    me. dat seem. pl the. horses. nom be slow

    It seems to me that the horses are slow. /我觉得这些马好像跑得很慢。

b. 〔Hvaða manni〕ᵢ veist þu að virðist/ *virðast tᵢ〔hestarnir vera
seinir〕＝（3b）

which man. dat know you that seem. 3sg /seem. pl the. horses be slow

Which man do you think that seem〔to him〕to be slow? /你觉得哪个
男的觉得那些马跑得很慢？

首先要说明的是，冰岛语中的这个现象并不能作为拷贝不可见的反
例，毕竟一个移位的拷贝不能既可见又不可见，说 A 移位的拷贝不可见但
A'移位的拷贝可见也似有不妥。我们将在拷贝不可见的前提下，提供另一
种解释方案。我们可以借用 Epstein 等（2021）的观点，即特征继承（Feature
Inheritance）有着不同时点（timing），来解释（30a）和（30b）在 T 一致上的差
异性：

（31）a.

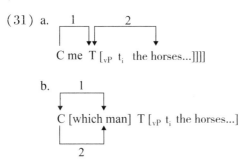

根据 Chomsky（2008）的特征继承假说，只有语段中心语才带有不可解
读特征，因此 T 上的不可解读特征 φ 是继承于 C 的。假设冰岛语在进行 A
移位时（见（31a）），C 至 T 的特征继承先于 φ 特征的一致运算，那么 T 在
继承了 φ 特征之后，开始在它的统制范围内（向下）寻找与其特征相匹配的
范畴进行一致运算，由于 'me' 的拷贝对最小搜索不可见，T 只能与 vP 内
的 'the horses' 进行一致运算，因此得到（30a）中 'seem' 与 'the horses' 一致
的情况。假设冰岛语在进行 A' 移位时（见（31b）），C 至 T 的特征继承要晚
于 φ 特征的一致运算，那么 C 上的不可解读特征 φ 会先和离它最近的成分
'which man' 进行一致运算，再将 φ 特征传给 T，因此得到（30b）中 'seem'

与'which man'一致的情况。另外，需要说明的是，上述解释方案并不是为了冰岛语这个现象专设的一个规定，Epstein et al.（2021）提出的"特征继承（Feature Inheritance）的作用时点"假说可用于解释很多语言间以及语言内部的 T 一致差异的问题。

综上所述，我们认为 Chomsky 加标理论中的"拷贝对最小搜索不可见"这一假设是有其合理性的。

问题二：移位的初始动力问题

Chomsky 加标理论对生成语法最大的影响就是改变了移位的动力，用加标驱动移位代替了特征驱动移位。更进一步说，在加标理论的框架下，移动只有在有加标困境的情况下才是强制性的，在其他情况下，移位则是自由的，不受约束，而在特征驱动移位的理论框架下，所有的移位都必须由不可解读特征 EPP 来驱动，因此移位带有"最后措施"（Last Resort）的意味。移位的加标驱动理论所面临的首要挑战就是无加标困境结构中的强制移位问题，其中最典型的即是我们最熟悉的 *wh*-移位：

（32） a. * You bought which book ？①

　　　b. which book did you buy t_i ?

（33） a. 你买了哪本书？

　　　b. * 哪本书你买了？

（34） a. Quel livre　　avez-vous　　　acheté?

　　　　which book have. 2SG-2SG bought

　　　　哪本书你买了？

　　　b. Vous avez　　　acheté　　quel　　livre?

　　　　2SG　　have. 2SG bought　　which　　book

　　　　你买了哪本书？

在 *v*P 内，动词"买"和"哪本书"的合并得到的是一个不对称集合｛V，

――――――――――

① 此句仅在一些非常特殊的语境下才合法。

DP⟩，可直接通过加标算法得到标签，没有加标问题。然而，在英文中，疑问词 *which book* 必须移动到主句的 Spec. CP，否则句子不合法（见（32a））。汉语中的情况正好相反，"哪本书"不能移动到主句的 Spec. CP，否则句子不合法（见（33b））。法语的情况比较特殊，疑问词 *quel livre* 既可以移到 Spec. CP，也可留在原位。因此，从某种程度上来说只有法语满足移位的加标驱动理论。然而，情况并没有这么简单，法语只有在根句（root clause）中才允许疑问词留在原位，内嵌句中的疑问词必须移动，否则句子不合法：

（35） a. *Marie pense que Paul a acheté quel livre？

　　　　　Mary thinks that Paul has bought which book

　　　　　玛丽认为保罗买了哪本书？

　　　 b. Quel livre Marie pense-elle que Paul a acheté？

　　　　　Which book Mary think-3sg that Paul has bought

　　　　　哪本书玛丽认为保罗买了？

那么如何解决以上语料中疑问句的初始移位动力问题呢？在这里，我们提出一个新的理论假设：

（36）非词类特征 F 的显著性假说：

　　　如果一个句法对象（syntactic object）除了词类特征外还具有一个非词类的显著特征 F，那么最小搜索将会搜索到 F 而忽略词类特征。

根据词假设，我们认为英、法、汉三语在疑问句上的差异并不在于疑问短语的移动与否，而在于疑问短语所带有的 Q 特征是否具有显著性。在英语中，疑问短语的 Q 特征是一个显著特征，因此当动词 *bought* 和 *which book* 合并时，得到的是由 V 和 Q 组成的对称集合⟨V, Q⟩，无法通过加标运算加标，必须通过移位才能对给这个集合加标，由此，我们就能解释（32a）的不合法性了。在汉语中，疑问词短语的 Q 特征是一个非显著特征，因此最小搜索搜索到的是 DP，不存在加标问题，因此无须移动疑问词短语。在法语中，疑问词短语的 Q 特征既可以是显著特征又可以是非显著特征，因此出现了两种情况皆可的局面。那么如何解释(35)的现象呢？我们认为法语和汉语不同，汉语疑问句的 CP 层有独立的疑问算子（参见 Tsai，1994），可通过约束 *wh* 变量来得到疑问的解读，而法语则只能通过 LF 层的量化词上升(quantifier raising)来得到疑问的解读，然而量化词上升的操作有严格的局域性限制，不能超越语句的限制，因此也就解释了为什么(34b)合法而(35a)不合法 。

需要说明的是，"汉语疑问词短语的 Q 特征是非显著特征"这一说法是有迹可循的。我们知道汉语中的疑问词短语既可以表示疑问，又可以表示一个无定短语(见(37))，这说明疑问词短语的显著特征是词类特征而非 Q 特征。

(37) 我昨天没吃[$_{DP}$什么东西]。

接着来看 A 移位的初始动力问题。Takita 等(2015)指出，(38)中小句的形容词 *good* 是个中心语而非短语，因此由 DP *the student* 和 *good* 组成的 SC 是一个不对称集合，可通过加标算法直接加标，无须移动 *the student*，因此 *the student* 的 A 移位无法通过加标理论来解释。对于这个问题，Chomsky (2015)已经提出了解释方案。他指出，T 在英语中是个弱词类，无法独立加标 ，需借助移至其指示语位置的 DP 来加标。具体来说，推导式(39a)是不合法的，因为 α 无法获得标签，因此需要将 *the student* 移动到 Spec. TP 位置，通过 *the student* 和 T 的共享特征 φ 来加标(见(39b))。

(38) The student seems [$_{SC}$ t$_i$ good]   =(6a)

(39) a. [$_{α}$ T-seems [$_{SC}$ the student good]]

    b. [$_{<φ, φ>}$ the student [$_{α}$ T-seems [$_{SC}$<the student> good]]]

问题三：共享加标法所产生的语义解读和线性化的问题

根据 Chomsky (2013，2015)，在推导一个句法表达式的过程中，至少会出现两次用共享特征<φ, φ>来加标的情况，一次是在 VP 层，即宾语 DP 移至 Spec. VP 后所进行的加标运算，另一次是在 TP 层，即主语 DP 移动至

Spec. TP 后所进行的加标运算。然而，<φ，φ>这一句法标签至少有三个方面的问题。第一，φ 特征本身带有名词性的特征，因此用 φ 作标签，会使得动词层和屈折层的句法表达式在 CI 界面获得名词性成分的错误解读。第二，根据一致理论，T 上的 φ 特征一经赋值会立即被删除掉，因此将 φ 特征作为句法标签与一致理论相悖。第三，句法表达式的线性化需要依靠句法标签，而后者必须能够表征两个句法成分之间的不对称关系，<φ，φ>这种对称的句法标签显然无法满足这个要求。

对此，我们提出两种解决方案。第一种是用 C&D 的探针加标法来取代共享加标法。共享加标本质上还是借助于一致运算来加标，既然一致运算本身就带有探针—标靶之间的不对称关系，那我们完全可以借助这种天然的不对称关系来为集合加标，这样一来 {NP，TP} 和 {NP，VP} 集合将分别由 TP 和 VP 来加标。①第二种是采纳 Saito（2016）的观点，即带有格位的 DP 对加标算法不可见，来为对称集合加标。在最简方案框架下，格特征被看作是依附于 φ 特征的一类不可解读特征，名词与 V 或 T 进行 φ 一致运算的同时，会获得相应的格位。这样一来，根据 Saito（2016），NP 在获得格位后对加标算法不再可见，那么 {NP，TP} 和 {NP，VP} 这两个对称集合将由唯一对加标运算可见的 TP 或 VP 来加标。

7.4 小结

在这一章中，我们首先对 Chomsky 加标理论进行了全面的反思，指出了该理论的不足。其次，并对其他学者提出的加标理论模型做了考察和评述。最后，综合前人的研究成果，我们对 Chomsky 加标理论做了下列补充和完善：

1）我们详细论证了拷贝不可见性的合理性。

---

① C&D 的探针加标法与 Chomsky（2015）中 T 的弱词类说不兼容，如果采纳这一方案，后续还需对这个部分做进一步的研究，找到推导 EPP 的替代方案。

2）我们提出了非词类特征 F 的显著性假说，解决了移位的初始动力问题。

3）我们提出了两种可用来取代共享加标法的方案——探针加标法和被赋格名词的不可见假说。

第8章 结　　语

　　本书基于 Chomsky（2013，2015，2019）的加标理论对汉语语法中的重动句、把字句、容量型翻转句、存现句、"者""所"关系从句等重要语法现象进行了深入的分析和探究，简化了现有的语法体系，提出了新的解释方案，攻克了诸多以往研究中的困难。同时，通过跨语言对比，探讨了汉语语法中的共性和个性问题，对语言类型学研究具有重要参考价值。下文就将对本书的核心观点和结论进行一个全面的总结。

　　汉语的重动句本质上是一个句法—语义接口现象而非简单的语音外化现象。其句法基础式并非 VP 壳结构，而是由 VP 和补语形成的｛XP，YP｝型对称结构。根据加标理论，后者无法直接通过加标算法获得句法标签，为了解决｛VP，补｝的加标问题，必须将 VP 移出。同时，V 会经过中心语移位移至 Asp，再从 Asp 上移至 v^* 的位置。在 PF 层，移位后的 VP 和 V 均被拼读出来，最终形成动词重复的表层语序。这种新的解释方式不仅可以推导出重动句，为重动句的句法语义特征提供原则性的解释，还可以将重动句和强制性宾语前置句并作同一个语法现象来处理，因为这两种句式本质上都是为了解决动词层内｛VP，补｝的加标问题，只是具体策略不同而已，前者移动的是 VP，后者移动的是 NP。另外，我们还将汉语的重动现象和数十种语言中的谓语分裂现象（Predicate Cleft）进行了横向对比，发现两种现象虽然均涉及拷贝，但只有汉语的重动句涉及加标问题，具有强制性，而谓语分裂现象（Predicate Cleft）中的 VP 前移仅仅是一个话题化操作，不具有强制性。

　　把字句是汉语学界研究得最多的语法现象之一，关于把字句的语法、语义、语用的研究成果已经非常丰富，本书的研究旨在从加标的角度重新阐释把字句的句法推导机制以及语素"把"的句法功能。第一，本部分的研究为把字句的移位生成提供了新的论据，有助于解决学界长久以来关于把字句生成机制的争论。第二，根据加标理论，宾语移动到 v^*P 的外指示语位置后，形成的 $\{$NP, v^*P$\}$ 集合是一个对称结构，无法直接通过加标算法获得句法标签。由于 NP 和 v^*P 共享一致特征 φ，对称集合 $\{$NP, v^*P$\}$ 可通过共享加标法获得标签<φ, φ>。然而，带有<φ, φ>标签的句法成分无法充当 T 的补足语，因为 T 在语义上必须选择一个动词性成分充当补足语，否则相关的句法推导式无法在语义接口获得正确的解读。因此，"把"的句法作用便是为 $\{$NP, v*P$\}$ 集合重新加标，使后者在与"把"进行外合并后，形成一个动词性成分 VP。第三，我们发现从加标理论入手，可以将把字句与北欧语言的宾语漂移（Object Shift）现象以及以西班牙语为代表的区别性宾语标记现象看作同质的语法现象；三者均涉及宾语移位后的加标问题，只是不同语言采用的加标策略不同而已。

容量型翻转句是汉语中的一类特殊现象。经研究发现，容量翻转句的 A 句和 B 句之间具有同源关系，两者共享同一个基底结构：容量翻转句的两个数量短语首先合并形成小句结构 $[_{sc}$ NumP1, NumP2$]$，再与动词合并。根据加标理论，小句结构无法直接通过加标算法进行加标，必须将其中一个成分移出。如果移动的是 NumP1，就会得到容量翻转 A 句的表层语序；如果移动的是 NumP2 则得到容量翻转 B 句的表层语序。在数量短语移出后，会与模态词进行内合并，形成另外一个不可加标的对称结构 $\{$NumP, ModP$\}$，由于两者共享一致特征 Number，因此该对称结构可通过共享加标法获得标签<Num, Num>。简言之，容量翻转 A 句和 B 句其实代表着解决小句加标问题的两种逻辑可能性，而它所体现的容量义则来自屈折层的模态词 Mod。另外，从跨语言角度看，容量型翻转句是一个汉语的特殊句式，其他语言中并未发现类似的"翻转现象"，这是因为只有汉语允许动词以词根的形式进入句法，通过句法的排铺来形成特殊的语义，而以英语为代表的弱分析性语言则要求动词与轻动词同时进入句法，降低了句法的灵活性，因此英语类语言多通过词汇操作来改变动词的语义。

　　汉语的存现句通常由处所短语、动词和存现对象三个句法成分构成。本章从加标理论的角度出发，重新探讨了汉语存现句中包括论元结构、句法生成机制、存现对象的赋格在内的一系列理论问题。第一，我们论证了处所短语的句法性质，指出处所短语在句中作主语而非话题。第二，与容量翻转句有些类似，汉语存现句的存现对象和处所短语在基底形成了一个对称性的小句结构 {$_{sc}$ NP, LocP}，根据加标理论，必须将小句结构的其中一个成分移出，才能解决小句的加标问题，将 LocP 移动至 Spec.TP 位置便可得到存现句的表层结构。如果移动的是 NP 则得到存现句的转换句式"NP V-在 LocP"的形式。第三，我们对汉语存现对象的赋格问题提出了新的见解，修正了现有的部分格假设，认为存现对象是从表示未完成语语义的 Asp 处获得的部分格。另外，在讨论汉语存现句的同时，本书也致力于解释不同语言之间存现句的共性和差异性问题，提出英、汉存现句的差异主要来自两个方面：a) 汉语允许词根直接进入句法，而英语要求词根和轻动词一同进入句法；b) 汉语的时制中心语 T 比英语的 T 更弱，前者需要带有完整 φ 特征的句法成分才能加标，而后者只需要带有部分 φ 特征的句法成分即可加标。由此可见，通过加标理论，我们既能在不需要特设 EPP 原则的情况下顺利推导出存现句，又可解释不同语言在存现句上的差异。

　　与现代汉语相比，古汉语的关系化形式更丰富，拥有"者""所""之"三个独立的关系化标记。本书旨在研究为何在古汉语中"者""所"既可以引导无核关系从句又可引导有核关系从句，而在其他语言中，两种关系从句通常会使用两套不同的关系化标记。经分析，我们认为"者"是主语关系代词 d，而"所"是宾语关系代词 n，后者是从表处所义的名词"所"经语法化演变而来的，而关系从句是通过关系代词"者"和"所"的 A' 移位形成的；两者之所以可以同时构成有核关系从句和无核关系从句是因为"者"和"所"作为句法成分具有歧义性，既可以充当词项，又可充当短语；如果两者充当词项，那么移位后形成的集合就是一个不对称性的集合，可直接由"者"或"所"的标签进行加标，得到一个名词性的无核关系从句；如果两者充当的是短语，那么移位后形成的集合就是一个对称性的集合，只能由集合内两个成分的共享特征 Rel 来加标，从而得到一个有核的关系从句。法语中的 *qui* 与汉语中的"者""所"一样也具有歧义性，因此既可以引导无核关系从句也可充当有核关系从句引导词。相较之下，英语则有所不同，英语的疑问词 *what* 只能充当词项，因此在 *what* 移位后只能得到一个无核的关系从句，而其他因为代词 *which*、*when* 是复杂成分，移位之后只能得到一个有核关系从句。

虽然 Chomsky 的加标理论在汉语语法中有着较强的解释力，可解释诸多不同性质、不同类型的语法现象，但其本身还有不完善的地方。本书在最后对 Chomsky 的加标理论做了理论反思，提出了该理论存在的几点不足，并结合其他学者提出的加标理论，对 Chomsky 的理论进行了补充和完善。具体来说，我们论证了拷贝不可见假设的合理性，提出了非词类特征F 的显著性假说，以解决移位的初始动力问题，并提出用针加标法或被赋格名词的不可见假说取代共享加标法。

本书秉承最简主义的基本思想，从加标理论的视角出发，为汉语语法中的具有代表性的语言现象提出了原则性解释，简化了现有的语法理论体系。同时，我们通过系统的跨语言对比，揭示了汉语特殊句式背后的共性问题，进一步印证了普遍语法的理念。另外，本书也对加标理论本身做了一番反思，指出了加标理论的不足之处，并提出了一些针对性的改进办法。

参 考 文 献

1. 中文文献

［1］贝罗贝．上古、中古汉语量词的历史发展［J］.语言学论丛，1998，21：99-122.

［2］蔡维天．汉语的语气显著性和隐性模态范畴［J］.语言科学，2019（1）：1-12.

［3］蔡维天．制图理论、中心语移位和容量型翻转句［J］.外语教学与研究，2020（2）：176-186.

［4］曹茜蕾．汉语方言的处置标记的类型［J］.语言学论丛，2007，36：183-209.

［5］陈丹丹．上古汉语关系从句的类型学考察［J］.历史语言学研究，2014（8）：95-114.

［6］陈庭珍．汉语中处所做主语的存在句［J］.中国语文，1957（08）：15-19.

［7］邓盾．上古汉语"主之谓"结构的句法分析及相关问题［J］.语言学论丛，2015（01）：295-332.

［8］邓思颖．形式汉语句法学［M］.上海：上海外语教育出版社，2019.

［9］丁加勇．容纳句的数量关系、句法特征及认知解释［J］.汉语学报，2006（1）：64-75.

［10］高韬，周俊勋．上古汉语定语后置结构分析［J］.西南交通大学学报，2016，17（1）：64-69.

［11］ 顾阳．关于存现结构的理论探讨［J］．现代外语，1997（03）：18-27．

［12］ 韩景泉．英汉语存现句的生成语法研究［J］．现代外语，2001（02）：143-158．

［13］ 韩流，温宾利．汉语翻转结构的句法生成［J］．外国语，2016（5）：46-57．

［14］ 何乐士．左传虚词研究［M］．北京：商务印书馆，2004．

［15］ 范芳莲．存在句［J］．中国语文，1963（05）：386-395．

［16］ 冯胜利．管约理论与汉语的被动句［J］．中国语言学论丛，1995（1）：1-28．

［17］ 冯胜利．Empty operator movement in Chinese passive syntax［M］//王路江．数理逻辑之美——方立教授纪念文集．北京：北京语言大学出版社，2012：117-137．

［18］ 焦循．十三经清人注疏——孟子正义［M］．北京：中华书局，1987．

［19］ 李京廉、王克非．英汉存现句的句法研究［J］．现代外语，2005（04）：24-33．

［20］ 李临定．宾语使用情况考察［J］．语文研究，1983（2）：31-38．

［21］ 李临定．现代汉语句型［M］．北京：商务印书馆，1986．

［22］ 李临定．现代汉语动词［M］．北京：中国社会科学出版社，1990．

［23］ 刘有志．文言中的"A（B者）"结构［J］．古汉语研究，1996（3）：34-38．

［24］ 陆俭明．"句式语法"理论与汉语研究［J］．中国语文，2004（5）：412-416．

［25］ 陆俭明．再论构式语块分析法［J］．语言研究．2011（2）：1-7．

［26］ 吕叔湘．中国文法要略［M］．北京：商务印书馆，1982．

［27］ 吕叔湘．汉语语法论文集［M］．北京：科学出版社，1955．

［28］ 吕叔湘．现代汉语八百词［M］．北京：商务印书馆，1980．

［29］ 马建忠．马氏文通［M］．上海：商务印书馆，1898．

［30］ 马志刚．基于引元结构分析"V着"汉语存现句的句法语义属性

［J］.华文教学与研究,2012（02）：77-86.

［31］梅广.上古汉语语法纲要［M］.台北：台湾三民书局出版社,2015.

［32］聂文龙.存在和存在句的分类［M］.中国语文,1989（02）：95-104.

［33］潘海华、韩景泉.虚词there的句法地位及相关理论问题［J］.当代语言学,2006（01）：17-35.

［34］任鹰.主宾可换位供用句的语义条件分析［J］.汉语学习,1999（3）：1-6.

［35］田启林.基于加标理论的倒装结构研究［J］.外语教学与研究,2020,52（4）：519-531.

［36］田源、徐杰.上古汉语中用于取消句子独立性的“之”与标句词理论［J］.语言科学,2016（6）：625-637.

［37］沈阳,司马翎.句法结构标记“给”与动词结构的衍生关系［J］.中国语文,2010（3）：222-237.

［38］石毓智.兼表被动和处置的“给”的语法化［J］.世界汉语教学,2004,69（3）：15-26.

［39］石毓智,江轶.古汉语中后置关系从句的成因与功能［J］.语文研究,2006,98（1）：18-23.

［40］宋玉柱.动态存在句［J］.汉语学习,1982a（06）：9-15.

［41］宋玉柱.定心谓语存在句［J］.语言教学与研究,1982b（03）：27-34.

［42］宋玉柱.现代汉语特殊句式［M］.太原：山西教育出版社,1991.

［43］宋玉柱.存在句研究史上的一篇重要文献［J］.汉语学习,2004（01）：23-25.

［44］隋娜,王广成.汉语存现句中动词的非宾格性［J］.现代外语,2009,32（3）：221-230.

［45］汪昌松.句法—形态接口视域下的汉语存现句研究［J］.现代外语,2021,44（3）：318-332.

［46］王还.把字句和被字句［M］.上海：上海教育出版社,1984.

［47］王力．中国语法理论［M］．北京：中华书局，1954．

［48］王力．汉语史稿［M］．北京：中华书局，1980．

［49］王瑛．古汉语定语后置问题的再探讨［J］．徐州师范大学学报，2004，30（2）：69-74．

［50］徐烈炯，刘丹青．话题的结构与功能［M］．上海：上海教育出版社，1998．

［51］徐烈炯，潘海华．焦点结构和意义的研究［M］．北京：外语教学与研究出版社，2005．

［52］许歆媛，潘海华．"台上坐着主席团"的生成路径新探［J］．语言研究，2019，39（03）：1-10．

［53］玄玥．完结短语假设和汉语虚化结果补语研究——兼论汉语结果补语、体标记和趋向补语的句法问题［D］．北京大学，2008．．

［54］杨伯峻．孟子译注［M］．北京：中华书局，2008．

［55］杨大然，程工．线性对应定理与汉语重动句的词项融合［J］．外国语，2013，36（4）：37-46．

［56］杨萌萌．上古汉语"主之谓"结构的句法［J］．中国语文，2019（3）：278-295．

［57］张常清．上古汉语的 SOV 语序及定语后置［J］．语言教学与研究，1989（1）：101-110．

［58］周法高．中国古代语法［M］．台北：台湾"中研院"历史语言研究所，1989．

［59］周韧．从供用句到功用句——一锅饭吃十个人的物性结构解读［J］．世界汉语教学，2017（2）：181-193．

［60］朱德熙．"在黑板上写字"及相关句式［J］．语言教学与研究，1981（01）：4-18．

［61］朱德熙．语法讲义［M］．北京：商务印书馆，1982．

［62］朱德熙．自指和转指：汉语名词化标记"的、者、所、之"的语法功能和语义功能［J］．方言，1983（1）：16-31．

［63］朱佳蕾. "一锅饭吃十个人" 与受事主语句 ［J］. 世界汉语教学, 2017 （3）: 291-310.

2. 外文文献

［1］ABELS K. The predicate cleft construction in Russian ［M］// FRANKS S, KING T H, YADROFF M. Formal Approaches to Slavic Linguistics: The Bloomington Meeting 2000 （Michigan Slavic Materials）. Ann Arbor: Michigan Slavic Publications, 2001: 1-19.

［2］ABOH E O. When verbal predicates go fronting ［J］. ZAS papers in linguistics, 2006, 46: 21-48.

［3］ADGER D. Core syntax: A Minimalist approach ［M］. Oxford: Oxford University Press, 2003.

［4］ALDRIDGE E. The old Chinese determiner zhe ［M］// In CRISMA P, LONGOBARDI G. Historical Syntax and Linguistic Theory. Oxford: Oxford University Press, 2009: 233-248.

［5］ALDRIDGE E. Object relative clauses in Archaic Chinese ［J］. Canadian Journal of Linguistics, 2013, 58 （2）: 239-265.

［6］ALDRIDGE E. Relativization and DP Structure in Late Archaic Chinese ［M］// TING P-H, CHEUNG S H-N, TANG S-W, CHIN A. New Horizons in the Study of Chinese Languages: Dialectology, Grammar, and Philology. Hong Kong: T.T. Ng Chinese Language Research Center, Institute of Chinese Studies, Chinese University of Hong Kong, 2016: 429-446.

［7］ALEXIADOU A, ANAGNOSTOPOULOU E. The subject-in-situ generalization and the role of case in driving computations ［J］. Linguistic Inquiry, 2001, 32 （2）: 193-231.

［8］AOUN J, LI Y-H A. Essays on the Representational and Derivational Nature of Grammar: The Diversity of Wh-Constructions ［M］.

Cambridge, MA: MIT Press, 2003.

[9] BAKER M. Incorporation: A Theory of Grammatical Function Changing [M]. Chicago: University of Chicago Press, 1988.

[10] BARTOS H. Mandarin V-copying is (often) VP-copying. Paper presented at EACL-3, Ghent: Universiteit Ghent, 2003.

[11] BARTOS H. Mandarin verb copying: VP-copying vs. V-copying. Paper presented at IACL-16, Beijing: Peking University, 2008.

[12] BARTOS H. The V-copy construction in Mandarin: A case temporarily reopened. Paper presented at EACL-8, Paris: EHESS, 2013.

[13] BARTOS H. The V-copy construction in Mandarin [M] // HU J H, PAN H H. Interfaces in Grammar. Amsterdam: John Benjamins, 2019: 167-205.

[14] BARWISE J, COOPER, R. Generalized quantifiers and natural language [J]. Linguistics and philosophy, 1981, 4 (2): 159-219.

[15] BASILICO D. Head position and internally headed relative clauses [J]. Language, 1996, 73 (3): 498-532.

[16] BELLETTI A. The case of unaccusatives [J]. Linguistic Inquiry, 1988, 19 (1): 1-34.

[17] BELLETTI A. 2004. Aspects of the low IP area [M] // RIZZI L. The Structure of CP and IP. Oxford: Oxford University Press, 2004: 16-51.

[18] BÉJAR S. Phi-Syntax: A Theory of Agreement [D]. University of Toronto, PhD dissertation, 2003.

[19] BENNETT P. The evolution of passive and disposal sentences [J]. Journal of Chinese Linguistics, 1981, 9: 61-89.

[20] BOBALJIK J. Morphosyntax: The syntax of Verbal Inflection [D]. MIT, PhD dissertation, 1995.

[21] BOECKX C. Bare Syntax [M]. Oxford: Oxford University Press,

2008.

［22］ BORER H. On the projection of arguments ［M］ // BENEDICTO E, RUNNER J. Functional projections, University of Massachusetts Occasional Papers 17. Amherst: GLSA, 1994: 19-47.

［23］ BORER H. Structuring Sense, Volume II: The normal course of events ［M］. Oxford: Oxford University Press, 2005.

［24］ BOŠKOVIĆ Z. PF merger in Scandinavian: Stylistic fronting and object shift ［M］ // STEPANOV A, FANSELOW G, VOGEL R. Minimality effects in syntax. Berlin: Mouton de Gruyter, 2004: 37-71.

［25］ BOŠKOVIĆ Z. From the Complex NP Constraint to everything: On deep extractions across categories ［J］. The Linguistic Review, 2015, 32 (4): 603-669.

［26］ BOŠKOVIĆ Z, TAKAHASHI D. Scrambling and Last Resort ［J］. Linguistic Inquiry, 1998, 29 (3): 347-366.

［27］ BOWERS J. The syntax of predication ［J］. Linguistic Inquiry, 1993, 24 (4), 591-656.

［28］ BOWERS J. Transitivity ［J］. Linguistic Inquiry, 2002, 33 (2): 183-224.

［29］ BRESNAN J. Locative Inversion and the Architecture of Universal Grammar ［J］. Language, 1994, 70 (1): 72-131.

［30］ BRESNAN J, KANERVA J. Locative Inversion in Chicheŵa: A Case Study of Factorization in Grammar ［J］. Linguistic Inquiry, 1989, 20 (1): 1-50.

［31］ BURY D. Pre-verbal particles in verb-initial languages ［M］ // CARNIE A, HARLEY H, DOOLEY S A. Verb first: On the syntax of verb initial languages. Amsterdam: John Benjamins, 2005: 135-154.

［32］ BURZIO L. Italian Syntax ［M］. Dordrecht: Reidel, 1986.

［33］ CABLE S. Predicate clefts and base generation: Evidence from Yiddish and Brazilian Portuguese. MIT, Ms. , 2004.

[34] CAPONIGRO I. Introducing Headless Relative Clauses and the findings from Mesoamerican Languages [M] // CAPONIGRO I, TORRENCE H, MALDONADO R Z. Headless Relative Clauses in Mesoamerican Languages. New York: Oxford University Press. 2021: 1-57.

[35] CARRIER-DUNCAN J. Linking of thematic roles in derivational word formation [J]. Linguistic Inquiry, 1985, 16 (1): 1-34.

[36] CECCHETTO C, DONATI C. On Labeling: Principle C and head movement [J]. Syntax, 2010, 13 (3): 241-278.

[37] CECCHETTO C, DONATI C. (Re) labeling [M]. Cambridge, MA: MIT Press, 2015.

[38] CHAO Y R. A Grammar of Spoken Chinese [M]. Berkeley, CA: University of California Press, 1968.

[39] CHAPPELL H. Pan-Sinitic object markers: Morphology and syntax [M] // CAO G, CHAPPELL H, DJAMOURI R, WIEBUSCH T. Breaking down the barriers: Interdisciplinary Studies in Chinese linguistics and Beyond. Taipei: Academia Sinica. 2013: 785-816.

[40] CHEN C. Split Partitivity in Mandarin. Paper presented at Syntax Square, MIT, 2019.

[41] CHENG L L-S. Clause Structures in Mandarin Chinese [D]. University of Toronto, Master dissertation, 1986.

[42] CHENG L L-S. Verb copying in Mandarin Chinese [M] // CORVER N, NUNES J. The copy theory of movement. Amsterdam: John Benjamins, 2007: 151-174.

[43] CHENG L L-S. Verb doubling in Mandarin Chinese [J]. Journal of East Asian Linguistics, 2013, 22: 1-37.

[44] CHENG L L-S, HUANG J C-T. On the argument structure of resultative compounds [M] // CHEN M Y, TZENG O J L. In Honor of In

Honor of William S-Y. Wang: Interdisciplinary Studies on Language and Language Change. Taipei: Pyramid Press, 1994: 187-221.

[45] CHIU B. The Inflectional Structure of Mandarin Chinese [D]. PhD diss. , California: University of California, 1993.

[46] CHIU B. An object projection in Mandarin Chinese [J]. Journal of East Asian Linguistics, 1995, 4: 77-117.

[47] CHOMSKY N. On wh-movement [M] // CULICOVER P, WASOW T, AKMAJIAN A. Formal Syntax. New York: Academic Press, 1977: 71-132.

[48] CHOMSKY N. Some notes on economy of derivation and representation [M] //ROBERT F. Principles and Parameters in Comparative Grammar. Cambridge, MA: MIT Press, 1991: 417-454.

[49] CHOMSKY N. A minimalist program for linguistic theory [M] // KENNETH H, KEYSER S J. The view from Building 20: Essays on linguistics in honor of Sylvain Bromberger. Cambridge, MA: MIT Press, 1993: 1-52.

[50] CHOMSKY N. The Minimalist Program [M]. Cambridge, MA: MIT Press, 1995.

[51] CHOMSKY N. Minimalist inquiries: the framework [M] //MARTIN R, MICHAELS D, URIAGEREKA J. Step by step: Essays on minimalist syntax in honor of Howard Lasnik. Cambridge, MA: MIT Press, 2000: 89-155.

[52] CHOMSKY N. Derivation by phase [M] //KENSTOWICZ M. Ken Hale: A Life in Language. Cambridge, MA: MIT Press, 2001: 1-52.

[53] CHOMSKY N. Beyond explanatory adequacy [M] //BELLETTI A. Structures and beyond. Oxford: Oxford University Press, 2004: 104-131.

[54] CHOMSKY N. Three factors in language design [J]. Linguistic

Inquiry, 2005, 36 (1): 1-22.

[55] CHOMSKY N. On phases [M] //FREIDIN R, OTERO C, ZUBIZARRETA M L. Foundational issues in linguistic theory: Essays in honor of Jean-Roger Vergnaud. Cambridge, MA: MIT Press, 2008: 133-166.

[56] CHOMSKY N. Problems of projection [J]. Lingua, 2013, 130: 33-49.

[57] CHOMSKY N. Problems of projection: Extensions [M] // DOMENICO E D, HAMANN C, MATTEINI S. Structures, strategies and beyond: Studies in honour of Adriana Belletti. Amsterdam: John Benjamins, 2015: 1-16.

[58] CHOMSKY N. Puzzles about Phases [M] //FRANCO L, LORUSSO P. Linguistic Variation: Structure and Interpretation. Berlin/Boston: De Gruyter Mouton, 2020: 163-168.

[59] CHOMSKY N, GALLEGO A J, OTT D. 2019. Generative Grammar and the Faculty of Language: Insights, Questions, and Challenges [J]. Catalan Journal of Linguistics, Special Issue, 2019, 229-261.

[60] CINQUE G. Adverbs and Functional Heads: A Cross-Linguistic Perspective [M]. Oxford: Oxford University Press, 1999.

[61] CINQUE G. The Syntax of Adjectives: A Comparative Study [M]. Cambridge, MA: MIT Press, 2010.

[62] CINQUE G. The Syntax of Relative Clauses: A Unified Analysis [M]. Cambridge: Cambridge University Press, 2020.

[63] CITKO B. On headed, headless, and light-headed relative clauses [J]. Natural Language & Linguistic Theory, 2004, 22 (1): 95-126.

[64] CITKO B. Missing Labels [J]. Lingua, 2008, 118 (7): 907-944.

[65] COLLINS C. Eliminating labels [M] //EPSTEIN S, SEELY D. Derivation and Explanation in the Minimalist Program. Oxford: Blackwell, 2002: 42-64.

［66］ COLLINS C, THRÁINSSON H. VP-internal structure and object shift in Icelandic ［J］. Linguistic Inquiry, 1996, 27 （3）: 391-447.

［67］ CORVER N, NUNES J. The Copy Theory of Movement ［M］. Amsterdam: John Benjamins, 2007.

［68］ DAVIS L J. and PRINCE E F. Yiddish verb-topicalization and the notion 'Lexical Integrity' ［M］//FARLEY A M, FARLEY P T, MCCULLOUGH K-E. Papers from the 22nd Regional Meeting, Chicago Linguistic Society. Chicago: Chicago Linguistic Society, 1986, 90-97.

［69］ DE HOOP H. Case Configuration and Noun Phrase Interpretation ［M］. New York: Garland, 1996.

［70］ DE VRIES M. The Syntax of Relativization ［D］. Ph.D. diss., Amsterdam: University of Amsterdam, 2002.

［71］ DI SCIULLO A M, ISAC D. Possible extraction domains and Agree as asymmetric relation. Paper presented at the Interfaces Conferences, Pescara, Italy, 2004.

［72］ DIESING M. Indefinites ［M］. Cambridge MA: MIT Press, 1992.

［73］ DIESING M. Semantic variables and object shift ［M］// THRÁINSSON H, EPSTEIN S, PETER S. Studies in Comparative Germanic Syntax II. Dordrecht: Kluwer, 1996: 66-84.

［74］ DJAMOURI R, PAUL W. A new approach to -zhe in Mandarin Chinese ［M］//MCCLURE B, VOVIN A. Studies in Japanese and Korean Historical and Theoretical Linguistics and Beyond. Leiden: Brill, 2018: 110-123.

［75］ EMONDS J. The verbal complex V'- V in French ［J］. Linguistic Inquiry, 1978, 9 （2）: 151-175.

［76］ ENÇ M. The semantics of specificity ［J］. Linguistic Inquiry, 1991, 22 （1）: 1-25.

［77］ EPSTEIN S, KITAHARA H, SEELY D. A Minimalist Theory of

Simplest Merge [M]. New York: Routledge, 2021.

[78] ERNST T. Duration adverbials and Chinese phrase structure [J]. Journal of Chinese Language Teachers Association, 1987, 22 (2): 1-11.

[79] ERNST T. The Syntax of Adjuncts [M]. Cambridge: Cambridge University Press, 2002.

[80] ERNST T. Adverbial Adjuncts in Mandarin Chinese [M] //HUANG J C-T, LI A Y-H, SIMPSON A. The Handbook of Chinese Linguistics. Oxford: Blackwell, 2014: 49-72.

[81] ERNST T, WANG C C. Object preposing in Mandarin Chinese [J]. Journal of East Asian Linguistics, 1995, 4 (3): 235-260.

[82] FANSELOW G. Features, θ-Roles, and Free Constituent Order [J]. Linguistic Inquiry, 2001, 32 (3): 405-437.

[83] FENG S. Historical syntax of Chinese [M] // HUANG C-T J, LI Y-H A, SIMPSON A. The Handbook of Chinese Linguistics. Oxford: Blackwell, 2014: 537-575.

[84] FODOR J A. Three reasons for not deriving "kill" from "cause to die" [J]. Linguistic Inquiry, 1970, 1 (4): 429-438.

[85] GOODALL G. On argument structure and L-marking with Mandarin Chinese ba [M] //MCDONOUGH J, PLUNKETT B. Proceedings of the North Eastern Linguistic Society 17 (NELS 17). Amherst: GLSA, 1987: 232-242.

[86] GOODALL G. X'-internal word order in Mandarin Chinese and universal grammar [J]. Linguistics, 1990, 28 (2): 241-262.

[87] GOUGUET J. Adverbials and Mandarin argument structure [M] // BONAMI O, HOFHERR C P. Empirical Issues in Syntax and Semantics 6, 2006: 155-173.

[88] GOUGUET J. Le Phénomène de Réduplication du Verbe en Chinois et

dans d'Autres Langues [D]. Université de Paris Didrot-Paris 7, PhD dissertation, 2008.

[89] GU Y. On the locative existential construction in Chinese [M] // DAWN B. The Tenth West Coast Conference on Formal Linguistics. Standford: The Standford Linguistics Association, 1992: 183-195.

[90] HADDICAN B. The structural deficiency of verbal pro-forms [J]. Linguistic Inquiry, 2007, 38 (3): 539-547.

[91] HAGSTROM P. Negation, focus and do-support in Korean. MIT, Ms. , 1995.

[92] HALE K, KEYSER S. On argument structure and the lexical expression of syntactic relations [M] //HALE K, KEYSER S J. The View from Building 20: Essays in Linguistics in Honor of Sylvain Bromberger. Cambridge, MA: MIT Press, 1993: 53-109.

[93] HALLE M, MARANTZ A. Distributed Morphology and the Pieces of Inflection [M] //HALE K, KEYSER S J. The View from Building 20. Cambridge, MA: MIT Press, 1993: 111-176.

[94] HARBOUR D. Klivaj predika, or predicate clefts in Haitian [J]. Lingua, 2008. 118 (7): 853-871.

[95] HASHIMOTO A Y. Mandarin Syntactic Structures [D]. Unicorn 'Chi-Lin' (Chinese Linguistics Project and Seminar), Princeton University, 1971.

[96] HEINÄMÄKI O. Aspect in Finnish [M] //DE GROOT C, HANNU T. Aspect Bound: A Voyage into the Realm of Germanic, Slavonic and Finno-Ugrian Aspectology. Berlin: De Gruyter, 1984: 153-178.

[97] HOEKSTRA T. Small Clause Results [J]. Lingua, 1988, 74: 101-139.

[98] HOEKSTRA T, MULDER R. Unergatives as copular verbs: Locational and existential predication [J]. The Linguistic Review, 1990, 7: 1-79.

[99] HORNSTEIN N. Movement and control [J]. Linguistic Inquiry, 1999,

30 (1): 69-96.

[100] HSU Y-Y. The sentence internal topic and focus in Chinese [M] // CHAN M K M, KANG, H. Proceedings of the twentieth north American conference on Chinese linguistics (NACCL-20), vol. 2. Columbus, Ohio: Ohio State University, 2008: 635-652.

[101] HUANG C-T J. Logical Relations in Chinese and the Theory of Grammar [D]. MIT, PhD dissertation, 1982.

[102] HUANG C-T J. Phrase structure, lexical integrity, and Chinese compounds [J]. Journal of Chinese Language Teachers Association, 1984a, 19: 53-78.

[103] HUANG C-T J. On the distribution and reference of empty pronouns [J]. Linguistic Inquiry, 1984b, 15: 531-574.

[104] HUANG C-T J. On the analysis of verb-particle constructions [J]. Studies in English Literature and Linguistics, 1985, 11: 101-114.

[105] HUANG C-T J. Existential sentences in Chinese and (in) definiteness [M] //REULAND E, TER MEULEN A G B. The Representation of (in) definiteness Cambridge, MA: MIT Press, 1987: 226-253.

[106] HUANG C-T J. 1988. Wǒ pǎo de kuài and Chinese phrase structure [J]. Language, 1988, 64 (2): 274-311.

[107] HUANG C-T J. Pro-Drop in Chinese: A Generalized Control Theory [M] //JAEGGLI O, SAFIR K J. The Null Subject Parameter. Dordrecht: Kluwer, 1989: 185-214.

[108] HUANG C-T J. Complex predicates in control [M] //LARSON R K, IATRIDOU S, LAHIRI U, HIGGINBOTHAM J. Control and grammar. Dordrecht: Kluwer, 1992: 109-147.

[109] HUANG C-T J. More on Chinese word order and parametric theory [M] //LUST B, SUÑER M, WHITMAN J. Syntactic theory and first language acquisition: crosslinguistic perspectives, volume 1: Heads,

projections, and learnability. Hillsdale, New Jersey: Lawrence Erlbaum Associates, 1994: 15-35.

[110] HUANG C-T J. On lexical structure and syntactic projection [J]. Chinese Languages and Linguistics, 1997, 3: 45-89.

[111] HUANG C-T J. On syntactic analyticity and parametric theory [M] //LI A Y-H, SIMPSON A, TSAI W-T D. Chinese Syntax in a Cross-linguistic Perspective. New York: Oxford University Press, 2015: 1-48.

[112] HUANG C-T J, LI, Y-H A, LI, Y-F. The Syntax of Chinese [M]. Cambridge: Cambridge University Press, 2009.

[113] HUDDLESTON R, PULLUM G. The Cambridge Grammar of the English Language [M]. Cambridge: Cambridge University Press, 2002.

[114] JACKENDOFF R. Semantic interpretation in generative grammar [M]. Cambridge, MA: MIT Press, 1972.

[115] JACKENDOFF R. X' Syntax: A Study of Phrase Structure [M]. Cambridge, MA: MIT Press, 1977.

[116] JONAS D E. Clause Structure and Verb Syntax in Scandinavian and English [D]. Harvard University, PhD dissertation, 1996.

[117] KÄLLGREN G and PRINCE E F. Swedish VP-topicalization and Yiddish verb-topicalization [J]. Nordic Journal of Linguistics, 1989, 12: 47-58.

[118] KAYNE R. Connectedness and Binary Branching [M]. Dordrecht: Foris, 1984.

[119] KAYNE R. The Antisymmetry of Syntax. Cambridge [M]. MA: MIT Press, 1994.

[120] KIPARSKY, P. Partitive Case and Aspect [M] //BUTT M, GEUDER W. The Projection of Arguments: Lexical and Compositional

Factors. Stanford: CSLI Publications, 1998: 265-307.

[121] KOENEMAN O. The Flexible Nature of Verb Movement [D]. Utrechet University, PhD dissertation, 2000.

[122] KOOPMAN H. The Syntax of Verbs: From Verb Movement Rules in the Kru Languages to Universal Grammar [M]. Dordrecht: Foris, 1984.

[123] KOOPMAN, H. Unifying predicate cleft constructions [M] //ANIA B, MOORE L, MOXLEY J. Proceedings of Twenty-Third Annual Meeting of the Berkeley Linguistics (BLS-23): Special Session on Syntax and Semantics in Africa. Berkeley: University of California, 1997: 71-85.

[124] KRATZER A. Serving the external argument from its verb [M] // ROORYCK J, ZARING L. Phrase Structure and the Lexicon. Dordrecht: Kluwer, 1996: 109-137.

[125] KRATZER A. Building resultatives [M] //MAIENBORN C, WÖLLSTEIN A. Event Arguments: Foundations and Applications. Berlin: De Gruyter Mouton, 2005: 177-212.

[126] KUO P-J. Transitivity and the BA Construction [J]. Taiwan Journal of Linguistics, 2010, 8 (1): 95-128.

[127] LAKOFF G, ROSS R. Is deep structure necessary? [M] // MCCAWLEY J D. Syntax and semantics 7: Notes from the linguistic underground. New York: Academic Press, 1976: 159-164.

[128] LANDAU I. Chain resolution in Hebrew V (P) -fronting [J]. Syntax, 2006, 9 (1): 32-66.

[129] LARSON R K. On the double object construction [J]. Linguistic Inquiry, 1988, 19 (3): 335-391.

[130] LAZARD G. Le râ persan et le ba chinois [J]. Cahiers de linguistique-Asie orientale, 1994, 23 (1): 169-176.

［131］ LEFEBVRE C. Towards a typology of predicate cleft languages ［J］. The Journal of West African Languages, 1992, 22: 53-61.

［132］ LEGGE J (translator). The Works of Mencius (by Mencius. Mineola) ［M］. New York: Dover Publications, 1978.

［133］ LEVIN B, RAPPAPORT HOVAV M. Unaccusativity: At the Syntax-Lexical Semantics Interface ［M］. Cambridge, MA: MIT Press, 1995.

［134］ LI C N, THOMPSON S A. Mandarin Chinese: A Functional Reference Grammar ［M］. Berkeley, CA: University of California Press, 1981.

［135］ LI F-X. Cross-linguistic lexicalization patterns: diachronic evidence from verb-complement compounds in Chinese ［J］. Sprachtypologie und Universalienforschung, 1997, 50 (3): 229-252.

［136］ LI J-I J. The ba construction in Mandarin Chinese: a serial verb analysis ［M］ // BLACK J R, MOTAPANYANE V. Current issues in linguistic theory 140: Clitics, Pronouns and Movement. Amsterdam: John Benjamins, 1997: 175-216.

［137］ LI Y-H A. Duration phrases: Distributions and interpretation ［J］. Journal of Chinese Language Teachers Association, 1987, 22: 27-65.

［138］ LI Y-H A. Order and Constituency in Mandarin Chinese ［M］. Dordrecht: Kluwer, 1990.

［139］ LI Y-H A. Chinese ba ［M］ //EVERAERT M, VAN RIEMSDIJK H. The Blackwell companion to syntax, vol. 1. Malden, MA: Blackwell, 2006: 374-468.

［140］ LI Y-F. On V-V compounds in Chinese ［J］. Natural Language & Linguistic Theory, 1990, 8: 177-207.

［141］ LI Y-F. The thematic hierarchy and causativity ［J］. Natural Language & Linguistic Theory, 1995, 13: 255-282.

［142］ LI Y-C. What does "disposal" mean ? Features of the verb and noun in Chinese ［J］. Journal of Chinese Linguistics, 1974 (2): 200-218.

[143] Liao W-W R. The Syntax-Semantics of Durative Phrases in Chinese: The Archimedes' Principle in Linguistics [J]. Bulletin of Chinese Linguistics, 2015, 8 (2): 301-318.

[144] LII Y-Y E. Word Order, Transformation and Communicative Function in Mandarin Chinese [D]. Cornell University, PhD dissertation, 1975.

[145] LIN H-L. The Syntax-Morphology Interface of Verb-Complement Compounds in Mandarin Chinese [D]. University of Illinois at Urbana-Champaign, PhD dissertation, 1998.

[146] Lin J. Event Structure and the Encoding of Arguments: The Syntax of the Mandarin and English Verb Phrase [D]. Cambridge, MA: MIT, PhD dissertation, 2004.

[147] LIN J T-H. Light Verb Syntax and the Theory of Phrase Structure [D]. Ivrine: University of California, PhD dissertation, 2001.

[148] LIN S-F. Locative construction and ba construction in Mandarin [J]. Journal of the Chinese Language Teachers Association, 1974, 9 (2): 66-83.

[149] LIU F-H. An aspectual analysis of ba [J]. Journal of East Asian Linguistics, 1997, 6 (1): 51-99.

[150] LOPEZ L. A Derivation Syntax for Information Structure [M]. Oxford: Oxford University Press, 2009.

[151] LYONS C. Definiteness. Cambridge: Cambridge University Press, 1999.

[152] MANFREDI V. Verb focus in the typology of Kwa/Kru and Haitian [M] //BYRNE F, WINFORD D. Focus and grammatical relations in Creole languages: Papers from the University of Chicago conference on focus and grammatical relations in Creole languages. Amsterdam: John Benjamins, 1993: 3-51.

[153] MARANTZ A. On the Nature of Grammatical Relations [M].

Cambridge, MA: MIT Press, 1984.

[154] MARANTZ A. Implications of asymmetries in double object constructions [M] // MCHOMBO S A. Theoretical aspects of Bantu grammar 1. Stanford CA: CSLI, 1993: 113-150.

[155] MILSARK G. Existential Sentences in English [D]. MIT, PhD dissertation, 1974.

[156] MEI K. Studies in the Transformational Grammar of Mordern Standard Chinese [D]. Harvard University, PhD dissertation, 1972.

[157] MEI K. Is Chinese a SOV language? National Taiwan University, Ms. , 1978.

[158] MOLHO M. La question de l'objet en espagnol [J]. Vox Romanica, 1958, 17 (2): 209-219.

[159] MONTAGUE R. The proper treatment of quantification in ordinary English [M] //HINTIKKA J, MORAVCSIK J, SUPPES P. Approaches to Natural Language. Dordrecht: Reidel, 1973: 221-242.

[160] MORO, Andrea. 2000. Dynamic Antisymmetry [M]. Cambridge, MA: MIT Press.

[161] NARITA H. Endocentric structuring of projection-free syntax [M]. Amsterdam: John Benjamins, 2014.

[162] NASH L, ROUVERET A. Proxy categories in phrase structure theory [M] //KUSUMOTO K. Proceedings of North Eastern Linguistic Society 27 (NELS 27). University of Massachusetts Amherst: GLSA, 1997: 287-304.

[163] NEELEMAN A D. Scrambling as a D-structure phenomenon [M] // CORVER N, VAN RIEMSDIJK H. Studies in Scrambling: Movement and Non-movement Approaches to Free Word-order Phenomena. Berlin: Mouton de Gruyter, 1994: 387-429.

[164] NEELEMAN A D, REINHART T. Scrambling and the PF interface

[M] //BUTT M, GEUDER W. The Projection of Arguments: Lexical and Compositional Factors. Stanford: CSLI Publications, 1998: 309-353.

[165] NEELEMAN A D, WEERMAN F. Flexible Syntax: A Theory of Case and Arguments [M]. Dordrecht: Kluwer, 1999.

[166] NING C-Y. The Overt Syntax of Relativization and Topicalization in Chinese [D]. Irvine, California: University of California, PhD dissertation, 1993.

[167] NUNES J. Sideward movement [J]. Linguistic Inquiry, 2001, 32 (2): 303-344.

[168] NUNES J. Linearization of Chains and Sideward Movement [M]. Cambridge MA: MIT Press, 2004.

[169] OTT D. The conceptual necessity of phases: Some remarks on the minimalist enterprise [M] // GROHMANN K K. Explorations of Phase Theory: Interpretation at the Interfaces. Berlin: Mouton de Gruyter, 2009: 253-275.

[170] OTT D. Local Instability: The Syntax of Split Topics [D]. Harvard University, PhD dissertation, 2011.

[171] OU T-S. Suo relative clauses in Mandarin Chinese [J]. Language and Linguistics, 2007, 8 (4): 913-937.

[172] OUHALLA J. The Syntax of Head Movement: A Study of Berber [D]. University College London, PhD dissertation, 1988.

[173] PAN H H. Imperfective aspect zhe, agent deletion, and locative inversion in Mandarin Chinese [J]. Natural Language & Linguistic Theory, 1996, 14 (2): 409-432.

[174] PARIS M-C. Durational complements and their constructions in Chinese (with Reference to French) [M] //HO D-A, CHEUNG S, PAN W-Y, WU F-X. Linguistic studies in Chinese and neighboring languages:

Festschrift in honor of Professor Pang-Hsin Ting on his 70th Birthday. Taipei: Academia Sinica, 2006: 289-304.

[175] PARTEE B. Montague grammar and transformational grammar [J]. Linguistic Inquiry, 1975, 6 (2): 203-300.

[176] PAUL W. Proxy categories in phrase structure theory and the Chinese VP [J]. Cahiers de Linguistique-Asie Orientale, 2002, 31 (2): 137-174.

[177] PAUL W. Low IP area and left periphery in Mandarin Chinese. Recherches Linguistiques de Vincennes, 2005, 33: 111-134.

[178] PAUL W. Le Système Catégoriel du Chinois [D]. Université de Paris Didrot- Paris 7, Mémoire d'HDR, 2009.

[179] PAUL W. New Perspectives on Chinese Syntax [M]. Berlin: Mouton de Gruyter, 2015.

[180] PAUL W, LU Y-Q, LEE H-T T. Existential and Locative Constructions in Mandarin Chinese [J]. The Linguistic Review, 2020, 37 (2): 231-267.

[181] PERELTSVAIG A. On accusative adverbials in Russian and Finnish [M] //ALEXIADOU A, SVENONIUS P. Adverbs and Adjunction, Linguistic in Potsdam 6. Postdam: University of Postsdam, 2000: 155-176.

[182] PESETSKY D, TORREGO E. Probes, goals and syntactic categories [M] //Proceedings of the Seventh Tokyo Conference on Psycholinguistics, Tokyo: Hituzi Syobo, 2006: 25-60.

[183] PESETSKY D, TORREGO E. The Syntax of Valuation and the Interpretability of Features [M] //KARIMI S, SAMIIAN V, WILKINS W K. Phrasal and Clausal Architecture: Syntactic Derivation and Interpretation. Amsterdam: John Benjamins, 2007: 262-294.

[184] PEYRAUBE A. Les structures en ba en chinois vernaculaire médiéval

et moderne [J]. Cahiers de linguistique-Asie orientale, 1985, 14 (2): 193-213.

[185] PEYRAUBE A. Recent issues in Chinese historical syntax [M] // HUANG C-T J, LI Y-H A. New Horizons in Chinese Linguistics. Dordrecht: Kluwer, 1996: 161-213.

[186] POLLOCK J-Y. Verb movement, universal grammar and the structure of IP [J]. Linguistic Inquiry 1989, 20 (3): 365-424.

[187] RAPPAPORT HOVAV M, LEVIN B. An event structure account of English resultatives [J]. Language, 2001, 77 (4): 766-797.

[188] RICHARDS M. Object Shift and Scrambling in North and West Germanic: A Case Study in Symmetrical Syntax [D]. University of Cambridge, PhD dissertation, 2004.

[189] RICHARDS M. Problems of 'Problems of Projection': Breaking a Conceptual Tie [J]. Catalan Journal of Linguistics Special Issue, 2019: 139-152.

[190] RICHARDS N. Movement in Language: Interactions and Architectures [M]. Oxford: Oxford University Press, 2001.

[191] RICHARDS N. Uttering Trees [M]. Cambridge MA: MIT Press, 2010.

[192] RIZZI L. The fine structure of the left periphery [M] // HAEGEMAN L. Elements of Grammar. Dordrecht: Kluwer, 1997: 281-337.

[193] RIZZI L. On some properties of criterial freezing [M] // PANAGIOTIDIS P E. The Complementizer Phrase. Oxford: Oxford University Press, 2010: 17-32.

[194] RIZZI L. Cartography, criteria and labeling [M]. //SHLONSKY U. Beyond Functional Sequence. Oxford: Oxford University Press, 2015: 314-337.

[195] RIZZI L. Labeling, maximality and the head-phrase distinction [J]. The Linguistic Review, 2016, 33: 103-127.

[196] RIZZI L, SHLONSKY U. Strategies of Subject Extraction [M] // SAUERLAND U, GÄRTNER H-M. Interfaces + Recursion = Language? Chomsky's Minimalism and the View from Syntax-Semantics. Berlin: Mouton de Gruyter, 2007: 115-160.

[197] RODRÍGUEZ-MONDOÑEDO M. The Syntax of Objects: Agree and Differential Object Marking [D]. University of Connecticut, PhD dissertation, 2007.

[198] ROSS R. Constraints on Variables in Syntax [D]. Cambridge, MA: MIT, PhD dissertation, 1967.

[199] ROTHSTEIN S. Predicates and their Subjects [M]. Dordrecht: Kluwer, 2001.

[200] ROUVERET A. Arguments Minimalistes: Une Présentation du Programme Minimaliste de Noam Chomsky [M]. Lyon: ENS édition, 2015.

[201] SAITO M. (A) Case for labeling: labeling in languages without φ-feature agreement [J]. The Linguistic Review, 2016, 33 (1): 129-175.

[202] SHI D X. Topic and topic-comment constructions in Mandarin Chinese [J]. Language, 2000, 76 (2): 383-408.

[203] SIGUR-ÐSSON H Á. Icelandic finite verb agreement [J]. Working Papers in Scandinavian Syntax, 1996, 57: 1-46.

[204] SIGURÐSSON H Á, HOLMBERG A. Icelandic Dative Intervention [M] // D'ALESSANDRO R, FISCHER S, HRAFNBJARGARSON G H. Agreement Restrictions. Berlin: Mouton de Gruyter, 2008: 251-279.

[205] SMITH C S. The Parameter of Aspect [M]. Dordrecht: Kluwer,

1991.

[206] SOH H L. Object Scrambling in Chinese [D]. MIT, PhD dissertation, 1998.

[207] STJEPANOVIĆ S. Left branch extraction and the Coordinate Structure Constraint [M] // JYOTI I, KUSMER L. Proceedings of the 44th Meeting of the North East Linguistic Society: Volume 2. University of Connecticut, 2014: 157-170.

[208] STOWELL T. Origins of Phrase Structure [D]. MIT, PhD dissertation, 1981.

[209] STROIK T. On the light verb hypothesis [J]. Linguistic Inquiry, 2001, 32 (2): 362-369.

[210] SUN C F. Word-order Change and Grammaticalization in the History of Chinese [M]. Standford: Stanford University Press, 1996.

[211] SUN Y-Y. A cartographic analysis of the syntactic structure of Mandarin ba [J]. Studies in Chinese Linguistics, 2018, 39 (2): 127-154.

[212] SVENONIUS P. On object shift, scrambling, and the PIC [M] // GUERZONI E, MATUSHANSKY O. MIT working papers in linguistics 39: A few from building E39. Cambridge, MA: MITWPL, 2001: 267-289.

[213] SYBESMA R. Causatives and Accomplishments: The Case of Chinese Ba [D]. Leiden University, PhD dissertation, 1992.

[214] SYBESMA R. The Mandarin VP [M]. Dordrecht: Kluwer, 1999.

[215] TAI H-Y J. Verb-copying in Chinese revisited [M] // YIN Y-M, YANG I L, CHAN H-C. Chinese Language and Linguistics V: Interactions in Language. Taipei: Academia Sinica, 1999: 97-119.

[216] TAKITA K, GOTO N, SHIBATA Y. Labeling through Spell-Out [J]. The Linguistic Review, 2016, 33 (1): 177-198.

［217］ TANG C-C J. Chinese Phrase Structure and the Extended X'-Theory ［D］. Cornell University, PhD dissertation, 1990.

［218］ TANG S-W. A complementation approach to Chinese passives and its consequence. Linguistics, 2001, 39（2）: 319-354.

［219］ TENG S-H. A Semantic Study of Transitivity Relations in Chinese ［M］. Berkeley, CA: University of California Press, 1975.

［220］ TENNY C. Grammaticalizing Aspect and Affectedness ［D］. MIT, PhD dissertation, 1987.

［221］ THOMPSON S. Transitivity and the ba construction in Mandarin Chinese ［J］. Journal of Chinese Linguistics, 1973（1）: 208-221.

［222］ THRÁINSSON H. Object shift and scrambling ［M］//BALTIN M, COLLINS C. The Handbook of Contemporary Syntactic Theory. Oxford: Blackwell, 2001: 148-202.

［223］ TIAN Q-L. A labeling approach to the removal of island effects via head movement and its consequences ［J］. Lingua, 2021, 267: 103187.

［224］ TIEE H-Y H. A Reference Grammar of Chinese Sentences ［M］. Tucson, AZ: The University of Arizona Press, 1986.

［225］ TIEU L S. Standard vs. sideward movement in verb copying ［M］// XIAO Y. Proceedings of the twenty-first North American Conference on Chinese Linguistics（NACCL-21）, vol. 2. Smithfield, Rhode Island: Bryant University, 2009: 584-600.

［226］ TING J. The nature of the particle suo in Mandarin Chinese ［J］. Journal of East Asian Linguistics, 2003, 12: 121-139.

［227］ TORREGO E. The Dependencies of Objects ［M］. Cambridge, MA: MIT Press, 1998.

［228］ TRAVIS L. Parameters and Effects of Word Order Variation ［D］. MIT, PhD dissertation, 1984.

[229] TRAVIS L. Inner Aspect: The Articulation of VP [M]. Dordrecht: Kluwer, 2010.

[230] TSAI W-T D. On subject specificity and theory of syntax-semantics interface [J]. Journal of East Asian Linguistics, 2001, 10: 129-168.

[231] TSAI W-T D. A tale of two peripheries: Evidence from Chinese adverbials, light verbs, applicatives and object fronting [M] // TSAI W-T D. The Cartography of Chinese Syntax. New York: Oxford University Press, 2015: 1-32.

[232] TSAO F-F. A functional Study of Topic in Chinese [D]. University of Southern California, PhD dissertation, 1977.

[233] TSAO F-F. A topic-comment approach to the BA construction [J]. Journal of Chinese Linguistics, 1987, 15 (1): 1-54.

[234] URIAGEREKA J. On Government [D]. Storrs: University of Connecticut, PhD dissertation, 1988.

[235] URIAGEREKA J. Minimal restrictions on Basque movements [J]. Natural Language & Linguistic Theory, 1999, 17: 403-444.

[236] VENDLER Z. Verbs and times [J]. The Philosophical Review, 1957, 66 (2): 143-160.

[237] VIKNER S. Object Shift [M] //EVERAERT M, VON RIEMSDIJK H. The Blackwell Companion to Syntax. Oxford: Blackwell, 2006: 392-436.

[238] VON HEUSINGER K. Relative Specificity [M] //KATZ G, REINHARD S, REUTER P. Sinn und Bedeutung VI, Proceedings of the sixth meeting of the Gesellschaft für Semantik. University of Osnabrück, 2002: 115-131.

[239] WANG M Q. Transitivity and the Ba-construction in Mandarin [D]. Boston University, PhD dissertation, 1987.

[240] WANG, C-T P. A Transformational Approach to Chinese Ba and Bei

［D］. University of Texas，Austin，PhD dissertation，1970.

［241］ WEI P C. 论先秦汉语运符的位置（On the position of operators in Pre-Qin Chinese）［M］// PEYRAUBE A，SUN C F. Linguistic Essays in Honor of Mei Tsu-Lin：Studies in Chinese Historical Syntax and Morphology. Paris：CRLAO，Ecole des Hautes Etudes en Sciences Sociales，1999：259-297.

［242］ WEI T-C and LI Y-H A. How to do so in Mandarin Chinese ［J］. Journal of East Asian Linguistics，2016，25（2）：183-212.

［243］ WILLIAMSON J. An indefiniteness restriction for relative clauses in Lakhota ［M］//REULAND E，TER MEULEN A G B. The Representation of（In）definites，Cambridge，MA：MIT Press，1987：190-198.

［244］ XU D. The status of marker gei in Mandarin Chinese ［J］. Journal of Chinese Linguistics，1994，22（2）：363-394.

［245］ YANG S Y. Ba and bei constructions in Chinese ［J］. Journal of the Chinese Language Teachers Association 1995，30：1-36.

［246］ ZHANG N. Short movement of relativization. Ms. Berlin，2001.

［247］ ZHANG N. Appearance and existence in Mandarin Chinese ［J］. Studies in Chinese Linguistics，2019，40（2）：101-140.

［248］ ZOU K. The Syntax of the Chinese Ba-construction and Verb Compounds：A Morphosyntactic Analysis ［D］. University of Southern California，PhD dissertation，1995.